미래로 가는 길, 실크로드

미래로 가는 길, 실크로드

지금 세계는 어디로 어떻게 움직이고 있는가

피터 프랭코판 지음 | **이재황** 옮김

차례

머리말 · 6

1. 동방으로 가는 길   ······ 21

2. 세계의 중심부로 가는 길   ······ 49

3. 베이징으로 가는 길   ······ 91

4. 경쟁으로 가는 길   ······ 153

5. 미래로 가는 길   ······ 207

감사의 말 · 280
옮긴이의 말 · 284
주 · 288
찾아보기 · 339

머리말

나는 당연히 독자들이 내 책을 읽고 기쁨을 얻었으면 하고 바랐기에, 2015년 《실크로드 세계사The Silk Roads: A New History of the World》를 출간할 때 신경이 쓰였었다. 학교에 몸담고 있는 역사가로서, 내가 애써 한 일들이 대개는 독자들에게 제대로 다가가지 못한다는 것을 오래전부터 알고 있었기 때문이다. 술자리나 식사 자리에서 내 연구에 관한 이야기가 나오더라도 토론이 오랫동안 이어지는 일은 거의 없었다. 심지어 같은 연구자들과 나누는 대화도 보통 서로가 관심을 갖고 있는 시대나 지역과 연관된 것이었다.

그런 까닭에 《실크로드 세계사》가 큰 반향을 일으킨 것이 내게는 놀라웠다. 이 책은 전 세계에서 100만 부 이상이 팔렸고, 8개월 동안 《선데이 타임스》 베스트셀러 10위 안에 이름을 올렸다. 영국과 페르시아만 지역, 인도와 중국에서도 최고의 베스트셀러가 됐다. 많은 사람들이 세계에 대해, 과거 영광스러운 시절을 누렸던 다른 민족과 문화와 종교에 대해 더 많은 것을 알고 싶어 한다는 사실이 입증된 것이다. 유럽과 서방 중심의 익숙하고 고집스러운 이야기보다는 아시아와 동방의 이야기에 초점을 맞춘 역사를 알고 싶어 하는 사람들이 많다는 사실이 드러났다.

수천 년 동안 각 대륙을 이어줬던 연결고리의 역할에 주목했던 것도 마찬가지였다. 19세기 말에 독일 지리학자 페르디난트 폰 리히트호펜Ferdinand von Richthofen(1833~1905)은 한漢 왕조의 중국과 다른 세계를 이어주는 교역망을 가리키는 용어를 만들어냈다. 그는 이 연결고리를 실크로드(독일어로 Seidenstraßen)라 불렀다. 이 용어는 학자들뿐만 아니라 일반 대중의 마음도 사로잡았다.[1]

리히트호펜이 만들어낸 실크로드라는 개념은 모호한 것이었다. 물건과 사상과 사람들이 이동한 아시아·유럽·아프리카 세 대륙의 지리적 범위를 정확하게 밝혀주지도 않고, 태평양과 남중국해가 어떤 방식으로 지중해나 더 나아가 대서양과 연결됐는지를 분명하게 설명하지도 않는다. 그럼에도 실크로드라는 말의 느슨한 의미는 도움이 될 수 있다. 특히 이 말이 요즘 우리가 쓰는 것과 같은 의미의 '길'이 아니었고, 장거리 교역과 단거리 교역의 차이를 가려주었기 때문이다. 더 나아가 비단 외에 다른 여러 가지 상품과 물자들도 교역되었고, 때로는 값비싼 직물들보다 더 많이 교역됐기 때문이다.

실제로 실크로드는 여러 민족과 문화와 대륙이 서로 어떻게 얽혀 있었는지를 보여주는 용어로 사용된다. 그리고 우리는 이를 통해 과거에 종교와 언어가 어떻게 퍼져나갔는지, 음식과 유행과 예술에 대한 생각들이 서로 어떻게 전파되고 경쟁하고 차용됐는지를 알 수 있다. 실크로드는 자원 통제와 장거리 교역의 중요성을 분명히 보여주는 데 도움을 주고, 이에 따라 제국의 발생을 이끌어내는 데 기여한 사막과 대양 횡단 여행의 맥락과 동기를 설명해준다. 실크로드는 기술 혁신이 어떻게 수천 킬로미터 떨어진 곳에까지 자극을 주었는지, 그리고 폭력과 질병이 어떻게 비슷한 형태의 파괴를 불러왔는지를 보여준다. 실크로드는 과거를 고립된 별개의 시대와 지역의 집합이 아니라 세계가 수천 년 동안 더 크고 포괄적인 지구촌 과거의 일부로서 연결돼 있던 역사의 흐름을 알 수 있게 해준다.

*

《실크로드 세계사》가 출판되고 불과 몇 년 사이에 많은 것이 변했다. 역사가라는 나의 관점에서 볼 때, 엄청나게 흥미로운 과거를 어떻게 이해할 수 있을지 하는 측면에서 여러 가지 진전이 있었다. 서로 다른 분야에서, 서로 다른 시기와 지역을 연구하고 있는 학자들이 획기적이면서도 흥미로운 연구들을 내놓았다. 고고학자들은 위성사진과 공간 분석을 이용해 저수지와 수로와 댐으로 이루어진, 4세기까지 거슬러 올라가는 관개시설을 찾아냈다. 다른 세계와의 교역이 늘기 시작하던 시기 중국 서북부의 척박한 환경에서 어떻게 농작물을 재배했는지를 설명해주는 연구다.[2]

아프가니스탄 문화유산지도제작조합(AHMP)의 일원으로 활동하고 있는 연구자들은 상업용 및 정찰 위성의 자료들과 아프가니스탄의 군사용 드론의 자료도 활용하고 있다. 이를 통해 한때 아시아 중심부의 여행자들이 이용했던 숙소와 수로와 주거단지들의 모습을 상세하게 그려낼 수 있는 자료를 축적하게 됐다. 이는 과거의 실크로드가 어떻게 연결돼 있었는지에 대한 우리의 이해 방식을 변화시키는 데 도움을 준다.[3] 이 작업의 상당 부분이 원격으로 이루어졌다는 사실은 또한 21세기 초의 연구가 어떻게 진화하고 있는지를 보여준다.[4]

과학적 방법론의 발전은 또한 근대 이전 시기 아시아의 심장부에 살던 유목민과 도시 거주자들 사이의 관계에 대해서도 다시 살펴볼 수 있게 했다. 중앙아시아의 14개 매장지에서 나온 74구의 인간 유골에 대한 탄소 및 질소 동위원소 분석에서는 유목민 사회와 대조적인 정착민들의 독특한 식습관이 드러났다. 또한 유목민들이 촌락이나 크고 작은 도시에 사는 사람들보다 더 다양한 음식을 먹었음을 알 수 있다. 이는 다시 이동하는 주민들이 새로운 유행을 만들어내고 문화적 변화를 수백 수천 킬로미터 떨어진 곳까지 확산시키는 데서 어떤 역할을 했는지에 관한 중요한 문제를 제기한다.[5]

한편으로 유전적 및 민족적·언어적 증거들은 호두나무 숲의 확산과 언어의 진화가 아시아의 여러 부분에서 공통적이었음을 보여주는 데 이용됐다. 마른 호두 씨의 화석을 보면 호두나무는 실크로드를 따라 이동한 사람들과 상인들이 장기적인 농업 계획을 가지고 의도적으로 심은 것으로 추정된다. 이는 다시 자연계와 교류(국지 또는 지역과 그 범위를 넘어선 범위에서의) 증가의 관계를 더 잘 이해할 수 있는 길을 열었다. 무엇보다도 실크로드는 사람과 동·식물 모두에게 '유전자 회랑' 역할을 했다.[6]

그리고 이디시어(고지 독일어를 바탕으로 한 중·동유럽계 유대인들의 언어—옮긴이)의 기원을 아시아 지역의 통상 교류와 연결시키고, 선택된 소수만이 알아들을 수 있는 언어를 만들어 거래의 안전성을 확보하기 위해 고안된 수단에 따라 이 언어가 발전했다고 주장하는 새로운 연구가 있다.[7] 이는 안전한 거래를 위해 암호화폐와 블록체인 기술을 발전시킨 21세기 세계에서는 충분히 공감할 수 있는 이야기다. 또한 신세대 아이스코어ice core(극지대 빙하의 중심 부분에서 채취하는 얼음으로, 환경연구 자료로 사용된다 — 옮긴이) 기술로 얻은 놀라운 증거가 있다. 그것은 14세기 중반 금속 생산이 얼마나 급감했는지를 보여줌으로써 흑사병의 엄청난 충격을 새롭게 밝히는 데 이용될 수 있다.[8]

1952년 워싱턴에서 열린 영국 공사 크리스토퍼 스틸과 미국 국무부 차관보 헨리 바이로드의 회담을 기록한 문서들이 2017년에 비밀 해제됐다. 이 회담은 모함마드 모사데그Mohammad Mosaddegh(1882~1967)란 총리를 실각시키는 쿠데타를 논의하기 위한 것이어서 문서 공개로 이 실패한 계획이 어떻게 만들어졌는지를 한층 더 분명하게 알 수 있게 됐다.[9] 과거 비밀리에 이루어진 냉전 초기 미국의 핵 공격 계획, 그리고 전쟁이 일어날 경우 소련을 무력화하는 최선의 방법은 무엇인지에 관한 당대의 평가를 공개한 것도 마찬가지로 미국의 군사적·전략적 구상에 대한 중요한 통찰을 드러내는 데 도움이 된다.[10]

이런 일들은 역사가가 과거에 대한 이해를 높이고 개선하기 위해 여러 가지 기술들을 기꺼이 사용한다는 것을 보여주는 일부 사례에 불과하다. 이것이 역사를 그토록 활기차고 흥미로운 대상으로 만든다. 어떤 일을 다른 방식으로 생각하도록 고무되는 것은 가슴 두근거리는 일이다. 여러 민족·지역·사상·주제를 한데 연결하는 고리를 발견하는 일 또한 마찬가지다.

지난 몇 년 사이에 분명해진 일들도 있다. 브렉시트Brexit(영국의 유럽연합 탈퇴 — 옮긴이)와 유럽 정치, 트럼프 미국 대통령의 시대에 현실정치가 아무리 충격적이고 우스꽝스러울지라도, 21세기에 정말로 중요한 것은 실크로드 국가들이다. 오늘날 정말로 중요한 결정들은 100년 전처럼 파리, 런던, 베를린, 로마에서 이루어지는 것이 아니라 베이징과 모스크바에서, 테헤란과 리야드에서, 델리와 이슬라마바드에서, 카불과 탈레반이 장악하고 있는 아프가니스탄 지역에서, 앙카라와 다마스쿠스와 예루살렘에서 이루어진다. 세계의 과거는 실크로드 지역에서 일어난 일에 좌지우지됐다. 세계의 미래 역시 그러할 것이다.

이제부터 말하려는 것은 지금 시대의 현실에 대한 상세한 현장 사진들이다. 다만 세계 곳곳에서 벌어지고 있는 일들에 맥락을 부여하고 또한 우리의 모든 생활과 생계가 의존하고 있는 몇 가지 주제를 강조한다는 희망 아래, 광각 렌즈를 써보려고 한다. 실크로드는 이 그림의 한가운데에 자리 잡고 있다. 사실 너무 한가운데라서 동부 지중해와 태평양 사이에 놓인 이 지역을 빼고는 현대와 미래에 일어날 일들을 이해하기란 불가능하다. 따라서 이 책은 근본적인 변화의 시기를 맞아 최근의 이야기를 서술하고 지난 몇 년간 일어났던 일들을 설명해보려 한다.

2015년 이후 세계는 극적인 변화를 겪었다. 서방 세계에서 생활은 더욱 힘들고 어려워졌다고 나는 그때 썼다. 브렉시트 투표와 유럽연합의 미래를 둘러싼 불확실성(내가 여기서 논의하려는 대상이다) 이후 분명히 그런 것 같다. 미국 역시 도널드 트럼프의 당선 이후 새로운 궤도에 들어섰다. 트럼프는 관찰하고 평가하기에 혼란스러운 인물이다. 문제는 평론가들에게 많은 즐거움을 선사하는 트럼프의 트위터 활동이라기보다는 백악관이 지구촌 문제에서 발을 빼거나 새판을 짜길 원하는지, 그리고 그 이유가 무엇인지 알아내려는 노력에 있다. 이 문제도 이 책에서 논의할 예정이다.

그리고 러시아가 있다. 그들은 서방과의 관계에서 새로운 장을 열었다. 20년 동안 러시아를 이끌어온 푸틴 대통령과 그 핵심 집단의 지도부가 유지되고 있지만 말이다. 우크라이나에 대한 군사 개입, 미국과 영국 선거 개입 의혹, 전직 정보요원 암살 시도 혐의로 인해 러시아와 서방의 관계는 베를린 장벽 붕괴 이후 최악의 순간으로 치달았다. 그리고 뒤에서 보겠지만 러시아가 남방 및 동방과의 관계를 재정립할 토대를 닦았다.

세계의 중심부에서는 아프가니스탄에서 문제가 이어지고, 시리아는 수년간에 걸친 내전의 결과로 와해됐으며, 이라크는 재건 과정이 지지부진해 신뢰를 주지 못한다. 각 나라에는 상황을 개선하려는 노력의 일환으로 상당한 재정적·군사적·전략적 비용이 투입됐는데도 말이다. 이란과 사우디아라비아 사이, 인도와 파키스탄 사이의 적대감은 가실 줄을 모른다. 말싸움보다 더 심각한 상태가 벌어질 것이라고 위협하는 성난 맞비난이 종종 나온다.

터키 역시 어려운 시기를 지나왔다. 흔들리는 경제와 군중 시위가 2016년 쿠데타 시도로 이어졌다. 군부의 한 파벌이 정권을 탈취하려 한 것이다. 그 결과로 수만 명이 체포되고 15만 명으로 추산되는 사람들이 직장에서 쫓겨났다. 배후 조종자로 지목된 펫훌라흐 귈렌 Fethullah Gülen과 연관돼 있다는 의심을 받았기 때문이다. 여기에는 고위 법관과 학자, 교사, 경찰, 언론인 등이 포함돼 있었고, 군부 인사들도 있었다.[11] 교도소가 미어터질 지경이 되자 터키 정부는 2017년 12월, 이후 5년에 걸쳐 교도소를 228개 더 짓겠다고 발표했다. 교도소 시설을 거의 두 배로 늘리는 것이다.[12]

*

하지만 아시아 전역에서 이 시기는 희망의 시기이기도 했다. 강렬한 국가 의식으로 더 긴밀하게 협력하려 노력했으며, 개인적 이익을 버리고 차이를 뒤로 돌렸다. 나중에 보겠지만, 최근 몇 년 사이에 여러 가지 제안과 조직과 포럼들이 만들어져 공동 작업과 협력과 토론을 고무하고자 했다. 그리고 이를 통해 연대와 공통의 미래에 대해 한목소리를 내고 있다.

이는 그들을 찾아내 유행을 창조해야만 돈을 벌 수 있는 사람들의 주목과 행동을 이끌어냈다. 예를 들어 나이키는 2015년 운동화 세트에 새로운 디자인을 도입했다. 나이키에 따르면, 농구 선수 코비 브라이언트가 이탈리아와 중국을 여행한 경험은 "유럽과 아시아 양 대륙을 연결"할 수 있게 했고, 이 운동화 제조사의 디자이너들은 "유명한 실크로드를 생각하며 신상품 '코비 X 실크슈' 아이디어"를 떠올리게 됐다.[13]

이 운동화의 이상적인 짝꿍이 "톡 쏘는 사향 냄새, 자른 나무의 약간 매캐한 냄새"를 풍기는 에르메스의 '푸아브르 사마르캉드Poivre Samarcande' 화장수다. "오크 고목의 영혼이 이 톡 쏘는 냄새 속에 살아 있다." 이것 역시 실크로드에서 아이디어를 얻은 것이다. 조향調香 명장 장-클로드 엘레나Jean-Claude Ellena는 이렇게 밝혔다.

"사마르캉드(사마르칸트의 프랑스어 발음 ─ 옮긴이)라는 이름은 한때 향료 상인들이 동과 서를 오가며 지나던 도시에 경의를 표하는 것입니다."[14]

나이키나 에르메스보다도 더 발 빠르게 실크로드의 가능성을 알아본 것은 바로 미국의 제45대 대통령 도널드 J. 트럼프였다. 그는 2007년에 카자흐스탄, 우즈베키스탄, 키르기스스탄, 투르크메니스탄, 아제르바이잔, 아르메니아에서 트럼프 브랜드를 상표 등록했다. 이 브랜드의 보드카를 생산하려는 계획이었다. 2012년에는 실크로드의 등뼈 지역에 있는 모든 나라들에서 호텔과 부동산용으로 자신의 이름을 상표 등록했다. 여기에는 2017년 취임 이후 고립시키려 했던 이란도 포함돼 있었다. 트럼프는 또한 조지아에서도 거래 관계가 있었다. 이곳에서 그는 '실크로드그룹'이라는 그럴듯한 이름을 내걸고 '야한 카지노'를 개발할 계획이었는데, 나중에 언론의 상당한 관심을 받았다.[15]

실크로드는 아시아 전역 어디에나 있다. 물론 세계의 중심부에 있는 여러 나라들의, 세월의 뒤안길로 사라진 신비로운 과거의 영광을 보여주겠다며 달려드는 관광회사는 부지기수다. 그러나 과거는 물론 현재와 미래의 이 교역망의 힘을 보여주는 최신 증거물들도 있다. 카자흐스탄 아스타나의 쇼핑몰 '메가실크웨이'가 그중 하나다. 캐세이퍼시픽항공사의 번드르한 기내 잡지 《실크로드》도 마찬가지다. 두바이 공항에서는 스탠더드차터드은행에서 내건 다음과 같은 광고 문구가 여행자들을 맞는다.

하나의 띠.
하나의 길.
하나의 은행이 당신의 사업을 아프리카, 아시아, 중동 각지로
이어줄 것입니다.

카스피해 동쪽에 자리 잡은, 천연가스가 많이 나는 투르크메니

스탄도 있다. 2018년 이 나라가 채택한 공식 국가 슬로건은 이렇다.

투르크메니스탄 —
위대한 실크로드의 심장부[16]

아시아의 심장부 여기저기서 감지되는 낙관론의 근거 가운데 하나는 이 지역에 매장된 풍부한 천연자원이다. 예를 들어 영국 석유회사 BP(브리티시 페트롤륨)는 서아시아, 러시아, 중앙아시아가 전 세계 석유 매장량의 거의 70퍼센트를 차지하고 있고, 천연가스 매장량의 65퍼센트 가까이를 차지하고 있다고 추정한다. 천연가스의 경우는 세계에서 두 번째로 큰 갈키니슈 가스전 등이 있는 투르크메니스탄을 제외한 수치다.[17]

지중해와 태평양 사이에 있는 이 지역은 농작물도 풍부하다. 러시아, 터키, 우크라이나, 카자흐스탄, 인도, 파키스탄, 중국 등은 전 세계 밀 생산량의 절반 이상을 책임지고 있다. 미얀마, 베트남, 태국, 인도네시아 등 동남아시아와 동아시아 국가들을 보태면 전 세계 쌀 생산량의 거의 85퍼센트를 담당한다.[18]

극소전자공학이나 반도체 생산에 긴요하게 쓰이는 규소(실리콘) 같은 자원도 있다. 러시아와 중국만 합쳐도 전 세계 생산량의 4분의 3을 차지한다. 이트륨·디스프로슘·테르븀 같은 희토류 원소들은 슈퍼마그넷에서 배터리까지, 모든 작동 장치와 컴퓨터에 필수적으로 들어가는데, 중국 홀로 2016년 전 세계 생산량의 80퍼센트 이상을 차지했다.[19] 미래학자와 정보망 전문가들은 인공지능과 빅데이터, 기계학습 등의 흥분되는 세계가 우리가 생활하고 일하고 생각하는 방식을 어떻게 바꿀 것인지에 대해 자주 이야기하고 있지만, 그 새로운 디지털 세계를 구성할 재료가 어디서 올 것인지를 묻는 사람은 별로 없었다. 심지어 공급이 고갈되거나 지구촌 시장에서 독점에 가까운 공급권을 가지고 있는 세력이 그것을 상업적·정치적 무기로 사용할 경우 무슨 일이 일어날지에 대해서도 마찬가지다.

가지고 있으면 큰돈이 되는 다른 재물들도 많다. 헤로인도 그중하나다. 헤로인은 10여 년 동안 아프가니스탄의 탈레반에게 불가결한재정 자원 노릇을 해왔다.[20] 한 유엔 대표에 따르면 2015년 기준 "대략 2000제곱킬로미터의 땅이 아편의 원료가 되는 양귀비를 재배하는 데사용되고 있다". 쉽게 설명하자면, "그것은 미식축구 경기장(엔드존까지포함해서다) 40만 개 이상의 면적에 해당한다"[21]고 그는 덧붙였다. 양귀비 재배는 2017년에 크게 늘어, 약 3200제곱킬로미터의 땅에서 아편원료를 생산했다. 이 기록적인 산출량은 전 세계 시장의 80퍼센트를차지하는 물량이며, 그 가치는 총액 300억 달러 이상에 달한다.[22]

자원은 언제나 세계의 모습을 결정짓는 데서 핵심적인 역할을 해왔다. 국가가 국민에게 음식과 물과 에너지를 제공할 능력을 갖추어야한다는 것은 분명하고도 중요한 사실이다. 외부의 위협으로부터 보호해야 하는 것과 마찬가지다. 그렇기 때문에 실크로드를 장악하는 일이 그 어느 때보다도 중요해졌으며, 그것이 아시아 전역에서 인권과 언론·출판의 자유가 억압받고 있는 상황을 설명하는 데 얼마간 도움을준다.

이러한 사실은 앤드루 길모어 유엔 인권 담당 사무차장보도 최근에 지적한 바 있다. 그에 따르면 "일부 국가들은 반대자들의 위협을전혀 느끼지 않고" 있으며, 인권에 대한 우려를 자기네 내부 문제에 대한 "불법적인 외부 간섭"으로 치부하고 있다. 아니면 정권 전복을 위한 시도나, 낯선 '서방'의 가치관을 주입하기 위한 노력으로 규정한다. 누구에게 목소리를 내게 하고 누구에게 내지 못하게 할 것인가 하는 결정은 변화하는 세계에서 권력을 강화·유지하는 일과, 다른 견해를 표명하도록 허용했을 경우 생길 수 있는 결과에 대한 두려움과 밀접하게 연관돼 있다.[23]

우리는 이미 아시아의 세기에 살고 있다. 지구촌의 GDP(국내총생산)가 서방 선진국에서 동방의 나라들로 옮겨가는 일이 엄청난 규모로, 그리고 엄청난 속도로 일어나고 있는 시대다. 일부 연구들은 2050년이 되면 아시아의 1인당 소득이 구매력평가(PPP) 기준으로 여섯 배로 뛰어올라 30억 명의 아시아인이 현재보다 더 부유해질 것으로 예측하고 있다. 최근의 한 연구가 밝히고 있듯이, 아시아는 전 세계 GDP에서 차지하는 비중을 거의 두 배인 52퍼센트로 끌어올려 "300년쯤 전, 즉 산업혁명 전에 차지했던 경제적 우위를 되찾을 것이다".[24] 지구촌 경제권력이 아시아로 옮겨가는 일은 "조금 빠르거나 조금 늦게 일어날 수 있"지만, "변화의 큰 방향과 이런 이동의 역사적 본질은 분명하다"라고 다른 보고서도 거들었다. 우리가 서방이 떠오르기 전으로 복귀하는 시대에 살고 있다는 비슷한 결론이다.[25]

세계가 새로 재편되고 있다는 사실을 직시하면 경제 및 정치권력의 변화 양상을 활용하고 가속시킬 미래에 대해 발 빠르게 계획을 세우는 데 도움이 된다. 그 가운데 단연 눈에 띄는 것이 중국 시진핑 習近平 국가주석의 대표적인 경제·외교정책인 '일대일로—帶—路 구상'이다. 이 계획은 중국의 미래를 위한 장기계획의 기반으로 옛 실크로드를(그리고 그 성공을) 이용한다. 2013년 이 프로젝트가 발표된 이후 대략

1000개가량의 기반시설 사업에 1조 달러 가까운 투자를 하기로 약속했다. 대개 융자 형태다.

일부에서는 중국의 이웃 나라들과 바다 및 육로의 일대일로에 포함된 나라들로 쏟아져 들어갈 돈이 결국 몇 배로 늘어 철로, 고속도로, 심해항, 공항이 서로 연결된 하나의 세계가 만들어질 것으로 생각하고 있다. 그렇게 되면 교역망이 그 어느 때보다도 강력하고 빨라질 것이다.

중국이 직면하고 있는 다른 문제들도 있다. 특히 한 저명 경제학자가 '출생 절벽baby bust'이라 부른 것이 대표적이다. 인구의 노령화가 진행되고 그들을 대체할 인구가 부족한 데서 생기는 문제다.[26] 금융거품으로 인해 초래되는 어려움도 있다. IMF(국제통화기금)는 2017년 부채수준이 우려 단계를 넘어서 '위험' 단계에 들어섰다고 경고했다.[27]

금융거품은 부동산 붐을 자극했다. 공급은 너무도 빠르게 수요를 앞질러, 전체 주택의 5분의 1인 5000만 채가 빈집인 것으로 추산됐다.[28] 급격한 도시화에 따라 제기되는 문제도 있다. 예를 들어 대규모 이주민으로 인한 현실 같은 것인데, 이는 도시와 시골 사이의 출세 및 교육의 차이를 두드러지게 한다. 온 나라 안에서의 성별 역할에 미치는 영향 역시 마찬가지다.[29]

하지만 오늘날 세계에서 진행되고 있는(그리고 미래에 진행될) 일들을 이해하는 다른 방식들도 있다. 20세기 벽두에 영국 작가 러디어드 키플링(1865~1936)은 '그레이트 게임'이라는 개념을 대중화하는 데 일조했다. 대영제국과 러시아제국이 아시아 심장부에서의 지위와 패권을 놓고 정치적·외교적·군사적으로 경쟁을 벌인 것을 말한다. 오늘날 여러 가지 '그레이트 게임'들이 벌어지고 있다. 영향력을 놓고, 에너지와 천연자원을 놓고, 식량과 물과 깨끗한 공기를 놓고, 전략적 위치를 놓고, 심지어 데이터를 놓고 경쟁을 벌이고 있는 것이다. 그 결과는 다가올 수십 년 동안 우리가 사는 세계에 심대한 영향을 미칠 것이다.

실크로드가 떠오르고 있다고 나는 2015년에 썼다. 실크로드는 계속해서 떠오르고 있었다. 그것이 어떻게, 그리고 왜 우리 모두에게 영향을 주는지를 찬찬히 추적하는 것은 의미 있는 일일 것이다.

1

동방으로 가는 길

내가 대학을 막 졸업하던 25년 전, 세계는 다른 곳처럼 보였다. 냉전이 끝나고, 평화와 번영에 대한 희망에 부풀었다. "보리스 옐친과 러시아 인민들의 영웅적인 행동"은 러시아를 개혁 과정과 민주주의로 이끌었다. 빌 클린턴 미국 대통령이 1993년 밴쿠버에서 옐친 러시아 대통령과 만나서 한 말이다. "생산적이고 번영하는 새 러시아"에 대한 전망은 모두에게 흡족한 것이라고 그는 지적했다.[1]

남아프리카공화국에서도 희망의 시기가 앞에 놓여 있었다. 아파르트헤이트(예전 남아프리카공화국의 인종차별 정책 — 옮긴이)를 끝내기 위한 긴장된 협상은 충분한 성과를 거둬, 1993년 프레데리크 빌렘 데 클레르크 남아프리카공화국 대통령과 넬슨 만델라 아프리카민족회의 (ANC) 의장이 노벨 평화상을 받기에 이르렀다. "아파르트헤이트 정권을 평화적으로 종식시키고 민주적인 새 남아프리카공화국의 토대를 구축하기 위한 그들의 노력"[2]을 평가한 것이었다. 이 권위 있는 상을 받은 것은 남아프리카공화국에, 아프리카에, 그리고 세계에 희망의 순간이었다. 비록 나중에 만델라의 가까운 친구들이, '압제자'와 공동 수상하는 거라면 상을 거부해야 한다고 압박했지만 말이다. 그러나 만델라는 용서가 화해의 필수 요소라고 단언했다.[3]

한반도에서는 사태가 희망적인 것으로 보였다. 2018년 열린 판문점 회담에 호응해 미국과 북한 사이에 개략적인 합의가 이루어져, 한반도의 평화적 통일과 비핵화를 위한 과정으로서 화려한 팡파르를 울렸다. 그것은 핵 확산 방지를 위한, 그리고 더 안전한 지역, 더 안전한 세계를 위한 중요한 전진으로 환영을 받았다.[4]

1993년에 중국과 인도 사이에서도 중요한 합의가 이루어졌다. 30년 동안 적대와 통한의 원천이었던 국경 분쟁 문제를 처리하기 위한 틀을 짜는 것이었다. 그리고 양측은 국경의 병력 규모를 줄이고 서로가 받아들일 수 있는 결론을 향해 함께 노력하기로 합의했다.[5] 이는 양국 모두에게 중요했다. 양국 지도자들에게 경제 발전과 자유화가 눈앞의 과제로 대두된 시기였기 때문이다. 이보다 조금 앞서 중국에서는 덩샤오핑鄧小平(1904~1997)이 남부 지방을 순회하며 사회·정치·금융개혁의 가속화를 독려하고, 시장 자유화에 반대하는 강경파를 견제했다. 공산 중국에서는 1990년 상하이에 증권거래소가 개설된 바 있었다.[6]

한국의 변화는 이미 한창 진행되고 있었다. 한국은 1960년대에 세계에서 가장 빈곤한 나라들 가운데 하나였다. 천연자원도 전혀 없고, 지리적 위치도 아시아 동쪽 맨 끝에 있어 좋지 않았다. 한국이 경제강국으로 변신해 삼성, 현대자동차, SK(모두 1000억 달러 이상의 자산을 보유하고 있다) 같은 기업들이 속속 나타나자 일부 평론가들은 한국이 "세계에서 가장 성공적인 나라"[7]라고 말하기에 이르렀다.

인도도 1990년대 초에 성장의 가속 페달을 밟았다. 1993년 2월

뭄바이 증권거래소에 상장하기 위해 발버둥 치던 한 작은 소프트웨어 회사에 기대를 걸었던 사람은 거의 없었지만 말이다. 인도는 그 덩치와 잠재력에도 불구하고 경제적으로 피라미였고, 기술 분야는 영세하고 검증되지 않은 상태였다. 과감하게도 인도 기업 인포시스Infosys의 주식을 사둔 사람들은 돈을 벌었다. 이 회사는 2018년 3월 말로 끝나는 회계연도에 26억 달러가 넘는 영업이익을 올렸다.[8] 주가는 25년 전에 비해 4000배 뛰어올랐다.[9]

페르시아만의 한 작은 나라가 새 항공사를 설립한 것 역시 무모한 도박처럼 보였다. 1993년 11월에 설립된 카타르항공은 그로부터 두 달 뒤에 운항을 시작했다. 많은 사람들은 수요가 극히 제한적인 소수의 현지 노선을 운항하는 작은 항공사가 될 것이라고 생각했다. 현재 이 항공사는 200대가 넘는 항공기를 보유하고 있고, 직원 수는 4만 명을 넘으며, 취항지는 150군데가 넘는다. 넘치게 찬사를 받고 있지만, 25년 전에 이것이 가능하다고 생각했던 사람은 거의 없었다.[10] 2018년 4월 이 회사는 러시아에서 세 번째로 큰 공항인 모스크바 브누코보 국제공항의 주식 25퍼센트를 인수하기로 합의했다.[11]

물론 1993년에 어디에서나 좋은 소식이 들렸던 것은 아니다. 뉴욕의 세계무역센터는 트럭 폭탄 테러를 당했고, 인도 뭄바이에서는 연쇄 폭파가 발생해 250여 명이 죽었다. 보스니아의 사라예보는 1914년 오스트리아의 프란츠 페르디난트(1863~1914) 대공이 암살돼 전쟁을 촉발시킨 곳으로 이미 유명한데, 보스니아의 세르비아계 군대에게 포위돼 2차 세계대전 중의 스탈린그라드 전투보다 더 오랜 기간 동안 시달렸다. 저격수가 길을 건너는 민간인들을 사살하는 것이 흔한 풍경이 됐고, 도시 주변 언덕에서 도심을 향해 박격포를 발사해 폐허가 된 처

참한 사진도 마찬가지다. 유럽에 강제수용소가 다시 등장하고, 1990
년대 중반에 보스니아의 스레브레니차와 고라즈데에서 대량학살이 다
시 발생한 것은 과거에 얻은 가장 끔찍한 교훈조차도 금세 망각될 수
있음을 냉혹하게 상기시켜주었다.

　　1990년대 초의 어떤 문제들은 더욱 익숙하다. 예를 들어 영국에
서는 유럽연합 탈퇴와 국민투표 요구에 관한 고약한 논쟁이 정치적 여
론을 형성했다. 이에 따라 내각이 붕괴 직전에 몰렸고, 존 메이저 총리
는 휘하 각료들을 '잡놈들'이라 부르기도 했다.[12]

*

　　이 사건들은 모두 가까운 과거에 일어난 일이다. 그러나 벌써 멀
게 느껴지고 다른 시대라는 생각이 드는 듯하다. 나는 1993년 여름, 대
학의 마지막 시험을 준비하면서 전도유망한 영국의 신예 록밴드 라디
오헤드의《파블로 허니》라는 음반을 들었다. 나는 그해의 가장 예언적
인 노래가 당연히 그 음반에 실린〈크립Creep〉일 것이라고 생각했다(이
곡은 음악 스트리밍 서비스인 스포티파이에서 2억 5000만 회 이상 재생됐다). 그
런데 그 곡이 아니고, 그해 아카데미상을 받은 곡이었다(애니메이션 영
화〈알라딘〉에 나오는〈아름다운 세상A Whole New World〉─ 옮긴이).

　　알라딘은 재스민에게 약속했다.

　　완전히 새로운 세상
　　새롭고 환상적인 생각

재스민은 정말로 동의했다.

완전히 새로운 세상
내가 전혀 몰랐던 눈부신 곳

실크로드의 과거에서 온 이야기에 바탕을 두고 이를 배경으로
한 노래가 그 미래를 예언한 것이다.

그 완전히 새로운 세계는 1993년과 지금 영국에서 열리는 축구
경기를 비교해보면 가장 잘 드러난다. 나는 케임브리지에서 졸업시험
을 일주일 앞두고 아스널과 셰필드 웬즈데이가 치르는 FA컵 대회 결승
전 재경기를 보았다. 경기는 무승부였던 첫 경기만큼이나 따분하고 재
미없었다. 출전한 선수들(교체 출전 포함) 가운데 단 세 명만이 브리튼제
도(영국 본토인 그레이트브리튼섬 외에 아일랜드섬 등도 포함한다 — 옮긴이) 이
외 지역 출신이었다. 25년 뒤 첼시와 맨체스터 유나이티드의 결승전은
똑같이 실망스러운 경기였다. 그러나 팀의 구성은 완전히 달라졌다. 웸
블리구장에서 뛴 스물일곱 명의 선수 중 단 여섯 명만이 영국이나 아
일랜드 태생이었다. 다른 선수들은 세계 각지에서 왔다. 에스파냐, 프
랑스, 나이지리아, 에콰도르 등등.

이러한 사실은 불과 한 세대가 지나는 사이에 이루어진 세계화
의 속도를 말해주고 있지만, 아마도 더욱 놀라운 것은 같은 기간 동안
영국 축구팀의 소유주가 극적으로 변화했다는 점일 것이다. 얼마 전까
지만 해도 명문 팀의 소유주가 외국인일 것이라는 생각은 얼토당토않
은 것으로 일축됐을 것이다. 외국인이 경영진에 끼여 있으면 감독들이
중간 휴식 시간에 불만을 토하느라 찻잔에 침을 튀기고 돼지고기 파

이를 먹다가 목이 메던 시절이었다. 그러나 지금은 영국과 유럽의 최고 명문 축구팀 상당수의 소유주가 외국인이다. 그 가운데 또 상당수는 실크로드 지역 출신이다.

어떤 면에서 이는 놀랍지 않다. 사실 축구 규칙은 1863년 런던에서 만들었지만, 경기 자체는 영국에서 만들어진 것이 아니다. 국제축구연맹(FIFA)에 따르면, 이 경기는 중국의 한漢 왕조(서기전 202~서기 220)에서 처음 확인된다. 중국에는 경기자들이 깃털을 꽉 채운 가죽공을 차서 대나무 막대 두 개에 걸쳐놓은 망에 집어넣는 축국蹴鞠이라는 경기가 있었다.[13]

하지만 축구의 기원에서부터 시작해 버밍엄 주변의 유명 축구팀(애스턴빌라, 웨스트브러미지 앨비언, 버밍엄시티, 울버햄턴 원더러스 등)이 2015년《실크로드 세계사》출간 이후 중국인 소유주들에게 팔렸다는 사실을 인식하기까지는 긴 과정을 거쳐야 한다. 한편 2017년에는 산시로의 주세페메아차 경기장을 함께 사용하고 있는 이탈리아의 두 거대 축구팀 AC밀란과 인터밀란 역시 중국 구단주에게 팔렸다.

영국의(그리고 유럽의) 유력 팀들을 소유하고 있는 페르시아만 지역 출신 구단주들도 있다. 2018년 잉글랜드 프리미어리그에서 모든 경쟁자들을 물리치고 기록적인 승점 차로 우승한 맨체스터시티의 구단주는 만수르 빈자이드 알나흐얀Mansour bin Zayed Al Nahyan이다. 그는 아랍에미리트연합(UAE)의 부총리이기도 하다. 이 팀의 판박이는 파리 생제르맹 FC다. 같은 해에 마찬가지로 쉽게 프랑스 1부 리그 챔피언에 안착했다. 소유주인 카타르투자청은 팀에 새로운 선수 두 명을 안겨주었다. 네이마르와 킬리안 음바페다. 그 전해 여름 3억 5000만 유로(연봉과 보너스는 제외한 금액이다)가 넘는 이적료를 주고 그들을 데려왔다.

에버튼 FC의 지배 주주는 파르하드 모시리Farhad Moshiri다. 이란에서 태어났지만 지금은 모나코에서 살고 있다. 그는 우즈베키스탄 출신의 사업가 알리셰르 우스마노프Alisher Usmanov와 함께 일하며 재산을 모았다. 우스마노프는 러시아와 중앙아시아 등 여러 곳에 투자해 150억 달러 이상의 자산가가 됐고, 그 재력으로 아스널 축구팀의 지분 상당 부분을 사들였다. 한동안 우스마노프는 지배 지분을 사들이려 했지만, 복잡한 지분구조 때문에 실패했다. 아스널 팬들은 그에게 지분을 팔지 말도록 간청했지만, 그는 2018년 여름에 결국 주식을 처분했다. 그러나 여러 해 동안 자긍심 높고 유명한 한 축구팀의 운명은 우즈베키스탄 출신 부호의 손아귀에 있었다.[14]

옛날에는 부유한 영국인들이 그랜드투어Grand Tour(17세기 중반부터 영국 등 유럽 상류층 자제들이 사회에 나가기 전에 프랑스나 이탈리아 등지를 돌아보며 문물을 익히던 여행 ─ 옮긴이)의 일환으로 유럽 본토를 여행했다. 그들은 베네치아, 나폴리, 피렌체, 로마 같은 도시들에서 흥청대며 그곳의 미술과 건축에 감탄하고 영감을 받았다. 거기서 그림과 소묘 작품, 조각품과 필사본, 그리고 심지어 집안 물건을 통째로 사서 고국으로 가지고 돌아가기도 했다.[15] 이는 북대서양의 한 작은 섬나라를 세계적인 초강대국으로 변모시킨 상업적·군사적 성공과 늘어나는 국부에 의한 전리품이었다.

이제 자랑할 전리품은 월드컵 축구 경기와 동계 올림픽, 그리고 근사한 미술관이다. 러시아와 카타르는 2018년과 2022년 월드컵 축구 개최권을 따냈고, 2014년 동계 올림픽은 러시아 소치에서 열렸다. 새로운 루브르박물관은 파리가 아니라 아랍에미리트연합의 아부다비에 있고, 새로운 빅토리아앨버트박물관은 런던의 앨버토폴리스(런던 사우스켄싱턴에 있는 엑시비션로드 일대의 별칭 — 옮긴이)가 아니라 중국 선전深圳에 있다. 그리고 렘 콜하스Rem Koolhaas가 디자인한 모스크바의 놀라운 가라시Garage 현대미술관이 있고, 뉴욕의 매디슨스퀘어가든보다 훨씬 큰 투르크메니스탄 아슈가바트의 겨울 스포츠 종합운동장도 있다.

18세기에 한 영국 여행자가 이탈리아로 여행을 떠났다. "역사에서 그렇게 유명한, 한때 세계를 꼼짝 못하게 했던 나라를 참을 수 없을 만큼 보고 싶어서"[16]였다. 지금은 그것이 바뀌었다. 이제 감탄의 대상이 된 것은 영국의 역사이며, 분쟁을 해결하고 이혼 합의를 이끌어내는 데 사용된 영국의 법과 법정이며, 새로운 위인과 선인善人들이 수집하고 사들인 영국의 전리품들이다. 축구팀들이나, 세계적으로 유명한 해로즈백화점과 햄리스 장난감백화점, '카나리워프타워'로도 불리는 원캐나다스퀘어 빌딩과 '워키토키'로 불리는 20펜처치스트리트 빌딩 등의 주요 자산, 《인디펜던트》나 《이브닝 스탠더드》 같은 언론매체, 이 모든 것들의 소유주가 중국, 러시아, 아랍에미리트 출신자들이다.

미국에서도 사정은 마찬가지다. 농구팀 브루클린네츠, 《뉴욕 포스트》 신문, 뉴욕의 월도프아스토리아와 플라자호텔, 음반회사 워너뮤직그룹 등이 러시아·서아시아·중국 출신자들이거나 그곳과 밀접한 관계에 있는 사람들이 전부 또는 일부 소유하고 있는 거점 기업이나 브랜드 가운데 극히 일부의 명단이다.

여기에는 마침 1993년 여름 흥행 대박을 터뜨렸던 〈쥐라기 공원〉(나는 시험을 마치고 보상 차원에서 이 영화를 보았다)을 만든 레전더리엔터테인먼트도 포함된다. 이 회사는 현재 왕젠린王健林의 다롄완다그룹大連萬達集團 산하에 있고, 완다그룹은 오데온, 유나이티드시네마, 카마이크, 호이츠 등 유럽·미국·오스트레일리아 등지의 영화관 체인도 소유하고 있다. 상영관은 모두 합쳐 1만 4000개를 넘는다. 이 그룹은 또 요트를 제작하는 선시커와, 2018년 및 2022년 축구 월드컵 등 스포츠 행사들의 독점 방송권을 가지고 있는 인프론트스포츠미디어도 소유하고 있다.

당연한 일이지만, 이 사업체들 가운데 일부는 취미와 열정을 충족시키기에 적합한 것인 반면에, 상당수는 진지한 대규모 투자다. 이들은 지난 사반세기 동안의 전 세계 GDP의 대이동에 바탕을 두고 있다. 중국에서만 1980년대 이후 8억 명 이상이 빈곤선 위로 올라왔다.[17] '빈곤'을 어떻게 규정할 것인지는 발전경제학자 같은 사람들이 논의할 문제지만, 중국의 성장 속도와 폭이 놀라운 수준이라는 데는 의문의 여지가 거의 없다. 2001년 중국의 GDP는 구매력평가 기준으로 미국의 39퍼센트였다. 2008년에는 62퍼센트로 증가했다. 2016년에는 중국의 GDP가 같은 기준으로 미국의 114퍼센트가 됐다. 그다음 5년 동안에는 더 큰 폭으로, 더욱 급격하게 오를 것으로 전망된다.[18]

이러한 상황은 중국에만 변화를 가져오는 것이 아니라 세계의 다른 지역에도 변화를 가져오고 있다. 예를 들어 베이징의 한 사업가는 중국 중산층이 더 늘어날 것으로 내다보고 프랑스 중부에 3000헥타르의 땅을 사들였다. 중국 전역에 1000여 개의 불랑주리boulangerie(빵집) 체인을 열 계획을 세워놓고 거기에 밀가루를 공급하기 위한 것이다. 쌀로 만든 음식을 좋아하는 중국인의 입맛이 변할 것이라는 예상이다. 그리고 그 경우 "잠재력은 엄청나다"라고 이 사업가 후커친胡克勤은 말한다.[19]

밀가루가 프랑스 '불랑주리'에서 사용되지 않고 수출되면 프랑스의 빵 가격이 오를 것이라는 우려가 생길지 모르겠는데, 그것은 포도주 산업에서도 마찬가지일 것이다. 프랑스가 중국에 수출하는 포도주의 양은 2017년에만 14퍼센트가 늘어 2억 2000만 리터에 육박했다. 프랑스 포도주의 대對중국 수출은 5년간 200억 달러 이상이 될 것으로 전망된다. 프랑스인 술꾼에게는 모르겠지만 그곳 포도 농가에는 희소식이 아닐 수 없다.[20]

더욱이 보르도의 유명 포도원 대부분이 지난 몇 년 사이에 주인이 바뀌어 여배우 자오웨이趙薇나 재벌 마윈馬雲 같은 유명 인사들이 사들였다. 마윈은 유명한 샤토드수르Chateau de Sours를 비롯해 네 개를 가지고 있다. 뿐만 아니라 일부는 중국의 애주가들에게 더 잘 보이기 위해 이름까지 바꿨다. 메독의 샤토세니약은 샤토앙틸로프티베텐Château Antilope Tibétaine('티베트 영양羚羊')으로 이름을 바꿨고, 샤토라투르생피에르는 샤토라팽도르Château Lapin d'Or('금빛 토끼')가 됐으며, 샤토클로벨에르는 샤토그랑앙틸로프Château Grande Antilope('큰 영양')가 됐다.[21]

이는 수백 년 동안 경의와 명성을 얻었던 자랑스러운 이름들이 사라졌다고 생각하는 순수파에게는 거슬리겠지만, 동방의 부상은 우리 주변 세계의 일상적인 요소로 생각됐던 것을 변화시키는 별도의 효과를 지니고 있다.

카타르항공은 상업용 제트기 수요를 폭발적으로 끌어올린 많은 기업들 가운데 하나에 불과하다. 그 수요는 앞으로 계속 늘어날 것이다. 국제항공운송협회(IATA)는 비행기로 여행하는 승객의 수가 2036년까지 거의 두 배인 연간 78억 명에 이를 것으로 전망하고 있다. 아시아의 인구가 늘어나고 점점 부유해지는 탓이다. 특히 중국, 인도, 터키, 태국이 증가세를 주도할 것으로 전망됐다.[22]

보잉의 또 다른 분석에 따르면, 이는 앞으로 20년 동안 50만 명의 신규 조종사가 필요하다는 의미다.[23] 그 영향은 이미 감지되고 있다. 지금 상황으로는 조종사가 충분하지 못하다. 이런 상황이 임금을 다락같이 끌어올려, 샤먼항공廈門航空은 보잉737 조종사들에게 40만 달러의 급료를 주고 있다. 어떤 항공사에서는 연봉 75만 달러를 제시했다는 보도도 있었다.[24]

이렇게 큰 폭의 급료 상승은 당연히 여행 비용에 영향을 미친다. 그러나 전 세계적인 조종사 부족으로 인한 압박 때문에, 안정되고 자원을 잘 갖춘 항공사들도 승무원 부족으로 운항을 취소하는 사례가 이미 나타나고 있다.[25] 사업차 미국 중서부로 가는데, 휴가 때 알프스에서 스키를 즐기고 돌아오는데, 또는 다른 나라로 꿈꾸던 휴가를 떠나기 전에 어떤 항공편이 취소됐다면, 믿기 어렵겠지만 '실크로드'의 부상이 그와 어느 정도 연관이 있을 것이다.

호텔 방의 모습이나 로비에서 흘러나오는 음악, 술집에서 마실 수 있는 술 역시 같은 요인에 의해 영향을 받을 것이다. 1990년에 중국 여행객들이 해외로 나간 것은 극소수였고, 주로 국가와 연관된 활동에 국한됐다. 해외에서 쓴 돈은 총 5억 달러 정도였다.[26] 2017년에는 그 수치가 500배 늘어 1년에 2500억 달러를 넘었다. 미국 여행객들이 연간 해외에서 쓰는 돈의 대략 두 배다.[27]

이 수치는 앞으로 더 급증할 것이다. 현재 중국인들 가운데 겨우 5퍼센트 정도만이 여권을 갖고 있으니 말이다. 일부 추산에 따르면 2020년이 되면 2억 명의 중국인들이 해외여행을 떠날 것이라고 한다. 이에 따라 게임과 화장품 산업에 특히 기회가 활짝 열릴 것이라고 연구는 전망한다. 원하는 곳으로 실어다 주는 항공사, 중국인의 입맛에 맞는 음식들을 내놓는 호텔, 해외여행을 주선하는 온라인 예약 업체

역시 성황을 이룰 것이다. 그런 서비스를 하는 스카이스캐너Skyscanner
는 2016년 말 17억 달러에 중국 회사 씨트립Ctrip에 팔렸다.[28]

　　변화하는 세계에는 도전 또한 찾아온다. 때로는 예기치 못한 곳
에서, 예기치 못한 방식으로 말이다. 중국의 부상은 중앙아시아부터
서아프리카에 이르는 지역의 당나귀 및 당나귀 사육자들에게 커다란
문제를 안겼다. 당나귀 가죽은 아교의 원료다. 중국어로 '어자오阿膠'라
고 하는 아교는 중국에서 인기 있는 대체 의약품이다. 통증을 완화하
고 여드름을 치료하며 암을 예방하고 성욕을 증진시킨다고 한다. 이
어자오 수요 때문에 중국에서는 지난 25년 동안 당나귀 수가 절반으
로 줄었고, 결국 다른 곳에서 새로운 당나귀 공급처를 찾게 됐다.[29] 타
지키스탄에서는 당나귀 가격이 네 배로 뛰었고, 아프리카에서도 가격
이 급등했다.

　　이것이 꼭 희소식은 아니었다. 당나귀는 농산물과 식료품을 시장
으로 수송하는 데 중요한 역할을 한다. 그런데 그 숫자가 갑작스럽고
급격하게 줄면서(그리고 가격이 급등하면서) 농촌 경제를 불안정하게 만
들고 농가 수지를 위험에 빠뜨리기도 했다. 이런 이유로 아프리카의 니
제르, 부르키나파소 같은 나라들에서는 당나귀의 대對중국 수출 금지
조치가 취해졌다.[30] 실크로드의 부상이 초래한 영향 가운데 하나는 당
나귀 가죽 암시장이 출현한 것이었다.[31]

　　당나귀 무역과 런던에서 부동산을 매입하려는 첫 구매자들이 겪
는 어려움을 연결시키는 것이 자연스러운 일은 아닐 것이다. 그러나
1999년부터 2014년 사이에 외국 자본이 급증한 것이 고가 주택 가격
을 끌어올리는 데 한 요인으로 작용했고, 덜 비싼 부동산 가격까지 끌
어올리는 낙수효과를 초래했다. 한 연구에 따르면 이 기간 동안 런던

에 퍼부어진 외국인 투자가 없었다면 부동산 가격은 19퍼센트 낮았을 것이라고 한다.[32]

그 상당 부분은 러시아 자본이었다. 2007년부터 2014년 사이에 런던 부동산에 투자된 액수의 거의 10퍼센트가 러시아 자본이었다. 1000만 파운드가 넘는 주택의 경우에는 그 수치가 20퍼센트 이상으로 올라간다.[33] 중국 자본의 해외 부동산 시장 유입 또한 치솟았다. 중국인들은 2016년 해외에서 500억 달러어치 이상의 주택을 구매했고, 이듬해에는 400억 달러어치였다.[34] 이는 2017년 런던의 상업용 부동산에 대한 총투자의 3분의 1에 해당하는 자본은 포함되지 않은 수치다.[35]

다른 곳에서도 사정은 비슷하다. 중국인들은 2016년 밴쿠버에서 부동산을 대량으로 사들여 가격이 전년 대비 30퍼센트나 올랐다. 이에 따라 시 당국은 부동산 시장을 냉각시키기 위해 외국인이 사들인 부동산에 대해 15퍼센트의 세금을 부과했다. 비슷한 상황은 캐나다의 다른 곳에서도 찾아볼 수 있고, 샌프란시스코나 오스트레일리아, 뉴질랜드, 그리고 이제는 동남아시아에서도 마찬가지다.[36] 집을 사기가 어려워진 것이 실크로드 지역과 관계되는 것은 아니지만, 그것은 경제의 무게중심이 서방에서 다른 곳으로 이동하고 있는 세계의 현실을 반영하고 있다.

*

동방의 부가 증가하는 것은 그 규모 면에서 눈이 휘둥그레질 만하다. 2017년 2월, 이스탄불의 한 고층 아파트 한 채를 임대해 살던 이란의 사업가 메흐르다드 사파리Mehrdad Safari는 그곳이 너무 살기 좋아서 그 건물을 통째로 9000만 달러(부가가치세 별도)에 사버렸다. 한때 무언가를 너무 좋아해서 회사 전체를 사버리는 것은 미국인뿐이었다. 빅터 키암Victor Kiam이 레밍턴 전기면도기 사업을 인수하면서 주장했던 유명한 말처럼 말이다. 이제 다른 나라 사람들도 그렇게 할 의향과 수단을 가지고 있다.[37]

변화하는 세계에서는 국내에서나 해외에서나 소비 유형과 생활 습관이 변하기 마련이다. 파키스탄은 현재 소매시장이 세계에서 가장 빨리 성장하는 곳이다. 2010년 이래 가처분소득이 두 배로 뛴 것이 그 이유 중 하나다. 소매점 수도 전체 인구의 3분의 2를 차지하는 30세 이하 주민들에 힘입어 2017년에서 2021년 사이에 50퍼센트 증가할 전망이다. 젊은이들은 돈에 대한 가치관도 다르다. 저축해서 나중에 즐기기보다는 지금 좋은 생활을 누리고자 한다.[38]

인도에서는 지난 30년 동안 일어났던 중산층의 극적인 증가가 이례적인 속도로 이어지고 있다. 일부 경제학자들이 인도의 매우 불평등한 부의 분배에 주목하고 있긴 하지만(소득이 부자에게로 쏠리는 현상이 나타났다), 인도에서 연간 가처분소득 1만 달러 이상의 가구 수가 1990년 200만 가구에서 2014년 5000만 가구로 늘었다는 사실은 의미하는 바가 분명하다.[39] 이는 규모와 중요성 면에서 지각변동과도 같은 변화의 시작에 불과하다. 최근 연구에 따르면, 소비 지출은 다음 8년 동안 세 배로 뛰어오르고 2025년에는 4조 달러에 이를 것으로 추산된다.

그런 변화는 인도 사람들이 사는 방식에 영향을 미치고 있다. 대가족이 함께 사는 전통적인 방식에서 개인 또는 부부가 자녀와(있을 경우) 사는 형태가 늘고 있다. 이는 당연히 가정생활에 큰 영향을 미치고, 주택시장이나 교통·전기·수도·보건·교육 같은 사회 기반시설 문제에 과제를 던지고 있다. 그러나 이는 또한 엄청난 기회도 제공한다. 특히 시장 연구에 따르면 소가족이 대가족에 비해 1인당 지출이 20~30퍼센트 더 많은 것으로 추산되기 때문이다.[40]

이러한 변화는 사치품 산업에도 영향을 미친다. 이 분야의 수요 패턴은 1990년대 초 이래 몰라보게 변했다. 당시 중국 소비자는 사치품 구매자의 비율이 무시해도 될 만한 수준이었다. 이제 중국인들은 전 세계 사치품 시장의 3분의 1을 차지하며, 2025년에는 전체 사치품 구매의 44퍼센트를 차지할 전망이다.[41] 이탈리아의 명품 업체 프라다그룹이 2018년 중국 시안西安에만 일곱 개의 매장을 연 이유 가운데 하나다.[42] 이는 또한 프랑스의 샤넬이 예컨대 제품의 원료 공급을 확보하기 위해 여러 곳의 비단 제조업체를 사들이는 사업적 결정을 내린 이유도 설명해준다. 이 브랜드가 중국이나 세계 다른 나라에서 누리는 인기를 생각하면 놀라운 일도 아니다.[43]

이런 경향은 스타벅스의 경우에도 분명하다. 그들은 중국에서의 사업 확장에 눈독을 들이고 있다. 그들의 야망의 크기는 그들이 변화의 시기를 맞은 세계에서 가장 인구가 많은 나라에 얼마나 많은 기회가 있다고 생각하는지를 보여준다. 2017년에 이 회사는 2021년까지 중국에 2000개의 매장을 열 것이라고 발표했다. 15시간마다 하나씩 새로운 스타벅스 커피점을 여는 셈이다.[44] 중국은 단순히 짭짤한 수익을 기대할 수 있는 시장으로 그치는 것이 아니라, 절대로 무시할 수 없는 시장이다.

인도, 파키스탄, 러시아나 페르시아만 지역의 나라들에서도 상황은 마찬가지다. 아랍에미리트에서만 한 해에 거의 30억 달러가 고급 승용차 소비에 쓰인다. 동방에서 잘 해내면 일류 브랜드가 될 수 있다(그리고 일류 브랜드를 거꾸러뜨릴 수 있다).[45] 이는 경제의 모든 분야에 적용될 수 있다. 심지어 음악과 문화 분야도 마찬가지다. 예를 들어 중국 정부가 2015년 말 '한 아이 정책—孩政策'을 폐기하자 유모차와 기저귀, 유아식을 만드는 회사들의 주가가 치솟았다. 반면에 인기 브랜드 콘돔 제조업체 주가는 폭락했다.[46] 크레디트스위스은행의 한 보고서는 출생 증가에 따라 영·유아와 아동 관련 용품의 소비가 수천억 위안에 이를 것이라고 전망했다.[47] 소비 습관이 변하면서 적시에 적소에서 대응하면 돈을 벌 수 있다. 그리고 제대로 적응하거나 대응하지 못하면 응분의 결과를 떠안아야 한다.

오해 때문에 손해를 보는 경우도 있다. 2018년 겨울 돌체앤가바나는 중국에서 사려 깊지 못한 광고를 냈고, 이는 공동 창업자 중 한 사람이 소셜미디어에 올린 것이 분명해 보이는 말 때문에 더욱 악화됐다. 일부 평론가는 이 사태를 소매업 역사상 가장 큰 손실을 끼친 오산 가운데 하나로 꼽았다. 중국인들의 분노가 폭발하자 이 브랜드는 중국의 주요 점포와 온라인 상점에서 철수해야 했다. 온라인 쇼핑몰 네타포르테Net-a-Porter도 중국어 사이트에서 돌체가바나 제품을 내렸다. 이에 따라 적어도 단기적으로는 수억 달러의 수익이 위험에 처했다.[48]

장소와 시기가 잘못돼도 역시 재산에 영향을 미친다. 거대 정보통신 회사 화웨이華爲의 멍완저우孟▢舟 부회장이 2018년 12월 캐나다 밴쿠버에서 체포되자 중국에서 소동이 일었다. 중국 정부는 멍완저우의 석방을 요구했고, 《인민일보》 사설은 이 체포가 "비열한" 짓이며 인권 유린이라고 말했다. 일부에서는 더 과격한 행동을 취하기도 했다.[49] 중국의 소셜미디어 웨이보微博에 불매운동 요구가 등장하자 인기 있는 파카 제조업체인 캐나다구스의 주가가 20퍼센트 이상 떨어져 10억 달러가 증발했다.[50]

미래 관광 분야의 승자와 패자는 어떤 장소, 호텔, 시설, 메뉴와 관광 명소가 아시아 사람들에게 가장 잘 먹히느냐에 달리게 될 것이다. 아시아 인구는 현재 45억 명 가까이나 되고, 앞으로 더 많아질 것이다. 그리고 더욱 부유해질 것이다.[51] 좀 더 크게 보자면, 세계은행과 OECD(경제협력개발기구) 자료로 판단해보건대 2017년 경제 성장률 상위 10개국 가운데 서반구에 위치한 나라는 하나도 없다. 지난 10년간을 살펴봐도 마찬가지다.[52] 앞으로 기호와 유행과 욕구는 동방에서 만들어질 것이다. 서방에서 만들어지는 것이 아니다.

변화하는 열망과 욕구와 기호는 수요를 촉발할 것이다. 언제나 그래왔다. 그러나 변화의 속도가 놀랍다. 컨설팅 회사 매킨지의 최근 보고서는 중국 소비자들이 물건을 고르는 방식의 변화를 지적하고 있다. 음식과 전자제품, 개인 생활용품과 맥주 등 이 회사가 조사한 분야 가운데 거의 절반에서 응답자들은 외국 브랜드보다는 현지 브랜드를 선호하는 경향이 뚜렷했다.[53] 회사가 돈을 버느냐 망하느냐는 동방에 달려 있다. 서방에 달려 있는 것이 아니다.

*

경제 성장과 인구 증가는 변화 모습의 한 측면이다. 그러나 이 두 가지의 성장은 고통 증가도 수반한다는 사실을 인식하는 것이 중요하다. 늘어나는 인구를 지탱하기 위한 기반시설을 건설하는 일은 실행하기에 어렵고 비용이 많이 든다. 또한 사전 계획과 함께, 미래의 모습이 어떠할지를 예측할 수 있으려면 상당한 정도의 행운도 필요하다. 에너지, 기술, 운송에서 어떤 것이 필요한지 하는 측면에서다.

그런데 역설적으로 아무것도 없는 곳에 깨끗한 도시를 건설하는 것이 기존 도심을 개선하는 것보다 쉬울 수 있다. 예를 들어 인도 벵갈루루에서는 급속한 도시화와 이 도시의 IT(정보통신기술) 분야의 성공에 따라 초래된 어려움이 수자원에 엄청난 부담을 가중시켰다. 시의 수자원 당국은 상세한 계획을 내놓아 현재 인구인 약 800만 명에 대한 물 공급이 원활해질 뿐만 아니라 2050년까지 인구가 두 배로 늘 경우에도 문제가 없다고 주장하지만, 일부 고위 관료들은 수도꼭지가 모두 말라버리는 '그날'이 오기 전에 도시를 비우는 계획을 세울 필요가 있음을 언급했다. 그날은 빠르면 2025년에 찾아올 수도 있다고 한다.[54]

벵갈루루는 극단적인 경우다. 그러나 이는 도시 확장에 따른 더 넓은 범위의 과제들의 한 단면을 보여준다. 장래의 경제나 인구 구성의 안정성, 심지어 정치적 안정 등도 마찬가지다. 급격한 도시화가 과격화로 이어진다는 것은 20세기 초의 러시아나 1970년대의 터키를 연구하는 역사가들에게 친숙한 얘기다.[55] 그것이 현재와 미래의 세계를 연구하는 학자들에게 상당한 관심을 끄는 주제였다는 것도 놀라운 일은 아니다.[56] 도시에 관한 최근의 한 유엔 보고서는 사정을 봐주지 않는다. 보고서는 이렇게 말한다.

전 세계의 많은 도시들은 도시화와 관련해 일어날 수 있는 다양한 과제들에 대해 전혀 준비가 돼 있지 않다.[57]

평화와 안정을 당연한 것으로 받아들여서는 안 된다. 시리아, 이라크, 예멘, 아프가니스탄을 그저 슬쩍 훑어보기만 해도 알 수 있는 일이다. 민주주의 전통이 제한적이지만 발전하고, 권력과 부가 소수 엘리트의 손 밖으로 분산되며, 전문직 중산층이 대두하고 있다. 아시아 전역에서 강력한 지도자들이 잇달아 나오고 있다. 그리고 분명히 취약한 측면도 있어서 국가가 빠르게, 그리고 극적으로 망가질 수도 있다.

적응하기 위해 노력하는 사람은 변화를 통제하는 것이 어려운 일은 아니라는 점을 깨닫는다. 개혁이 실재한다는 외양을 유지하는 것 역시 어렵다. 2017년 말에 사우디아라비아는 여러 가지 조치를 발표했다. 44년 만에 처음으로 영화관을 열고, 여성이 체육관에 갈 수 있도록 허용했으며, 여성에게 운전면허를 내주었다. 이러한 조치들은 오랫동안 어떤 형태로든 성 평등이 결여된 곳으로 비웃음을 당하던 나라에서 진보의 한 징표로 환영을 받았다.

그러나 희망과 기대는 금세 식어버렸다. 이 나라의 가장 유명한 활동가 열 명(대부분이 여성이었다)이 체포됐기 때문이다. 이들은 당시 구류 상태에서 전기처형을 당하고 고문을 당했다고 보도됐는데, 이는 한 발 전진했다가 적어도 두 발 후퇴한 전형적인 사례다.[58]

이에 앞서 2018년 10월에는 터키 이스탄불에서 언론인 자말 카슈끄지가 살해되었다. 그는 전에 모함마드 빈살만 왕세자 주변의 핵심 집단의 일원이었다. 이 사건은 사우디아라비아 사회에서 관용 및 개방의 확대를 추구하는 희망과 현실 사이의 현격한 차이를 보여주었다.[59]

진보를 옹호하면서 동시에 억압을 시행하는 일의 어려움은 아랍에미리트의 사례에서 가장 잘 드러난다. 이 나라의 압둘라 빈자이드 알나흐얀(앞서 나온 만수르 부총리의 동생이다—옮긴이) 외교부 장관은 캐나다의 유력 일간지 《글로브 앤드 메일Globe and Mail》에 열정적인 칼럼을 기고해 서아시아의 여성들에게 권리를 부여하는 것이 중요하다고 주장했는데, 같은 날 아랍에미리트의 저명한 운동가 한 사람이 "아랍에미리트의 지위와 위신 및 그 상징"을 모욕했다는 죄목으로 징역 10년에 무거운 벌금을 선고받았다.[60]

통제 없이 가속화된 변화가 어떤 사람들에게는 여러 가지 방식으로 무력감을 느끼게 했다. 예를 들어 중국에서는 도시 개발을 둘러싼 우려 때문에 나라의 최고 행정기관인 국무원國務院이 설계 규정을 강화하기 위한 지침을 내리고 "조립식 건물의 사용과 같이 쓰레기를 덜 만들며 자원을 덜 쓰는 건설 기법"을 장려하는 일을 더욱 강조하도록 지시했다. 그것만으로도 충분히 별난 일이다. 그러나 더욱 갸륵한 것은 이상하게 생긴 건물에 관해 엄격한 지침을 내리기 위해 단속까지 동원됐다는 사실이다. "경제적이지 않고, 기능적이지 않으며, 미적으로 아름답지 않고, 환경친화적이지 않은 기괴한 건축"에도 금지 조치가 내려졌다. 이를 준수하는지 확인하기 위해 인공위성을 통한 원격 감시도 이루어진다. "현행 도시계획 정책을 위반하는 건물들을 찾아내기 위해서"다. 하늘을 날아다니는 드론은 당신이 누구와 이야기하는지(또는 당신이 어디에 있는지)뿐만이 아니라 당신의 굴뚝 환기구나 테라스를 어떻게 확장하는지도 감시할 것이다.[61]

새로운 세계가 다가오고 있다. 대부분의 사람들에게 낯설어 보이지만, 결국 이국적이고 우려스러운 것이기도 하다. 오늘날 세계에서 가장 활기찬 기술 창업의 중심지 중 하나가 이란이라면 믿기 어려울 것이다. 이란에서는 새로운 기업과, 막 싹튼 아이디어를 실현할 수 있도록 돕는 사라바Sarava 같은 창업 지원사들이 몰려들고 있다. 서방의 경쟁과 한 발 거리를 둔 것이 예기치 못한 부수 효과를 내고 있는 것이다.[62] 2018년 봄 키시에서 열린 '실크로드 스타트업'이라는 적절한 이름의 행사에는 친수성親水性 식료품과 농산물 장터, 여성들이 중고 의류를 사고팔 수 있는 친환경 및 온라인 패션 장터, 적외선 분광법과 인공지능으로 혈당치를 재는 휴대용 기기 등이 등장했다.[63]

그러한 성과들은 인도와 중국에서 진행되고 있는 일의 겉만 모방한 것은 아니다. 인도와 중국 두 나라에서 송금·결제·예금·투자·대출 등을 위해 새로운 금융기법인 핀테크를 채용하는 비율은 세계 어느 나라보다도 훨씬 높다. 미국조차도 따라가지 못한다.[64] 두 나라 모두 성장의 여지는 거의 한도가 없을 듯하다. 전자상거래 기업 알리바바가 2014년 세계 역사상 최대 규모로 신규 상장하기 전에 거기에서 분리된 앤트파이낸셜Ant Financial, 螞蟻金服은 2018년 여름 전자결제 사업을 무려 1500억 달러 규모로 늘리는 투자유치 활동을 벌였다. 입이 떡 벌어질 정도다. 골드만삭스의 가치를 능가하는 규모였다.[65]

이 모든 것은 참 대단해 보인다. 사실이 그러하기 때문이다. 그러나 새로운 회사들의 성공이 또 다른 사실을 가릴 수는 없다. 대부분의 분야와 대부분의 산업에서 서방이 아직은 앞서 있다는 사실 말이다. 이는 블라디미르 푸틴에게도 해당한다. 그는 수입을 줄이기 위한 방편으로 러시아 국가기관에 국내 기술을 이용하도록 지시했다. 그러나 이 지시가 의미 있는 결과를 가져오리라고 예상한 사람은 거의 없었다. 과거에 연구·개발에 충분한 자금이 공급되지 않았고, 혁신을 위한 투자에서 기업가나 기업의 역할이 제한적이었기 때문이다.[66]

하지만 러시아는 자기네의 역량을 발전시킬 필요가 있음을 인식하는 것을 가장 중요하게 여기고 있다. 중요한 자원은 사이버 기술을 개발하는 데 지출됐다. 미국 사이버사령부(USCYBERCOM) 사령관 겸 국가안보국(NSA) 국장 인준 청문회에서 폴 나카소네Paul Nakasone 중장은 미국이 당면하고 있는 "가장 기술적으로 발전한 가상 적국"은 러시아라고 지적했다. "미국과 외국 군대, 외교적·상업적 목표"에 대해 정교한 책략과 기술과 조치를 사용할 수 있다는 것이다.[67]

러시아는 국내외의 목표물에 사용할 수 있는 도구를 개발함과 동시에, 외부 공격으로부터 보호하기 위한 방어망을 개선하는 데도 노력을 기울여왔다.[68] 이 말에 조금 고개가 갸웃거려질지도 모르겠다. 러시아는 대통령 선거나 영국의 브렉시트 국민투표, 심지어 납치를 통한 몸값 장사와 지적재산권 절도에 이르기까지 모든 일에서 사이버 기술을 사용했기 때문이다. 실제로 2018년 4월 미국 국토안보부와 연방수사국(FBI), 영국 국립사이버보안센터(NCSC)는 인터넷 트래픽을 제어하는 하드웨어를 목표로 해서 러시아 국가가 지원하는 공격이 있을지 모른다는 공식 경고를 내렸다.[69] 그러나 러시아도 다른 나라와 마찬가지로 랜섬웨어(컴퓨터 시스템을 감염시킨 뒤 그 해결을 조건으로 금품을 요구하는 악성 소프트웨어의 일종―옮긴이)나, 금융 거래와 이동통신, 그리고 정부기관에 대한 해킹을 다뤄본 경험이 있다. 그들이 미래에 피하거나 방지하기를 간절히 원하는 대상들이다.[70]

현재 서방에서 가장 중요한 문제 중 하나가 데이터를 현금화하는 문제와 관련된 것이다. 그리고 페이스북 같은 기업이 사용자와 심지어 소셜네트워크에 들어 있지 않은 사용자의 친구 및 지인들에 관한 정보를 수집하고 배포하는 일이 적법한지, 그리고 기업윤리에 맞는지 하는 것이다. 동방에서는 데이터의 무기화, 그리고 디지털 세계와 국가이익(인지된 것이든 아니든) 사이의 관계가 화두다.

예를 들어 러시아는 페이스북에, 이 서비스를 이용하는 사람들의 개인 정보를 러시아 서버에 저장될 수 있도록 하지 않으면 사이트 접속을 막을 것이라고 통보했다.[71] 그뿐만이 아니다. 최근에는 페이스북이 러시아 최대의 인터넷 기업 메일루그룹Mail.ru Group에게 자기네 사용자의 개인 정보에 접근할 수 있게 했다는 사실이 밝혀졌다. 페이스북 회장인 마크 저커버그는 페이스북에 다음과 같은 글을 게시했다.

"우리는 당신의 정보를 보호할 의무가 있습니다."

그러면서 자기네 회사가 크렘린과 깊숙하고도 가까운 관계를 맺고 있는 한 회사와 정보를 공유해왔음을 인정하지 않았다. 이런 사실은 나중에야 밝혀졌다.[72]

러시아는 암호화된 텔레그램 메시지 서비스와, 국지 서비스를 우회하거나 은폐할 수 있는 가상 사설 통신망(VPN: 공중 네트워크를 통해 내용을 바깥 사람에게 드러내지 않고 통신할 목적으로 쓰이는 사설 통신망 — 옮긴이)의 방벽 뒤에 숨어 자기네 국민의 온라인 활동을 (그리고 아마도 외국인의 활동도) 감시하고 있는 것이다.[73] 한편 터키에서는 국가가 소셜미디어에 자주 개입한다. 게다가 대통령 선거일에는 '비정상적인' 메시지를 막는다는 명분으로 정부의 조치가 내려지기도 했다.[74]

중국의 경우는 어떤가. 중국에는 3대 통신 회사가 있다. 중국이동통신그룹(CMCC), 중국연합통신(CU), 중국전신(CT)이다. 모두 국영이다. 중국 정부는 인터넷 '청소'의 일환으로 VPN을 봉쇄하는 조치를 취했다. 구글, 페이스북, 트위터 같은 사이트에 접속할 수 없게 한 것이다.[75] 세계의 한쪽에서는 사람들이 온라인에서 무슨 일을 하는지를 추적해 기업 수익을 올리는 데 쓰고 있고, 다른 쪽에서는 그것이 국가 안보의 문제로 간주되고 있다.

이것은 그저 같은 문제에 대한 다른 접근을 이야기하는 것만은 아니다. 사실 이것은 지난 사반세기에 걸쳐 일어났던 더 폭넓은 변화와 밀접하게 연관되어 있다. 우리는 그 규모나 성격상 획기적인 변화와 전환의 시대를 살고 있다. 콜럼버스(1451~1506)와 곧 그를 뒤따랐던 사람들이 대서양을 횡단하고 거의 동시에 바스쿠 다가마(1460?~1524)가 아프리카 남단을 돌아 유럽과 인도양, 남아시아와 그 너머에 이르는 새로운 해상 무역로를 열었던 1500년 전후의 수십 년 동안 일어났던 일과 비슷하다. 불과 500년 전에 있었던 이 두 원정은 세계의 경제적·정치적 무게중심을 극적으로 이동시키는 초석을 깔았다. 서유럽이 역사상 처음으로 세계 교역로의 중심에 자리 잡게 된 것이다.[76]

그와 비슷한 어떤 일이 지금 일어나고 있다. 방향은 반대지만 말이다. 아시아와 실크로드가 떠오르고 있다. 그 떠오르는 속도도 빠르다. 그들은 서방과 고립돼 떠오르는 것이 아니며, 그렇다고 그들과 경쟁하며 떠오르는 것도 아니다. 실제로는 정반대다. 아시아의 부상은 미국, 유럽 등의 선진국들과 밀접하게 연결돼 있다. 자원·상품·서비스·기술에 대한 선진국들의 수요와 욕구는 아시아의 성장을 자극하고 일자리와 기회를 창출하며 변화를 촉진하는 역할을 하고 있다. 세계의 한쪽의 성공은 다른 쪽의 성공과 이어져 있다. 한쪽의 희생을 바탕으로 다른 쪽이 성공을 거두는 것이 아니다. 해가 동쪽에서 떠오른다 해서 그것이 서쪽에서 진다는 의미는 아니다. 적어도 아직까지는 그렇다.

그러나 놀라운 것은 변화에 대한 동방과 서방의 반응이다. 한쪽에서는 미래가 가져다줄 것에 대한 희망과 낙관론에 부풀어 있다. 반면에 다른 쪽에서는 불안감이 너무 커서, 나라가 갈수록 분열되고 있다. 전 미국 국무부 장관 매들린 올브라이트 같은 중견 정치인이 "몰려든 먹구름" 속에서 서방에 "민주주의의 깃발이 여전히 높이 솟아" 있을지에 관해 공개적으로 의문을 제기하고, 파시즘의 부활을 막기 위해 역사의 교훈을 굳게 새겨야 한다고 경고했을 정도다.[77]

그러한 경고가 과장된 것이라고 생각하는 사람들도 있을 것이다. 그러나 이러한 주장이 주류 언론에 나왔다는 사실은 그 자체로 변화의 시기에 서방에서 신뢰의 위기와 움직여가는 방향에 대한 우려를 드러내주고 있다. 개인의 정치적 신념과 견해가 어떻든 간에 누구든 세계에서 어떤 중요한 일이 일어나리라고 볼 여지가 충분하다. 알라딘은 25년 전 재스민 공주에게 이렇게 노래했다.

너무나도 분명해요,
지금 당신과 완전히 새로운 세상에 와 있다는 사실이.

그것이 무엇인지 알려고 노력할 필요가 있다. 그리고 그 의미와 결과에 대해서도 생각해봐야 한다.

2

세계의 중심부로 가는 길

최근 몇 년 사이에 일어난 일들은 서방의 시대가 기로에 서 있다는 평가를 반박하기 어렵게 한다. 미국에서는 도널드 트럼프가 '미국을 다시 위대하게Make America Great Again'라는 슬로건을 내걸고 선거운동을 펼쳐 대통령에 당선됐다. 미국은 방향을 전환할 필요가 있다고 그는 선거운동 기간 동안 누누이 강조했다. 미국의 미래는 위기에 처해 있었다. 그는 투표일 3주 전에 콜로라도 스프링스에서 유권자들에게 이렇게 말했다.

"우리가 이 선거에서 이기지 않으면, 그때는 나라를 잃게 될 것입니다."[1]

미국은 곤두박질치고 있다고 그는 선거운동 기간 내내 반복했다. 2015년 여름 그는 출마를 선언하면서 나라를 구하기 위해서는 비상한 조치가 필요하다고 말했다. 그는 이렇게 말했다.

"우리나라는 심각한 문제에 직면해 있습니다. 우리는 더 이상 승리하지 못하고 있습니다. 우리는 늘 승리해왔는데, 승리하지 못하고 있습니다."

다른 나라들은 미국을 희생시키며 부자가 됐다고 했다. 그는 이 렇게 물었다.

"도대체 언제 우리가 일본을 이겼습니까? 저들은 자기네 자동차 를 수백만 대씩 보내고 있는데, 우린 무얼 하고 있습니까? 우리가 도쿄 에서 마지막으로 쉐보레를 본 게 언젭니까? 그건 거기에 없습니다, 여 러분! 저들은 줄곧 우리를 이기고 있습니다."

멕시코와 중국 역시 문제였다. 극적인 조치가 필요한 때였다. 그 러지 않으면 미국은 끝장이었다. 트럼프는 공화당 경선 텔레비전 토론 에서 이렇게 말했다.

"나는 물고문을 부활시키겠습니다. 그리고 물고문보다 천 배 만 배 더 고약한 것도 부활시키겠습니다."[2]

그리고 악명 높은 멕시코 국경의 장벽 건설 계획이 있다. 트럼프 는 "뚫고 들어올 수 없고 눈에 보이며 높다랗고 강력하며 아름다운 남 부 국경의 장벽"이 될 것이라고 약속했다. 중국에 대해서도 역시 행동 이 필요했다. 트럼프는 누누이 이야기했다.

"우리는 중국이 계속해서 우리 나라를 약탈하도록 내버려둘 수 없습니다. 저들은 그러고 있어요."[3]

취임한 뒤 트럼프는 재빨리 이전 정부가 서명했던 여러 협정들에 서 빠져나오기 시작했고, 그렇게 함으로써 미국을 국제사회의 주류로 부터 떼어냈다. 취임 첫날 환태평양경제동반자협정(TPP)에서 "영원히 탈퇴"하도록 하는 명령에 서명한 것이 그 하나다. 그러면서 "미국 산업 을 진흥시키고 미국 노동자들을 보호하며 미국인들의 임금을 인상"하 려면 필요한 조치라고 단언했다.[4]

그다음은 지구 온난화에 대처하기 위한 파리협정이었다. 트럼프는 이 협정에 대해 이렇게 말했다.

"파리기후협약은 간단히 말해서, 다른 나라들만 전적으로 이득을 보고 미국은 불이익을 받는 협정에 미국이 가입한 가장 최근의 사례입니다. (내가 사랑하는) 미국 노동자들과 납세자들이 실직과 저임금, 공장 폐쇄, 경제 생산의 대폭 감소라는 형태로 비용을 떠안게 되는 거죠."

이에 따라 그는 2017년 6월 미국이 협정 "이행을 전면 중단할 것"이며 이는 즉각 발효될 것이라고 발표했다. 이로써 "협정이 우리에게 지웠던 가혹한 재정적·경제적 부담"에서 벗어났다고 했다.[5]

이러한 탈퇴들의 뒤를 따른 것이 이라크·시리아·이란·리비아·소말리아·수단·예멘의 국민이 미국으로 들어오는 것을 금지하는 행정명령 발동,[6] 쿠바와의 사이에 있었던 "최근 행정부의 완전히 일방적인 협상"을 취소하라는 지시('즉시 발효'다),[7] 그리고 중국에서 오는 500억~600억 달러가량의 수입에 영향을 주게 될 1000여 개 품목에 대한 관세 부과 조치("계속 이어질 조치들 가운데 첫 번째") 등이었다.[8]

이러한 극적인 방향 전환은 세계가 빠르게 변화하고 있으며 그런 세계에서 정치 지도자들이(그리고 유권자들도) 방향의 급격한 변화를 요구하고 또 선택하고 있음을 나타낸다. 유럽에서는 극우세력이 고개를 들었다. 프랑스 국민연합(RN)의 마린 르펜은 2017년 중반에 있었던 대통령 선거 1차 투표에서 양강에 올랐다. 독일에서는 '독일을 위한 대안(AFD)'이 같은 해 9월 연방의회 선거에서 사상 첫 의석을 얻었을 뿐만 아니라, 의회에 94명의 의원을 진출시켜 원내 제3당이 됐다.

유럽에서 일어나는 마찰은 이민과 국민 정체성 문제가 핵심이다.

그러나 그들을 움직이게 하는 것은 변화 속도를 늦추거나 방향을 역전시키기 위해서는 과격한 행동이 필요하다는 두려움(실제적인 것일 수도 있고 상상의 것일 수도 있다)이다. 헝가리에서는 크로아티아 및 세르비아와의 국경을 따라 가시철조망 울타리가 쳐졌다. 한편으로 사법부 독립과 출판의 자유 확보에 실패하고 소수자 보호가 점점 약해지면서 유럽의회에서는 유럽연합 차원에서 회원국인 헝가리에 대해 제재를 해야 한다는 요구가 나왔다. "유럽연합 창설의 기반이 된 가치관에 대한 (…) 명백한 위반"이라는 점이 너무도 극적이다.[9]

그에 앞서 자유주의적 가치를 거부한다는 비슷한 우려로 인해 폴란드를 처벌해야 한다는 요구가 나왔었다. 요구가 너무나 강력해서 유럽연합은 2017년 12월 리스본조약 제7조를 적용해 폴란드에 사법 개혁을 되돌리도록 요구했다. 장-클로드 융커 유럽위원회 위원장은 이렇게 말했다.

"우리는 폴란드 정부와 분쟁 중에 있습니다."

그러나 그는 어쨌든 안심시키는 말도 덧붙였다.

"전쟁을 하는 것은 아닙니다."[10]

유럽 안에서 압박감과 긴장이 생기고, 주요 내부 문제에 대해 회원국들 사이의 의견 일치가 어려우며, 유럽 외부로부터 들어오는 난민과 경제 이민에 대해 효과적으로 대처하지 못함으로써 유럽연합 자체의 이상과 통일성에 상당한 부담을 주었다. 유럽연합은 "그 창설 원칙에 심각한 문제"가 있는 듯하다고, 루이지 디마요Luigi Di Maio 이탈리아 부총리는 2018년 여름에 말했다. 아마도 유럽연합 예산 분담금을 더 이상 내지 말아야 할 시기가 된 것 같다고 그는 덧붙였다.[11]

그러나 그러한 신뢰의 파탄은 2016년 여름 영국에서 있었던 국민투표에서 단적으로 드러났다. 투표자의 52퍼센트가 유럽연합 탈퇴 권고를 선택했다. 그렇게 할 경우의 과정과 결과에 대해서는 여전히 불확실한 상태였지만 말이다.

국민투표가 예고된 뒤 유럽연합은 영국의 미래에 대한 해법의 일부가 아니라 문제의 일부인 것처럼 보였다. 유럽연합은 "일자리 파괴 도구"여서 영국 경제에 큰 피해를 입혔다고, 탈퇴파의 보리스 존슨은 말했다.[12] 유럽연합 회원국들 사이의 관세동맹은 "영국의 국익에 대한 완전한 배신"이라고, 또 다른 저명한 브렉시트 지지자는 말했다. 한 중견 정치인은 영국이 "다행히도" 관계를 회복할 수 있고 더 나은 무역협정을 맺을 수 있는 다른 나라들과의 "오랜 우정"을 갖고 있다고 말했다. 그런 나라들은 공교롭게도 거의가 한때 영국 식민지였다.[13] 미래로 나아가는 것은 과거를 돌아보는 것을 의미했다.

브렉시트의 장기적인 의미가 무엇으로 판명 나든, 서방 선진국 여러 곳에서 정치인·유권자·정부들이 서로 간의 협력관계를 약화시키고, 과거에 체결했지만 이제는 원치 않고 불완전하며 심지어 역효과를 내는 것으로 보이는 협정들을 파기하는 조치를 취하고 있는 것은 사실이다. 공통의 이익과 호혜를 목표로 노력하는 희망적 낙관론 대신에 의혹과 불신, 더욱 중요하게는 각자가 제 갈 길을 갈 수 있도록 계획된 행동이 그 자리를 차지했다. 테리사 메이 영국 총리는 2016년 가을 취임 후 처음 G20 정상회담에 참석해 놀라움에 싸인, 세계에서 가장 강력한 나라들의 정상들에게 영국은 "자유무역에서 세계의 지도자"가 되겠다고 말했다. 그 상황에서 야심이나 담력이 전혀 위축되지 않고 피력한 포부였다. 자기네 나라가 명백하게 혼란 상태에 빠져 있는데 남들을 이끌겠다고 나서기란 쉽지 않은데 말이다.[14]

백악관과 브렉시트, 그리고 낯익은 서방의 권부에서 나오는 그날의 최신 특보들에 집요하게 관심이 쏠린다는 것은 세계의 다른 곳에서 무슨 일이 일어나는지에 대해 관심이 적다는 얘기다. 이런 맹목성은 한 지역, 더 나아가서 여러 대륙에 걸쳐 영향을 미치는 커다란 사건이 전개되는 경우에 특히 강하다. 같은 이야기와 같은 인물을 따라가다 보면 큰 그림을 놓치게 되기 때문이다.

*

서방의 고립과 분열이라는 화두는 2015년 이후 실크로드 지역에서 일어난 일과 뚜렷한 대조를 보인다. 태평양에서 멀리 지중해까지를 아우르는 지역 대부분에서 떠오른 화두는 통합과, 보다 효율적으로 협력하는 방법을 찾으려는 노력에 관한 것이었다. 그곳의 추세는 긴장을 제거하고 동맹을 구축하는 것이었으며, 그곳에서 벌어진 토론은 호혜적이고 장기적인 협력과 합작을 위한 기반을 제공하는 방법에 관한 것이었다.

이는 대화를 가능케 하고 국가들 사이의 유대를 강화하기 위한 실질적인 조치를 취하는 여러 기관들에 의해 촉진됐다. 아시아개발은행(ADB)이나 새로 생긴 아시아인프라투자은행(AIIB) 같은 다국적 금융기관과 함께 상하이협력기구(SCO)나 유라시아경제연합(EAEU), 브릭스(BRICs) 정상회담, 환태평양경제동반자협정(미국은 참여하지 않았지만), 역내포괄경제동반자협정(RCEP) 같은 것들이다.

이 가운데 역내포괄경제동반자협정은 동남아시아 국가들과 중국, 인도, 한국, 일본, 오스트레일리아, 뉴질랜드 등을 포괄하고 있다.

이 나라들을 모두 합치면 GDP 총액은 30조 달러(전 세계 GDP의 30퍼센트) 가까이나 되고, 인구는 35억 명에 이른다. "현대적이고 포괄적이며 품질이 높고 호혜적인 경제동반자협정"을 만들어내기 위한 협상이 심화돼, 한 경제학자가 말한 대로 사상 최대의 자유무역협정에 대한 전망을 밝게 하고 있다.[15]

당연하게도 아시아와 여타 지역에서 협력을 향한 과정은 일률적이지 않았다. 또한 민족과 개인들 사이의 매우 중요한 여러 가지 장애물과 적대감과 경쟁심들을 경시하는 것은 공정하지 않은 일이다. 그것들은 지역이나 더 나아가서 세계 전체에 충격을 줄 수 있을 만큼 불안정해질 가능성이 있다. 그럼에도 불구하고 세계가 서로 다른 두 방향으로 내달리고 있다는 사실은 주목할 만하다. 하나는 관계를 해체하고 홀로서기를 하는 것이고, 다른 하나는 유대를 강화하고 함께 노력하는 것이다.

예를 들어 많은 중앙아시아의 자원 부국들은 실용적이면서도 어느 정도의 효과를 거두며 함께 일할 수 있는 방법을 모색해왔다. 2017년 3월 투르크메니스탄 대통령과 우즈베키스탄 대통령은 투르크메나밧-파랍에서 아무다리야강을 건너는 철교를 개통했다. 이곳은 두 나라 사이뿐만 아니라 장거리 교역의 가능성까지 열어줄 중요한 교차로다.[16] 그리고 중앙아시아 국가들 사이의 협력이 있다. 타지키스탄이 아프가니스탄과의 남부 국경을 강화할 수 있도록 돕기 위한 프로젝트 같은 것들이다. 마약 밀수를 막기 위한 작전이나, 우즈베키스탄으로 가는 국경을 더 쉽고 빠르게 건널 수 있도록 하기 위한 2017년 하반기 키르기스스탄 오시, 밧켄, 잘랄아바트 지역의 새로운 국경 검문소 개설 등이 대표적이다.[17]

관계가 개선되면서 교역이 늘었다. 예를 들어 카자흐스탄과 우즈베키스탄의 양자 간 무역은 2017년에만 31.2퍼센트 늘었으며, 새로운 조치들이 취해져 몇 년 안에 더욱 늘린다는 목표를 갖고 있다.[18] 카자흐스탄이 2018년은 '우즈베키스탄의 해'가 될 것이라고 선언하고, 우즈베키스탄에서는 2019년을 '카자흐스탄의 해'로 지정한 것이 중요한 변화로 이어질지는 두고 볼 문제다.[19] "두 형제 민족이 (…) 경제 발전의 길로 나란히 나아가"고 "영원한 우정과 전략적 동반자 관계"에 근거해 상호 발전을 추구한다는 것은 그럴듯한 표현이다. 그러나 너무 심각하게 받아들여서는 안 된다. 그럼에도 불구하고 이는 서로의 이익과 공통된 과거, 함께하는 미래라는 공통의 이야기가 만들어지고 있음을 강조하는 데 도움이 될 것이다.[20]

다른 곳도 사정은 비슷하다. 우즈베키스탄과 타지키스탄 사이의 교역량은 2018년 상반기에 전년동기 대비 두 배로 늘었다.[21] 한편 이란 대통령 비서실장 마흐무드 바에지Mahmoud Vaezi에 따르면, 이란과 아제르바이잔은 2018년 초여름 바쿠에서 열린 회담 이후 "에너지 분야 같은 전략적 프로젝트에서 협력할 만반의 준비"가 돼 있다.[22]

학술 협력 및 송유관 건설과 관련된 합의들은 아프가니스탄과 타지키스탄이 앞으로 긴밀한 유대를 맺는 시기가 도래할 것임을 예고했다.[23] 더욱 중요한 것은 2018년 6월 가동된 아나톨리아 횡단가스관로(TANAP)다. 아제르바이잔의 샤데니즈 2광구 가스전과 동남부 유럽을 연결한다. 일부에서는 장기적으로 볼 때 그것이 유럽 전체의 에너지 공급에서 차지하는 역할이 중기적인 것으로 제한될 것이라고 주장하고 있지만 말이다.[24]

TANAP는 다양한 발전 단계에서 아시아의 중심부에 있는 자원 부국들과 연결하는 여러 유사한 프로젝트들 가운데 하나일 뿐이다. '중앙아시아-남아시아 전력 프로젝트(CASA-1000)'가 있다. 타지키스탄과 키르기스스탄의 수력발전소에서 생산된 여분의 에너지를 2020년까지 파키스탄과 아프가니스탄으로 송전하는 것도 그중 하나다.[25] 그러한 것이 파키스탄 주재 키르기스스탄 대사 에리크 베이셈비에프Erik Beishembiev가 최근 양국 정부 간의 쌍무적 연결을 개선할 것이라고 한 유대 강화다. 두 나라는 "역사적인 뿌리와 종교가 같으며, 유사한 전통과 많은 문제들에 대한 유사한 세계관을 가지고 있기" 때문이다.[26]

서로 이익을 주고받는 것은 또한 러시아, 카자흐스탄, 키르기스스탄, 아르메니아, 벨라루스 등 EAEU 회원국들과 이란 사이의 대화를 뒷받침했다고, 뱌체슬라프 볼로딘Vyacheslav Volodin 러시아 고스두마(국회) 의장은 밝혔다. 서로에게 유익하면서 또한 중요한 자유무역지대의 창설과 공동투자, 주요 장애물이었던 은행 간 협정 등에 관한 대화였다.[27]

이는 중앙아시아 광역 통합의 한 부분이며, 이곳에서는 러시아와 이란 역시 핵심적인 역할을 하고 있다. 교역을 늘리고 관계를 개선하며 국경을 넘는 밀수를 줄이는 일은 단순히 이론적인 당면과제일 뿐만 아니라 적극적으로 추진되고 있으며, 제도 개혁을 통해, 그리고 감독기구와 서로에게 이득이 될 것이 분명한 영역의 확립을 통해 발전하고 있다. 이는 유대를 강화하고 정치적 관계를 개선하고자 하는 욕구의 일단을 드러내는 징표 역할을 하고 있다.[28]

세계의 중심부가 결합되는 방식의 전형적인 사례는 2017년 11월 우즈베키스탄의 사마르칸트에서 열린 한 회의에서 볼 수 있다. 중앙아시아 각국과 아프가니스탄·러시아·중국·터키·이란·인도·파키스탄에서 온 고위관리들이 만나 테러리즘, 종교적 극단주의, 초국가적 조직 범죄, 마약 밀수에 대처하기 위한 협력 방안을 논의했다. 회의 주제는 '중앙아시아 — 동일한 과거와 공통된 미래, 지속가능한 발전을 위한 협력, 그리고 공동 번영'이었다.[29]

물론 그런 회의들과, 실크로드 지역에 살고 있는 민족들의 연대에 관한 그럴듯한 말잔치들은 실제보다 근사해 보이는 것일 수 있으며, 선의의 표현이자 본질적인 문제를 해결하기 위한 시도이기도 하다. 그러나 중앙아시아의 경우 국경 분쟁이라는 민감한 사안에 관해 진전이 있었다. 이곳은 역사적·민족적 긴장으로 인해, 때로 일부 관측자들이 군사적 충돌 가능성을 경고했을 정도로 관계가 틀어지기도 했던 곳이다.[30] 이것 역시 해결의 길로 들어섰다.

세계 중심부의 통합에서 가장 중요한 진전은 아마도 카스피해의 법적 지위에 관한 합의일 것이다. 이 문제는 러시아, 이란, 투르크메니스탄, 카자흐스탄, 아제르바이잔 사이의 광범위한 협력(특히 에너지 분야의)에 걸림돌이었다. 모든 관련국들이 받아들일 수 있는 대략적인 합의를 이끌어내는 데는 수십 년이 걸렸다. 그러나 이 역사적인 합의는 석유 및 천연가스를 이 지역뿐만 아니라 세계 각지의 시장으로 공급할 수 있도록 하는 데 중요한 역할을 할 것이다. 카스피해 연안국들과 카스피해 자체에도 석유와 천연가스 자원이 엄청나다.[31] 그러나 2018년 8월에 서명한 협정이 분명히 중요한 진전이긴 하지만, 일부 관측자들이 지적하고 있듯이 많은 문제가 미해결로 남아 있다. 아직 언급되지 않은 모든 문제가 최종적으로 해결될 수 있을지, 그리고 그 시기나 방법 등은 결코 분명치 않다.[32]

그럼에도 불구하고 합의에 도달한 협정은 아시아의 등뼈 지역의 협력 문제에 있어 장애물을 제거하기 시작하고 장기적인 전망을 밝게 해주는 일련의 진전에 이어 가장 최근에 나온 것이다. 그런 진전의 한 가지 사례는 키르기스스탄과 우즈베키스탄의 영토 교환 가능성에 대한 논의다. 두 나라 사이의 국경에 관한 합의 과정의 일부다.[33] 또 다른 사례는 2018년 4월 카자흐스탄 아스타나에서 열린 회담에서 나왔다. 여기서 카자흐스탄, 우즈베키스탄, 투르크메니스탄이 몇 가지 국경 조정에 합의했다. 누르술탄 나자르바예프Nursultan Nazarbayev 당시 카자흐스탄 대통령은 "해결되지 않은 국경 문제는 이제 없다"라고 밝혔다. 그러면서 카운터파트인 에모말리 라흐몬Emomali Rahmon 타지키스탄 대통령과 함께 이 지역의 수자원 문제에 관해 긴밀히 협력하겠다는 새로운 약속을 언급했다.[34]

물은 중앙아시아 지역에서 가장 중요한 문제 중 하나다. 이는 1960년대 이래 아랄해가 거의 말라가고 있는 데서 극명하게 드러난다. 잘못된 소련의 농업계획을 지원하기 위해 그곳으로 흘러들던 강물을 다른 곳으로 돌리면서 생긴 재앙이다. 이것이 초래한 긴장과 현실적인 어려움은 과소평가할 수 없다. 물리적 경관의 파괴와 환경 오염, 호흡기 질환과 암에서부터 유아 사망률에 이르는 공중보건 문제 같은 것들이다.[35]

2018년 5월 말, 폭풍이 불어 지금은 말라버린 아랄해 바다의 소금이 우즈베키스탄과 투르크메니스탄의 일부 지역을 덮쳤다. 밀밭과 목화밭에는 소금이 1센티미터 두께로 쌓였다. 이미 물 부족으로 그해 농사를 망친 상황이었다.[36] 그렇기 때문에 아랄해 수위를 다시 끌어올리려는 노력이, 비록 속도는 느리지만 효과가 나타나고 있는 듯하다는 사실은 정말로 반가운 소식이었다.[37]

하지만 이 소식은 아프가니스탄에는 도움이 되지 않았다. 70퍼센트에 달하는 강수량 부족으로 유엔은 2018년 6월 농사를 망치고 강물이 마르며 그해 연말까지 200만 명의 주민들이 식량 부족을 겪을 것이라고 경고하기도 했다. 지난 40년 동안 거의 쉴 새 없는 전쟁으로 파괴된 나라에서 파멸적인 인간 생존의 위기가 시작되고 있는 것이었다.[38] 한 농부는 이렇게 말했다.

"나는 아들을 굶기지 않을 수만 있다면 무슨 짓이든 할 거요. 다이시(ISIS를 멸시해 부르던 별칭 — 옮긴이)나 탈레반에라도 들어갈 겁니다."[39]

이 문제는 중앙아시아를 흐르는 시르다리야강, 아무다리야강, 이르티슈강 등 세 개의 주요 강이 국경을 넘나들며 흐르고 있다는 점이 원인의 하나로 꼽히고 있다. 한 나라에서 내리는 결정이 하류에 있는 나라들에 영향을 미칠 수 있는 것이다. 이 문제가 중요하다는 것은 이 지역의 개발 과정에서 생기는 문제의 70퍼센트 정도가 물 부족 때문에 발생한다는 점을 상기하면 알 수 있다.[40] 그 결과 최적의 형태로 물 관리 문제를 해결하는 방법을 찾는 것이 한동안 관심과 우려의 대상이 되었다는 사실은 결코 놀랍지 않다.[41]

물은 남아시아에서도 문제가 되고 있다. 인도의 키샨강가댐 및 수력발전소 건설은 파키스탄 정부에 커다란 우려의 근원이었다. 파키스탄은 이 사업들이 인더스강의 수자원을 파키스탄과 인도가 나눈다는 1960년의 조약을 위반하는 것이라고 주장했다. 2018년 5월 공식 준공된 이 댐에 대한 불안은 아프가니스탄의 카불강에 열두 개나 되는 수력발전소를 건설하겠다는 제안으로 더욱 커졌다. 이것이 카라치 같은 도시들에 물을 공급하는 데 압박을 더할 것이기 때문이다. 카라치의 인구는 매년 5퍼센트 이상씩 늘고 있는데, 시의 수자원 당국은 현재로서는 물 수요의 50퍼센트밖에 공급할 능력이 되지 않는다.[42] 키샨강가댐 문제가 국제중재재판소에 제소된 사실도 놀라울 것은 없지만, 그것이 맞비난과 자기반성과 설비 파괴 의혹과 인도·파키스탄 양쪽 언론의 음모론 제기 등으로 이어졌던 것도 마찬가지로 놀라운 일은 아닐 것이다.[43]

그리고 기후 변화의 영향이 있다. 최근 연구에 따르면 기후 변화로 인해 우루무치 1번 빙하의 부피가 앞으로 30년 사이에 80퍼센트나 감소할 수 있는 것으로 나타났다. 이는 중앙아시아와 함께 중국 서부에도 영향을 미칠 것이다. 이를 포함한 빙하들이 강물을 제공하는 데 중요한 역할을 할 뿐만 아니라, 가뭄에 대비한 예비 자원 역할도 하는 것이다.[44]

물 부족으로 인해 제기된 문제는 2018년 봄 이란에서 터져 나온 시위를 보면 잘 알 수 있다. 이란기상기구(IRIMO)는 이 나라의 97퍼센트가 정도의 차이는 있지만 가뭄을 겪고 있다고 추산하고 있으며, 모든 소도시와 마을들에서 주민들이 떠나고 있다. 물 부족은 폭동으로 이어졌고, 일부 지역에서는 보안부대가 폭동을 강경 진압했다.[45] 상황이 매우 심각해서 이란의 아야톨라(최고 지도자) 알리 하메네이Ali Khamenei가 신년 연설에서 이를 언급했다. 건조한 상태가 어려움을 불러왔음을 인정하고, '신의 은총'으로 문제가 곧 풀리기를 기도했다.[46]

이란은 기도와 함께 물 사정을 해결하기 위한 좀 더 건설적인 조치도 취했다. 물 사정은 너무 심각해서, 수력발전소들도 정상 가동이 중단돼 에너지 공급에 일부 차질을 빚었다.[47] 헬만드강의 유량을 회복하고 하문 습지에 물을 공급하는 문제를 해결하기 위해 이웃 나라 아프가니스탄과의 논의가 최근 강화됐다. 이란 외교부 장관 모함마드 자바드 자리프Mohammad Javad Zarif에 따르면, 협정이 체결돼 앞으로 연간 8억 5000만 세제곱미터의 물이 이란으로 흘러들어갈 예정이다.[48]

*

다른 곳에서는 과거에 서명한 뒤 국가 간, 그리고 그 지도자들 간(그들은 때로 서로를 경쟁자로 인식하고 그렇게 대했다)의 정치적 선의 부족으로 주춤거렸던 협정의 틀을 넘어서는 진보가 이루어졌다. 2016년 우즈베키스탄의 이슬람 카리모프 대통령이 사망하고 샤브카트 미르지요예프가 대신 들어선 것이 교착 상태를 깨는 데 도움이 됐고, 토론과 행동을 위한 새로운 기회가 생겼다. 미르지요예프는 2017년 9월 뉴욕에서 열린 유엔 총회에서 이렇게 말했다.

"물과 평화와 안전 문제는 떼려야 뗄 수 없이 연결돼 있습니다. 물 문제는 이 지역 각 나라와 민족들의 이익을 동등하게 고려해 처리하는 것 외에는 다른 방법이 없습니다."[49]

미르지요예프의 새 행정부는 우즈베키스탄에 다른 변화의 바람도 몰고 왔다. 대표적인 것이 오랫동안 갈망해왔던 인권과 출판의 자유 등 여러 지표들을 개선하기 위한 조치들이다. 이런 분야에서 우즈베키스탄은 이웃의 여러 나라들과 마찬가지로 줄곧 매우 낮은 점수를 기록해왔다.[50] 예를 들어 2018년 5월 법원은 정부에 비판적인 기사를 쓰고 정부 전복 음모를 꾸몄다는 혐의로 기소된 두 명의 언론인을 석방했는데, 이로써 이 나라는 소련 붕괴 이후 처음으로 투옥된 언론인이 없는 나라가 됐다.[51]

미국의 비정부기구(NGO) 프리덤하우스가 2017년 가을에 내놓은 보고서에 따르면, 이전에는 공개 석상에서 금기시됐던 "환율정책 실패"나 "우즈베키스탄 노동자, 러시아로 대량 이주" 같은 주제들이 이제는 공개적으로 토론되고 있다. "시민운동의 부분적 허용" 역시 주목할 만하며, 종교적 자유에 대한 강경한 태도도 누그러지고 있다.[52]

이런 개선이 세계 다른 지역의 주류 언론매체들의 주목을 끌었다는 것은 그러한 변신이 정말로 얼마나 중요한 것으로 드러날지를 보여준다. 실제로 보름도 채 안 되는 사이에 《뉴욕 타임스》는 우즈베키스탄의 긍정적 변화를 다룬 두 편의 기획 기사를 실어 개방의 새 시대 개막을 알렸다.[53] 어떤 사람들은 좀 더 조심스러웠다. 12개 비정부기구의 합동 성명은 인권 개선을 위한 조치들을 환영하면서도 이렇게 지적했다.

"인터넷 검열, 정치적 동기에 따른 투옥, 고문, 경쟁 없는 선거 절차, 과거의 심각한 적폐에 대한 사법 처리 미비 등은 응답이 필요한 과제로 남아 있다."[54]

이 개혁이 진짜인지 아니면 전시효과를 노린 것인지는 아직 분명치 않다. 일부 전문가들은 긍정적인 조치가 취해졌음을 인정할 용의가 있지만, 결정적인 순간을 넘겼는지에 대해서는 여전히 확신하지 못하고 있다.[55]

그러나 눈길을 끄는 기사 제목과 유엔 연설, 그리고 명백한 인권 개선 조치를 넘어서 더 많은 일이 진행되고 있다. 장벽을 제거하고 협력을 늘리며 교역의 활성화를 돕기 위해서는 여러 차원에서의 논의와 결정이 필요하다. 그런 측면에서 타지키스탄과 투르크메니스탄 관료들이 최근 두 나라 사이의 영사관 문제를 논의한 것은 주목할 만하다.

"광업과 석유 및 천연가스 산업, 에너지 분야와 광물자원 가공", 그리고 "지역적인 중요성이 있는 기반시설 사업"에 관한 언급 역시 마찬가지다.[56]

이것은 실크로드 전역에서 긴밀한 관계가 추구되고 있다는 사례 가운데 하나다. 투르크메니스탄, 아제르바이잔, 우즈베키스탄의 국영 석유회사들의 합작 기업이 카스피해에서 유전을 개발한다는 것이 또 다른 사례다.[57] 실크로드를 이리저리 가로질러 만들어진 새로운 철도 역시 마찬가지다. 여기에는 2017년 10월에 개통된 바쿠(아제르바이잔)-트빌리시(조지아)-카르스(터키) 노선, 중국 저장성浙江省 이우義烏와 이란 테헤란을 연결하는 새 노선, 그리고 유럽으로 화물을 수송하는 철도 노선의 개선 등이 포함된다.[58]

"협력을 늘리는 데는 여러 가지 차원이 있습니다."

하산 로하니 이란 대통령은 2018년 8월 카스피해 연안국 정상회의에서 이렇게 말했다. 카자흐스탄과 이란이 운송망을 건설한다면 다른 가능성이 열린다.

"카자흐스탄은 이란을 통해 남쪽의 인도양과 연결될 수 있고, 이란은 카자흐스탄을 통해 중국과 연결될 수 있습니다."

그는 이렇게 새로운 수송 기반시설에 투자해 두 나라만이 아니라 더 넓은 지역을 함께 연결하자고 촉구했다.[59]

동남아시아와 북유럽을 연결하는 새로운 남북수송회랑(INSTC) 개발 역시 진전을 보이고 있고, 아제르바이잔, 러시아, 이란의 정부기관들이 서로 긴밀하게 협력하며 일하고 있다. 러시아 외교부 장관 세르게이 라브로프Sergey Lavrov는 이렇게 말했다.

"이 사업에는 우리 운송 부서들이 참여하게 되는데, 그들은 기술적이고 재정적인 측면과, 우리 세관 및 영사 업무 사이의 관계를 고려하게 될 것입니다."[60]

이 회랑에 인도의 상품 및 서비스도 참여할 수 있도록 확대하는 문제에 대해서도 논의가 계속되고 있다.[61]

이 회랑의 중요성은 분명하다. 일부 추산은 새로운 철도 노선에 대한 투자가 이루어진다면 인도의 유라시아 국가들과의 무역은 연간 300억 달러 수준에서 여섯 배 가까이 급증할 것이라고 내다보고 있기 때문이다.[62] 또 다른 분석은 이 지역의 무역 증가에 따라 이란이 챙기는 통행료 수입만 해도 20억 달러에 이를 것이라고 예측했다. 일부 관계자들은 이 나라가 톤당 50달러의 통행료를 받을 수 있다고 예상한다.[63] 그런 수치들이 상당히 낙관적인 전망이라 하더라도, 그것은 기반시설과 운송 및 통신의 연계가 개선될 경우 가져다줄 결과에 대한 기대를 드러내고 있다.

그리고 아슈가바트 협정이 있다. 2011년 인도, 이란, 카자흐스탄, 투르크메니스탄, 우즈베키스탄, 오만이 서명했다. 이 나라들 사이의 협력을 강화하고, 상품의 이동을 용이하게 하며, 비자 없이 여행할 수 있도록 하는 것이 이 협정의 목표다. 눈에 보이는 결과는 아직 없지만 말이다.[64] 더 유망한 것은 2019년에 제안된 '실크비자Silk Visa'의 도입이다. 중앙아시아 내에서 비자 없이 여행할 수 있도록 하는 것이다. 이 제도를 아제르바이잔과 터키로도 확대한다는 계획이다.[65]

세계의 심장부를 한데 묶으려는 많은 계획 중 하나가 '청금석' 회랑이다. 아프가니스탄, 투르크메니스탄, 아제르바이잔, 조지아, 터키를 연결한다. 4년간의 협상을 거친 이 20억 달러짜리 계획은 아프가니스탄 헤라트주의 도시 토르군디와 아슈가바트 및 카스피해의 항구 투르크멘바시 사이를 고속도로와 철도로 연결한다는 것이다. 이 회랑은 이어 조지아의 포티와 바투미로 가는 지선을 통해 바쿠와 트빌리시 및 앙카라와 연결하고, 그런 다음에 터키 수도 앙카라에서 이스탄불까지 연결한다.[66]

그뿐만이 아니다. 보도에 따르면 24억 달러가 투입되는 16차선 고속도로가 아슈가바트와 투르크메나밧(우즈베키스탄과의 접경에 있다)을 연결한다. 그리고 곳곳에 오락시설과 상점, 식당과 모텔, 야외 및 건물 내 주차장, 주유소 등을 만든다. 여름 기온이 보통 40도를 넘는 나라에서 자동차 여행이란 무엇인지를 보여줄 환상적인 모습이다.[67]

이 호사스러운 건설 사업은 카스피해변 투르크멘바시의 새로운 항만 시설을 포함하는 전체 그림의 일부다. 건설 비용은 15억 달러에 이르는 것으로 보도됐다. 이러한 계획들은 대규모 기반시설 사업에 엄청난 투자가 이루어지고 있음을 보여준다. 다만 적어도 투르크메니스탄의 경우에 대부분의 평론가들은 화물과 여행자 규모가 투자액을 정당화할 만한 수준에 이를 수나 있을지에 대해 회의적이다.[68]

사실 2018년 5월에 열린 새 시설의 준공식은 이 항구가 물류 중심지로서 중추적 역할을 한다는 쪽이 아니라, 투르크메니스탄 지도자들이 오랫동안 마음속으로 추구해왔던 것에 초점이 맞춰졌다. 바로 세계 신기록을 수립하는 것이었다. 항만 준공식에서 첫 번째로 소개된 내빈은 '기네스북' 대표였다. 그는 이 시설이 해수면 아래에 있는, 세계에서 가장 큰 시설임을 공표하기 위해 이 자리에 왔다. 투르크멘바시의 물리적 위치로 보면 이례적인 일이었다.[69]

이로써 이 항구는 이전에 등재된 기록에 또 하나를 추가했다. 이전의 기록들은 흰색 대리석 건물들이 가장 많이 밀집해 있는 곳, 세계에서 가장 높은 깃대(이 기록은 나중에 타지키스탄에 빼앗겼다), 세계에서 가장 큰, 손으로 짠 융단, 가장 큰 실내 회전식 관람차, 최다 인원의 원형무대 합창, 가장 큰 별 모양의 건물 지붕, 세계에서 가장 큰 말 상징물 등이었다.[70]

그러나 다른 곳에서는 실질적인 진전이 분명히 나타나고 있다. 에너지 분야의 상호 이익에 관한 논의는 러시아, 아제르바이잔, 이란의 전력망을 연결해 이란이 전력을 수출할 수 있도록 하는 제안으로 이어졌다. 이라크와 아프가니스탄에는 이미 수출하고 있다.[71] 협상은 신속하게 진전이 이루어져, 이란과 아제르바이잔 사이의 첫 전력 판매가 협정에 합의한 지 불과 몇 달 만에 이루어졌다.[72]

그러한 대규모 기반시설 사업은 빠르게 보상을 얻었다. 2017년 여름에 이란이슬람공화국철도(IRIR) 부회장 에브라힘 모함마디Ebrahim Mohammadi는 화물 수송이 전년 같은 기간에 비해 55퍼센트 늘었다고 밝혔다.[73] 이란의 무역진흥기구에 따르면, 2018년 3월 20일로 끝나는 회계연도의 통행료 수입이 이전 12개월에 비해 20퍼센트 늘었다.[74]

중앙아시아 지역의 미래 성장 가능성에 대해서는 많은 사람들이 알아보고 있었다. 2018년 봄 아스타나에서 열린 정상회담에서 터키 외교부 장관 메블뤼트 차부쇼을루Mevlüt Çavuşoğlu는 터키와 카자흐스탄의 쌍방 간 무역을 장래에 50억 달러, 심지어 100억 달러 수준으로 끌어올리자고 말했다. 현재의 수치보다 엄청나게 높은 수준이다. 그는 "터키 회사들이 카자흐스탄의 발전에 매우 중요한 역할을 했"으며, 앞으로 더 큰 성장 잠재력을 가지고 있다고 말했다.[75] 이는 더 넓은 범위에서 일어나고 있는 범汎튀르크 정서와, 중앙아시아 국가들이(그리고 터키가) 경제적·정치적·문화적으로 협력하고 더 가깝게 일하고자 하는 욕망의 일부다.

교류 강화를 돕는 한 가지 방법은 믿을 만한 사법체계를 마련하는 것이다. 카자흐스탄의 경우에 한 가지 혁신적인 해법은 아스타나 국제금융센터(AIFC)를 만드는 것이었다. 2018년 여름 문을 연 이 센터에는 법원이 따로 있는데, 최근 수십 년 동안에 가장 뛰어난 축에 속하는 영국 변호사들이 주재한다. 해리 울프Harry Woolf 전 잉글랜드웨일스대법원장이 최고재판관이다. 이 법원은 영국 소송절차의 원칙에 따라 상업 및 민사 분쟁을 심리하도록 돼 있다. 투자자들은 이해하기 어려운 현지 법률의 함정에 빠지지 않을까 우려하고 마땅히 독립적이어야 할 사법부가 그렇지 않아 불안할 수 있는데, 그런 불안을 잠재우는 것이다.[76] 이는 일반적으로 외국인 투자유치를 겨냥한 것이지만, 국유기업의 유동 투자자들에도 주목하고 있다. 카자흐스탄의 국영 항공사인 아스타나항공, 이 나라 최대의 이동통신 기업인 카자흐텔레콤, 세계 최대의 우라늄 채광회사인 카자톰프롬 등이다.

대규모 기반시설 투자로 성공할 수 있다는 가능성은 놀라운 곳에서까지 관심의 대상이 됐다. 투르크메니스탄의 갈키니슈 가스전을 파키스탄 및 인도와 연결하는 거대한 새 천연가스관 일부가 건설에 착수했다는 소식에 아슈라프 가니 아프가니스탄 대통령이 낙관적 평가를 내놓았다. 폭력과 불안 소식만 들려오던 아프가니스탄에서 온 반가운 변화로 들리는 말이었다. 그는 이렇게 말했다.

"남아시아는 아프가니스탄을 통해 중앙아시아와 연결되고 있습니다. 100년 넘게 떨어져 있었죠."

인도와 파키스탄 사이의 진귀한 연대의 과시로서, 인도 외교부 장관 수시마 스와라지Sushma Swaraj는 이 가스관이 "우리 목표의 상징"

이며 "협력의 새 장"이라고 칭송했다. 한편 당시 파키스탄 총리 샤히드 하칸 압바시Shahid Khaqan Abbasi는 투르크메니스탄-아프가니스탄-파키스탄-인도(TAPI) 가스관이 "가스관에서 에너지 및 통신 회랑으로 이어질 것"이라는 믿음을 피력했다.[77]

이런 낙관적인 호들갑에 이란은 떨떠름한 반응을 보였다. 이란국영가스회사(NIGC)의 하미드레자 아라키Hamidreza Araqi 사장은 가스관이 결코 완성되지 않을 것이라고 말했다. 투르크메니스탄이 이란에 천연가스를 보내고 이란에서 그만큼의 천연가스를 직접 파키스탄에 보내는 것이 훨씬 합리적이라고 그는 말했다.

이 제안이 현재 존재하지 않는 이란과 파키스탄 사이의 가스관을 전제로 한 것이라는 점과 별개로, 이후에 결국 TAPI 가스관에 관해서는 진전이 이루어졌고 그중 일부가 2019년에 개통될 것이라는 보도가 나왔다. 다만 최대 용량으로 가동될 수 있도록 해주는 중간 중간의 가압 기지들은 완비되지 못한 상태로 개통된다. 그러나 파키스탄의 에너지 수요가 시급하기 때문에 절차를 생략하고 빨리 시작하는 것이, 적정 규모의 사업 운용을 위해 시간을 더 들이는 것보다 낫다는 것이다.[78]

어쨌든 그리고 상당히 놀랍게도, 아프가니스탄의 불안정이 이 거대한 기반시설 계획의 실행을 방해할 것이라는 두려움은 다름 아닌 탈레반이 내놓은 따뜻한 말로 누그러졌다.

"TAPI 가스관은 이 지역의 중요한 사업이며, 그 기초 작업은 이슬람아미르국(탈레반 세력이 통치하던 1996~2001년의 국명이 '아프가니스탄 이슬람아미르국'이었다 — 옮긴이)의 통치 시절에 이루어진 것이었다."

탈레반이 2018년 초 발표한 성명의 일절이다. 건설 작업이 지연된 것은 미국 군대가 들어와 있기 때문이라고 했다. 성명은 이렇게 덧붙였다.

"이슬람아미르국은 그 통치권이 미치는 지역에서 이 사업의 완성을 위해 전면적으로 협력할 것을 천명한다. (…) 이 중요한 국가 대사가 지체되는 일은 없을 것이다."[79]

이는 아프가니스탄에서 일어나고 있던 분명한 변화의 한 요소였다. 이 나라에서는 일부에서 탈레반과 정부 사이의 고무적인 대화라고 생각하는 것이 촉진되고 있음을 짐작케 하는 일들이 일어나고 있었다. 국경민족부 장관 굴 아그하 시르자이Gul Agha Sherzai는 2018년 봄에 이렇게 말했다.

"우리는 민족 지도자들과 정치인, 교사와 시민사회단체 사람들과 토론하는 자리를 가졌습니다."[80]

주변 나라들이 그러한 대화에 고무됐을 뿐만 아니라 토론 자리를 마련하겠다고 제안했다는 사실 역시 여러 나라가 문제를 풀기 위해 화해하고 통합하며 함께 노력하기로 결심했다는 징표로 볼 수 있다.[81]

아프가니스탄 내부에서 들리는 이런 소리들은 전쟁으로 피폐해진 이 나라에 주둔한 미군 및 NATO(북대서양조약기구) 군 사령관 존 니컬슨John Nicholson 대장에게 충분히 고무적인 이야기였다. 그는 평화에 대한 논의가 "지금이 전에 없던 순간이라는 희망을 준다"라고 말했다. NATO의 고위 민간 대표 코르넬리우스 치머만Cornelius Zimmermann도 이에 동의하면서 이렇게 덧붙였다.

"나는 아프가니스탄에 있는 동안 가니 대통령이 취한 것과 같은 대담한 조치에 대해 듣거나 경험한 적이 없습니다."[82]

그러한 평가는 부분적으로 아프가니스탄에서 일어나고 있는 일에 대한 좀 더 낙관적인 견해에 근거하고 있다. 미국 의회에 제출한 한 군사 보고서는 최근 몇 달 동안의 추세는 "아프가니스탄 보안군에 유리한 쪽으로 옮겨갔다"라고 말했다. 탈레반이 "기대치를 낮추"었음은 그들이 총력 대결에서 "게릴라 전술과 자살공격"으로 옮겨간 데서도 알 수 있다. 심지어 2018년 여름 가즈니에 대한 대규모 공격이 있은 후에도 서방 군 사령관들은 여전히 낙관적이었다.

"우리는 전에 없던 기회를 맞고 있습니다. 당장 평화를 얻을 절호의 기회입니다."[83]

그것이 아마 사실일 것이다. 그러나 미국 관리들이 갈수록 카불 주변을 여행할 때 "거리에서의 자살공격을 피하기 위해 비행기를 이용"한다는 사실은 바로 아프가니스탄 수도 자체에서 일어나는 파괴의 빈도와 규모에 관해 많은 것을 드러내준다. 그리고 상황이 개선되고 있다는 열띤 목소리들을 조심스럽게 다루는 것이 얼마나 중요한지도 말해준다.[84]

그렇게 하는 사람 중 하나가 트럼프 대통령이다. 그는 2018년 7월 미국 국방부 회의에서 니컬슨 장군에 대한 감정을 드러냈다고 한다. 트럼프는 이렇게 말했다.

"나는 그가 이기는 방법을 알고 있다고 생각하지 않습니다. 나는 그가 승자인지 모르겠소. 이긴 게 아닙니다."[85]

2018년 말 트럼프는 완전히 인내심을 잃고 아프가니스탄에서 철군하겠다는 계획을 발표했다. 탈레반에 휴전을 제안하고, 이 나라에 가 있는 미국 군대의 절반을 몇 달 안에 불러들이도록 명령했다. 완전 철군의 전 단계였다.[86]

아무튼 가장 완고한 낙관론자만이 미군 부대가 완전히 철수하든 말든 상관없이 아프가니스탄에서 빠르게 평화가 회복되리라고 전망할 만큼 용감할 것이다. 지난 40년 동안의 역사를 감안한다면 말이다. 그리고 화해와 지원이라는 말이 고무적으로 들리기는 하지만, 현실적으로 탈레반(이익이 없을 때에만 협력을 선택하는 이질적인 개인들의 집합에 대해 착각하게 만드는 이름표다)에게 의지하려면 엄격한 틀이 필요하다. 미군이 장기적으로 이 나라에 주둔하는지와는 상관없이 말이다.[87]

탈레반의 가스관 지원에 대한 관심 역시 있는 그대로 이해해야 한다. TAPI 가스관에 대한 이른바 지원이라는 것이 아프가니스탄 인민들과의 연대 제스처나 정부와 협력할 용의가 있다는 표명이라기보다는, 역시 이 나라의 막대한 광물자산을 어떻게 이용할 것인지에 대한 노련한 인식을 의미하는 것이다. 그 가치는 수십억이 아니라 수조 달러에 이르는 것으로 추산된다. 미국지질조사국에 따르면, 아프가니스탄은 거의 6000만 톤의 구리를 가지고 있고, 철 매장량이 22억 톤이다. 3만 2000톤의 수은, 수백만 톤의 탄산칼륨, 리튬·베릴륨·니오븀·세슘 등의 희토류 광물도 막대한 양을 가지고 있다.[88]

탈레반은 아프가니스탄의 광물자산이 부자가 될 기회를 제공한다는 것을 알아차렸다. 또한 더 많은 무기를 사고, 더 많은 지지자들을 끌어 모으며, 더 강력한 세력 기반을 구축할 기회이기도 했다. 이 때문에 그들은 이미 채굴 활동이 이루어지고 있는 지역을 확보하는 데 특별한 관심을 기울였으며, 자원 개발과 심지어 조업 확대를 지속하는 일에 대해서도 눈길을 떼지 않고 있다. 한 보고서는 이렇게 썼다.

2014년에 데오다라와 쿠란와문잔 두 광산에서만 무장집단들에게, 개략적이지만 줄잡은 추산으로 2000만 달러 정도를 제공했다. 정부가 발표한 2013년 전체의 모든 광업 부문 세입과 맞먹는 액수다.

한편 2016년에는 청금석에서 나오는 수입의 꼭 절반이 탈레반에게로 넘어갔다. 이것 역시 수백만, 어쩌면 수천만 달러 규모다.[89]

이는 '인류에게 알려진 가장 부드러운 광물'인 수화水化 규산마그네슘(소비자들에게는 활석가루라는 이름으로 더 낯익다)에서 나오는 자금의 경우에도 마찬가지로 사실이다. 아프가니스탄에는 현금으로 바꿀 수 있는 이 광물이 상당히 많이 매장되어 있다. 수화 규산마그네슘 광산에 손을 댄 것은 탈레반 지도자들만이 아니었다. ISIS(이라크시리아이슬람국가) 호라산주 지부 사람들도 마찬가지였다. 그들 가운데 상당수는 2013년 시리아와 이라크 북부의 분열 이후 락까와 모술을 중심으로 한 칼리파국을 창설하는 시도에 참여했던 사람들이었다(그 시도는 결국 실패했다). ISIS 호라산주 지부는 자원이 풍부한 지역을 장악하는 데 초점을 맞추었으며, 경우에 따라서는 노동력을 두 배로 늘려 광산을 계속 가동할 뿐만 아니라 생산을 늘리고자 했다.[90]

이상하게 들릴지 모르지만, 기저귀 발진을 막기 위해 아이 엉덩이에 분을 바르는 보고타, 샌프란시스코, 라고스, 콜카타, 우한武漢의 부모들은 비록 의식하지는 못하지만 세계의 심장부에서 벌어지는 권력투쟁과 연결된 사슬에 얽혀 있는 것이다.

*

탈레반과 ISIS의 성공은 전염의 공포를 불러일으켰다. 근본주의적 이념뿐만이 아니라, 아프가니스탄 내부와 외부의 파괴적이고 호전적인 기법과 전술이 전염될지 모른다는 공포다. 예를 들어 일부 연구 결과들이 시리아와 이라크에서 싸운 ISIS 지지자들 가운데 상당수가 중앙아시아 출신이고 그들 중 많은 사람들이 자살공격 임무에 동원됐음을 지적하고 있는 것은 놀라운 일이다.[91] 2017년 뉴욕, 스톡홀름, 상트페테르부르크, 이스탄불에서 벌어진 테러 공격은 중앙아시아 출신이거나 그곳과 밀접한 연관이 있는 사람들에 의해 저질러졌다.[92]

이것은 실크로드 국가들이 정보 분야에서 힘을 합치려는 의지가 갑자기 커진 이유 가운데 하나다. 군대끼리의 협력을 포함해서다. 예를 들어 우즈베키스탄과 타지키스탄 군대가 처음으로 합동작전을 펼친다는 계획을 발표한 데 이어, 러시아와 우즈베키스탄 부대는 포리슈산맥에서 기동훈련을 한다는 계획을 발표했고, 타지키스탄·파키스탄·아프가니스탄·중국의 합동훈련 실시 계획도 발표됐다.[93] 이에 앞서 카자흐스탄과 인도의 병사들은 2016년 이래 프라발 도스티크Prabal Dostyk('돈독한 우호') 훈련을 해왔다.

"전반적인 목표는 (…) 기존의 군사적 관계를 강화하고, 필요한 경우 작전의 공동 수행을 위한 시너지 효과를 달성하는 것입니다."[94]

2018년 여름 상하이협력기구(SCO) 회원국들인 실크로드 국가 군대의 합동 군사훈련이 우랄산맥의 첼랴빈스크 부근에서 실시됐다. 여기에는 러시아와 중국에서 온 병사들도 참가했다.[95] 인도와 파키스탄의 군대도 모습을 보였다. 두 나라가 합동 군사훈련에 참가한 것은 이번이 처음이었다.[96]

최근 몇 년 동안 이란과 파키스탄의 국경 부근에서 잇달아 사건이 일어남에 따라 두 나라는 자주 국경수비대를 노려온 무장세력을 처리하기 위해 보다 긴밀한 협력을 약속하게 됐다. 예를 들어 2017년 4월에는 이란의 시스탄에발루체스탄주 미르자베흐군에서 10명의 국경수비대원이 살해됐다. 파키스탄에서 들어와 작전을 벌인 투사들의 매복공격에 희생된 것이다. 이에 따라 두 나라의 정치인과 외교관, 군 수뇌부는 이 문제를 해결하기 위해 장래에 좀 더 긴밀하게 협력하기로 했다. 그러나 곧 이란 대사가 소환돼 이란 고위장성의 말을 해명해야 했다. 이란의 모함마드 바케리Mohammad Baqeri 소장은 추가 공격이 있을 경우 파키스탄에 대한 군사행동이 있을 것이라고 말했던 것이다.[97]

실크로드의 심장부 일대의 나라들이 협력하고 의견을 조율하며 서로의 이익에 초점을 맞추자고 제의하는 것은 지나친 단순화일 뿐만 아니라 구조적 문제와 국지적인 경쟁, 개인적인 적대감과 어려움을 축소해버리는 것이기도 하다. 이런 일들 역시 이 지역을 특징짓는 데 똑같이 사용될 수 있는 것이다.

예를 들어 이란과 투르크메니스탄 사이의 천연가스 교환 거래를 위한 최근의 제안을 강조하는 것은 두 나라가 2017년 초 이래 분쟁에서 헤어나지 못하고 있다는 사실을 덮고 있다. 당시 투르크메니스탄은 10년 전 천연가스 판매 대금 18억 달러를 받아야 한다고 주장했다. 이란에 혹한이 닥쳐 천연가스를 수입해야 했는데, 투르크메니스탄은 이웃의 곤경을 이용해 재빨리 천연가스 가격을 아홉 배로 올렸었다.[98] 이 문제를 해결하기 위한 논의는 진전을 보지 못하고 현재 국제중재재판소에 소송이 제기돼 있다.[99]

터키와 투르크메니스탄의 관계 역시 틀어져 있다. 호텔, 기념물, 고속도로 등 수십억 달러 규모의 건설 사업을 시행한 터키의 유수한 도급업체 폴리멕스Polimeks가 새로 지은 매 모양의 아슈가바트 공항의 지붕, 배관, 상수도와 관련된 결함으로 비난을 받은 이후다.[100] 폴리멕스와 다른 회사들에 수억 달러의 돈을 지불하지 않자 이들은 공사를 중단했고, 당황스럽게도 지속적으로 중대한 재정 관리 잘못을 저질렀음이 드러나 투르크메니스탄 경제에 이례적인 부담을 안겼다. 이 나라는 세계 4위의 천연가스 매장량을 자랑하지만 걷잡을 수 없는 인플레이션과 높은 실업률을 막지 못했다. 식량이 부족하고 의약품이 제대로 공급되지 않아 당뇨병과 심혈관질환 약은 구할 수도 없고 아스피린 가격도 세 배로 뛰었다는 보도가 나왔다.[101]

문제의 일부는 석유와 천연가스의 가격이 낮은 데 있다. 2014년 여기서 얻은 수입이 급감해 6개월 사이에 절반으로 줄었다. 그 낮은 가격은 지금까지 이어지고 있다. 중앙아시아 일대에서 상품 가격의 하락은 공공부채에 상당한 영향을 끼치고 경제에 부담을 주었으며, 야망을 억누르기보다는 실패에 직면하게 했다.[102]

투르크메니스탄의 경우 끊임없이 돈이 들어가는 과시적 사업을 추진하는 것을 억누르지 못했다. 올림픽 경기장을 지었지만 한 번도 올림픽을 유치하거나 심지어 유치 신청을 한 적도 없다. 우리가 보았듯이 여름에 기온이 40도까지 올라가고 겨울에도 10도 이하로 거의 내려가지 않는 나라에서 동계 스포츠 경기장을 지었다. 아슈가바트에는 23억 달러를 들여 새 공항을 지었는데, 1년에 1700만 명의 승객을 처리할 수 있는 규모다. 2015년 이 도시를 찾은 방문객은 10만 5000명이다. 방문객이 아무리 급증해도 너끈하게 처리할 수 있는 수준이다.[103] 운이 좋다면 방문객 수가 늘어날 때까지 새 공항이 모래 속으로 가라앉고 있는 듯한 현상을 해결할 방법을 찾을 수 있을 것이다.[104]

환멸감이 너무 커서, 이 나라 사람들은 저항의 한 형태로 엉덩이를 닦을 때 신문지를 쓰고 있다고 나라 밖의 반대파들이 전할 정도였다. 이에 따라 경찰관이 집집마다 돌아다니며 화장실 시설을 점검하고 범인을 찾고자 했다는 것이다. 그들은 자국 통화인 마나트화가 폭락해 화장지를 비롯한 생활필수품의 가격이 상승하자 그렇게 한 것이었다. 나라 밖의 반대파들에 따르면 또 다른 이유가 있는데, 매일 신문 1면에 구르반굴리 베르디무함메도프 대통령의 사진이 실리기 때문에 신문지를 사용한다는 것이었다. 이 대통령이 최근 2017년 선거에서 '겨우' 97퍼센트의 지지를 얻었으니, 아마도 많은 용의자를 찾아내진 못할 것이다. 더럽혀진 신문지의 양은 분명히 다른 이야기를 하고 있기는 하지만 말이다.[105] 투르크메니스탄 내부에서 믿을 만한 정보를 얻기 어렵기 때문에 이것이 과장된 이야기인지, 그리고 신문에 묻은 더러운 흔적의 사실 여부는 확인하기 어렵다.

어쩌면 2015년 천연가스·석유와 상품 가격이 극적으로 하락한 것은 전문화 과정을 위한, 그리고 나쁜 관행을 걷어내고 부패를 끊어내는 과정을 위한 촉매제였을 것이다. 예를 들어 화석연료 판매에 크게 의존하고 있는 카자흐스탄에서는 기대치를 급격히 낮춰야 했다. 석유 가격이 18개월 사이에 배럴당 115달러에서 33달러로 폭락한 것이다. 이는 정부 채무를 갚는 데 도움을 주기 위해 돌려놓았던 국부펀드에 대한 압박으로 이어져, 겨우 1년여 만에 자산이 20퍼센트 가까이 떨어지는 결과를 낳고 말았다.[106]

이는 불가피하게 예상된 지출의 수정뿐만 아니라 풍요로운 시절에 너무도 잘나갔던 사람들에 대한 탄압으로까지 이어졌다. 전 BTA은행 회장 무흐타르 아블랴조프Muhtar Ábliazov 같은 사람들인데, 그는 법정을 통해 40억 달러를 카자흐스탄에서 런던 나이츠브리지로 빼돌린

혐의로 고발당했다.[107]

러시아에서도 가격 하락 이후 비슷하게 냉정해지는 과정이 시작됐다. 엘비라 나비울리나Elvira Nabiullina를 러시아연방 중앙은행 총재로 임명함으로써 이 나라 금융 부문의 맹렬한 정화작업이 시작됐다. 3년 동안에 276개 은행이 문을 닫았고, 28개 은행은 강제적인 재건 계획을 추진해야 했다. 나비울리나는 블라디미르 푸틴 러시아 대통령으로부터 "강도질에 맞선 효과적인 노력"[108]을 펼쳤다는 칭찬을 들었다.

그리고 협력의 즐거움에 관한 온갖 훈훈한 말들에도 불구하고 TAPI 가스관 같은 대형 사업들은 착수하기도 쉽지 않고 비용을 대기도 쉽지 않다. 어떤 경우에는 결코 계획 단계를 넘어서지 못한다. TAPI 가스관 하나만 해도 비용이 100억 달러 규모에 이를 것으로 추산된다. 이 때문에 많은 관측통은 그것이 완성될 수 있을지에 대해 회의적이다. 심지어 투르크메니스탄에 건설됐다고 하는 구간이 도대체 존재하기나 하는 것인지도 의문을 품고 있다.[109] 적어도 자금 조달 문제는 그것을 이해할 수 있게 한다.

전쟁으로 파괴된 아프가니스탄을 통과하지 않는 투르크메니스탄-중국 가스관의 D선에 대해서는 같은 이야기를 할 수 없다. 합의된 경로가 있고, 자금 조달 준비도 돼 있다. 그러나 아직 실행의 기미가 보이지 않고 있다. 아마도 이 지역의 경쟁 세력들 때문일 것이다.[110]

노련한 실크로드 관찰자는 또한 예측이 불가능하고 기이한 것이 당연한 것임을 알고 있다. 예를 들어 2018년 여름, 타지키스탄의 이슬람교 최고위 성직자인 사이드무카람 압둘코디르조다Saidmukarram Abdulkodirzoda는 권투 같은 격투기와 돈을 거는 "경기 및 결투"는 시간 낭비이며 따라서 이슬람법 아래서는 금지된다고 선언했다. 이는 타지키스탄 권투 선수들에게 폭탄선언이었다. 2008년과 2012년 올림픽에서 메달을 땄는데 말이다(압둘코디르조다에 따르면 레슬링은 경우가 달랐다. 그것은 육체와 정신의 발달을 촉진하고, 젊은이들을 고무해 "자랑스럽게 국기를 들어 올리게 하고 민족과 국가의 이미지를 향상시킨다" [111] 라고 했다).

협력과 진보에 관한 온갖 긍정적인 이야기에도 불구하고, 세계의 심장부에는 여전히 맞닥뜨려야 할 불편한 현실이 있다. 2018년 여름에 타지키스탄 사람들이 우즈베키스탄으로 넘어가려면 40킬로그램 이상의 물건을 지참할 수 없다는 보도가 나왔다. 고기 2킬로그램과 밀가루 7킬로그램을 포함해서다. [112] 그전에는 대학 교수와 학생들은 정부 허가를 받지 않으면 타지키스탄을 떠날 수 없다는 발표가 있었다. 이웃 나라와 그 너머 나라 학자들과의 공동 연구만이 더 큰 이익을 가져오는 시대에 긍정적인 신호라고 보기는 어려웠다. [113]

이런 일은 투르크메니스탄에서도 반복됐다. 이 나라에서는 30세 미만의 사람은 나라를 떠나는 것이 금지된다는 보도가 있었다. 두뇌 유출을 방지하고 노동력 고갈을 막기 위한 것이었다. [114] 한편 파키스탄과 인도에서는 언론인들에 대한 위협이 점점 흔해지고 때로는 폭력적인 경우도 생겼다. [115] 카자흐스탄에서는 시위자들을 구금했다. 반정부적인 주장이 더 많은 사람들에게 확산되는 것을 막기 위해서였다. 이는 적어도 이 나라의 반대파가, 민주적 개혁이라는 겉치레를 위해 정부에 의해 조직된 것이라는 의혹을 해소해줄 터였다. [116]

진보를 저해할 뿐만 아니라 이를 완전히 좌절시킬 수 있는 기본적이고 중대한 문제들도 있다. 중앙아시아 공화국들에서 천연자원의 불평등한 분배는 젊은이들의 일자리(그리고 성공 가능성) 부족으로 이어졌고, 장기적인 정치 안정에 대해 의문을 불러일으켰다. [117] 어떤 형태든

반대자를 용납하지 못하는 관계로, 활동가 자녀들이 치료를 받지 못하게 하거나 출국 비행기를 타지 못하게 하고, 감히 정부를 비판하는 사람들을 징역형에 처하거나, 인터넷을 차단하기도 했다.[118]

아시아 일대에서 출판의 자유 지표들은 대개 개선되기는커녕 오히려 하락하고 있으며, 어떤 경우에는 급락하고 있다. 터키에서 태국까지, 이란에서 인도까지, 파키스탄에서 필리핀까지, 중국에서 중앙아시아의 거의 모든 나라에 이르기까지 마찬가지다.[119] 아시아에서 새로운 세계가 떠오르고 있지만, 그것은 자유로운 세계는 아니다.

실크로드를 가능한 한 가장 좋게 보여줄 것인가 가장 나쁘게 보여줄 것인가 하는 문제는 동방과 서방의 연결 지대에서 연구하는 전문가들에게 영원한 관심사다. 지금 떠오르고 있을 뿐만 아니라 이미 이용되고 있는 진보와 기회를 이야기하는 것은 물론 전적으로 가능하다. 그러나 똑같이 사실인 것들이 있다. 허풍에 지나지 않는 말씀들, 깨진 약속의 여파, 그리고 지극히 현실적인 마찰과 혼란과 허약함 역시 수천 년 동안 지구촌 문제의 선도자 노릇을 해왔음이 입증된 지역의 참모습이라는 사실이다.[120]

아시아의 등뼈 일대에서 과거의 연결망을 되살리는 일에 관한 이야기는 동방과 서방을 연결하는 많은 나라와 지역들이 뿔뿔이 흩어져 있고, 경제 개발이 덜 돼 있으며, 어떤 경우에는 지리적으로 불리하다는 사실을 숨기고 있다. 카자흐스탄 한 나라만으로도 유럽의 대부분과 맞먹는 규모다. 전부 다는 아닐지 몰라도 대부분은 인권지표가 열악하고, 종교의 자유가 제한돼 있으며, 계층 이동이 쉽지 않다. 그럼에도 불구하고 그들이 자원 부국이라는 사실은 천연자원을 손에 넣을 수 있는 사람들(그들이 자원을 가난한 사람들과 부유한 시장에 도달할 수 있게 하는 결정과 연결망을 통제한다)이 이 지역과 세계의 미래상을 형성하는 데 중요한 역할을 한다는 얘기다.

해석의 어려움은 부분적으로 중앙아시아가 훨씬 더 큰 퍼즐의 한 조각이라는 사실에서 비롯한다. 그리고 양쪽 끝에서 움직이는 조각들로부터 영향을 받기 때문이다. 서쪽에는 물론 시리아의 내전이 있고, 거의 바닥에서 시작해 한 나라를 재건해야 하는 이라크의 계속되는 몸부림이 있다.

지난 몇 년 동안 이란에서는 전망이 좀 더 밝아 보였다. 적어도 표면적으로는 그렇다. 2015년 합동포괄행동계획, 즉 이란핵협정에 서명해 제재에서 벗어난 이 나라는 석유 수출을 두 배로 늘릴 수 있었고, 이것이 이후 12개월 동안 12.5퍼센트의 경제 성장을 이루는 데 도움이 됐다.[121] 성장세는 이미 둔화됐지만, 핵협정 취소 위협은 이미 상승세에 있던 인플레이션을 부채질하는 데 힘을 보탰다. 이란의 통화인 리알화의 가치를 떠받치기 위해 정부가 극단적인 조치에 매달려야 하는 상황에까지 이르렀다.[122]

이란의 국제관계의 장래에 관한 불확실성과 함께, 생활수준을 끌어올리지 못하고 실업률(특히 청년 실업률)이 공식 통계보다 훨씬 높은 데다, 이동통신 기기 보급이 늘어 2017년 말에서 2018년 초에 걸쳐 거리 시위가 일어나는 데 한몫했다. 이 시위는 시위자들의 주장을 수용할 것인지 반대자들을 모두 쓸어버릴 것인지 하는 익숙한 문제를 제기했다.[123] 그러나 거리로 나오는 사람들의 동기와 목표를 어떻게 진단하느냐에 많은 것이 달려 있다. 정부에 대한 분노의 적어도 일부는 더 보수적인(덜 보수적인 것이 아니라) 정책을 취하도록 요구하는 사람들 때문에 생긴 것으로 보이기 때문이다.[124]

그러한 미묘한 차이는 트럼프 대통령에게는 알 바가 아니었다. 그는 2018년 1월 1일 트위터에 이런 글을 올렸다.

> 위대한 이란 국민은 여러 해 동안 억압을 받아왔습니다. 그들에게는 먹을 것이 필요하고 자유가 필요합니다. 인권과 함께 이란의 부가 약탈당하고 있습니다. **변화가 필요한 때입니다!** [125]

트럼프의 가까운 조언자인 루디 줄리아니는 몇 달 뒤 더욱 강력하게 몰아붙였다. 그는 대통령이 이란의 정권 교체를 이야기했다고 기자들에게 말했다. 이란 정부의 붕괴가 "서아시아 평화의 유일한 길"일 뿐만 아니라, 그것이 이스라엘과 팔레스타인 사이의 협정보다 더 중요하다는 것이다. 이들의 분쟁은 수십 년 동안 이 지역의 골칫거리였는데도 말이다. [126] 게다가 거리 시위는 즉흥적인 것도 아니고 국지적인 것도 아니라고 그는 다른 자리에서 말했다. 그들은 "알바니아에 있는 다수의 우리 사람들과 함께하고" 있다고 그는 말했다. 이 말은 너무도 엉뚱해서, 그의 기본적인 지리 인식뿐만 아니라 현실 인식에 대해서도 의문을 품게 했다. [127]

물론 이런 발언은 이란 정부가 채택할 수 있는 그 어느 정책보다도 더 이란인들을 단합시키는 데 도움을 준다. 미국이 이란핵협정에서 발을 뺄 것이라는 2018년 5월 트럼프 대통령의 발표 역시 마찬가지다. 그는 이렇게 일축했다.

> 이 형편없는 거래는 이 정권(그것도 아주 소름 끼치는 정권입니다)에 수십억 달러를 안겨주었습니다. 그 가운데 일부는 현찰이었습니다. 나는

한 사람의 시민으로서 매우 당혹스러웠고, 미국의 모든 시민들도 마찬 가지일 것입니다.[128]

미국은 이란이 협정을 준수하고 있다는 IAEA(국제원자력기구) 조사관들의 확인에도 불구하고 이란핵협정에서 탈퇴했는데, 앞으로 보게 되겠지만 이는 이란 강경파에게 칼자루를 넘겨주는 일이었다. 온건파이자 개혁가(적어도 이란의 기준에서는 그렇다)인 하산 로하니 대통령이 이끄는 현재의 이란 지도부의 진실성과 신뢰성을 손상시킨 것이다.[129] 미국이 이란핵협정에서 빠져나감으로써 이란에서는 강경파와 미국에 훨씬 더 적대적인 파벌이 입지를 강화하게 됐다. 그렇다면 미국 정치인들이 아무리 열정적으로 주장하더라도, 정권 교체가 이란인들이 더욱 억압적인 상황에서 살게 하고 장래에 국제 협정의 타결 가능성이 커지기는커녕 줄어든다는 것은 아이러니가 아닐 수 없다.

실제로 이란핵협정 탈퇴에 대한 반응으로 이란에서는 군사와 방위, 그리고 "문화·선전 계획"에 대한 지출을 늘리라는 요구가 나왔고, 강력한 이슬람혁명방위대는 "범죄적이고 전쟁광적이고 기만적이고 부정적인" 미국 정부와 거래하려고 애쓰는 것은 무의미하다는 성명을 냈다.[130] 2018년 다시 가해진 제재로 인해 이란은 다가오는 몇 달 또는 몇 년 동안 잇달아 밀려올 압박을 처리하지 않을 수 없게 됐다.

미국은 아마도 이란을 다시 협상 테이블로 끌어내고 심지어 이전 핵협정에서 동의했던 것보다 더 엄격하고 더 나은 조건을 얻어낼 수 있을 것이다. 그러나 거기에는 장래의 고통의 씨앗을 뿌리는 비용이 따르며, 이란을 식량 부족과 내정 불안, 이에 수반될 것으로 보이는 대중 탄압의 긴장 아래 구속되게 할 가능성이 있다. 이 지역의 또 다른 나라의 내부 붕괴를 기대하는 사람들은 잠시 멈추어 시리아, 이라크, 아프가니스탄의 최근 역사가 주는 교훈을 살피게 될 것이다.

*

이란의 문제는 핵협상 문제나 내정 문제로 국한되지 않는다. 바샤르 알아사드 시리아 대통령에 대한 지원과 서아시아 일대의 파괴적인 정당들에 대한 지원 역시 상당한 대가를 치러야 했다. 허버트 맥마스터 당시 미국 국가안보보좌관에 따르면, 2012년부터 2018년까지 "이란은 아사드 정권과 시리아, 이라크, 예멘의 다른 대리인들에게 160억 달러 이상을 제공"해, 이미 압박을 받고 있는 경제에 무거운 부담을 더했다.[131] 이란과 사우디아라비아의 관계는 오래전부터 불편했는데, 최근 몇 년 사이에는 더 악화될 뿐만 아니라 지역과 세계에 중대한 영향을 끼칠 수 있는 문제로 이어질 우려가 있었다.

헐뜯는 것은 정말 나쁜 일이다. 야심만만한 사우디아라비아의 젊은 왕세자 모함마드 빈살만은 2018년 4월에 이렇게 말했다.

"나는 이란 최고 지도자 아야톨라 알리 하메네이가 히틀러를 좋은 사람처럼 보이게 한다고 생각합니다."

왕세자는 자신의 주장에 열의를 보이며, 히틀러는 오직 유럽을 정복하려 했지만 하메네이는 "세계를 정복하려 애쓰고 있다"라고 말했다.[132] 그는 전에도 하메네이를 히틀러와 비교했다가 이란 외교부 대변인으로부터 "모험주의적인" 왕세자의 말이라고 일축당한 바 있었다. 그의 논평은 "철이 없고 생각이 없으며 근거가 없다"는 것이었다.[133]

이것은 적어도 2017년 중반에 서아시아에 공개적으로 떠돌았던 직접 행동 위협에 비하면 점잖은 태도였다. 왕세자는 한 텔레비전 인터뷰에서 이란과는 대화의 가능성이 전혀 없다고 말했다.

"우리는 우리가 이란 정권의 주적이라는 것을 알고 있습니다."

이에 따라 그는 선제공격으로 예방적 군사행동에 돌입하기 위한 계획이 만들어지고 있음을 강하게 시사했다. 사우디아라비아는 수동적으로 대응하기보다는 주저 없이 먼저 움직일 것이라는 의미였다. "사우디아라비아에서 싸우는 것보다 이란에서 싸우는 것이" 훨씬 낫다고 그는 말했다.[134] 테헤란에서 날아온 반응도 똑같이 단호했다. 이란 국방부 대변인은 이렇게 말했다.

"만약 사우디아라비아가 뭔가 무지한 짓을 벌인다면 우리는 어디고 가만두지 않을 것입니다. 메카와 메디나만 빼고요."[135]

세계의 경제적·정치적·군사적 무게중심 지역의 극적인 변화는 과거의 동맹을 재검토하고 새로운 동맹을 형성하도록 부추기고 있다. 그 적절한 사례를 사우디아라비아와 이스라엘의 훈훈한 관계에서 찾아볼 수 있다. 사우디아라비아는 '이스라엘'이 건국된 이후 70년 동안 이 나라를 승인하거나 심지어 이 나라가 존재할 권리조차 인정하려 하지 않았다. 그 결과 두 나라 사이에는 공식적인 외교관계가 없었다. 그러나 이란이라는 공포가 그림자를 드리우면서 상황이 변하기 시작했다.[136]

사우디아라비아는 여러 해 동안 팔레스타인의 대의를 지지하고 돈을 대왔는데, 이란 정권을 압도하려는 노력이 그 자리를 차지하기 시작했다. 그것은 사우디아라비아, 이스라엘, 미국을 최근까지도 있을 법하지 않았던 동맹 속으로 끌어들인 공통 목표였다. 사우디아라비아는 무슨 대가를 치르더라도 이스라엘과 팔레스타인 사이의 합의를 강요하고자 했다. 전 이스라엘 국가안보보좌관 야콥 나겔Yaakov Nagel은 사우디아라비아의 태도에 대해 이렇게 말했다.

"그들은 상관하지 않아요. 그들은 협정 내용에는 눈곱만큼도 관심이 없어요."

협정이 빨리 성사되기만 한다면 말이다.[137] 그것은 사우디아라비아의 최고 종교 지도자('무프티암') 압둘아지즈 알앗셰이흐Abdul-Aziz Āl ash-Sheikh가 이슬람교도들이 이스라엘과 싸우고 유대인들을 죽이는 것은 적절치 않다는 파트와(교령敎令)를 내렸을 뿐만 아니라, 이스라엘에 대한 무장투쟁을 벌여온 하마스를 "테러 조직"이라고 말한 이유를 설명해준다. 이는 상징적이고도 법적인 중요한 선언이었으며, 서아시아의 지형이 변하고 있다는 분명한 지표였다.[138]

이스라엘은 서아시아에서 이 동맹의(그리고 실로 지리정치학의) 근본적인 재구성에서 자신의 역할을 수행했다. 이스라엘의 에너지부 장관이자 안보관계 장관 회의체 안보내각 성원인 유발 스타이니츠Yuval Steinitz는 이스라엘 군 라디오와의 인터뷰에서 이렇게 말했다.

"우리는 여러 이슬람 국가나 아랍 국가들과 자주 접촉하고 있습니다. 비밀 접촉도 있고요. 사우디아라비아 같은 온건한 아랍 세계와 관련을 맺는 것은 우리가 이란을 봉쇄하는 데 도움이 됩니다."[139]

사우디아라비아 언론은 그들이 "민족 차별을 영속화"한다고 주장하는 법률들에 대해 지속적인 공격을 가하는 등 여전히 이스라엘을 향해 수시로 비난을 퍼붓고 있지만, 이와 함께 좀 더 전향적인 협력 강화 징후들도 나타나고 있다. 이스라엘 비행기가 텔아비브에서 인도로 갈 때 사우디아라비아 영공을 지날 수 있도록 허용한 것이 그런 사례 중 하나다. 과거에는 멀리 우회하는 것이 당연시됐지만, 이제 그러지

않아도 되는 것이다.[140]

새로운 동맹은 다른 중요한 결과도 낳았다. 그중 하나가 널리 보도된 이스라엘 총리 베냐민 네타냐후의 사우디아라비아 왕세자 모함마드 빈살만에 대한 지원이다. 그가 사우디아라비아 요원들에 의한 자말 카슈끄지 암살에서 주도적인 역할을 했다는 비난을 받은 뒤였다.[141]

서아시아 재구성을 위한 동력의 상당 부분은 미국의 정책 결정의 경화에서 왔다. 우선은 이란에 대한 한결같은 집중에 의한 것이었다. 이스라엘 및 사우디아라비아(둘 다 이란 정권의 오랜 경쟁자였다)와 함께 일하게 되자 트럼프 대통령은 이스라엘과 팔레스타인 사이의 해묵은 갈등을 영구히 해결하는 문제를 자신 있게 얘기하게 됐다. 그는 이것이 "부동산 거래처럼" 될 것이라고 2018년 가을에 말했다. 그것은 곧 "역사적인 거래"로 각인된다.[142] 동방의 세계는 움직이고 있다.

21세기에 일어나고 있는 변화는 여러 요인들의 영향을 받은 것이다. 인구의 변화에서 경제력의 변화까지, 디지털 기술이 담당한 역할에서부터 기후 변화에 이르기까지 다양하다. 실크로드는 자극을 받고 있기 때문에 빠르게 떠오르고 있다. 앞으로 몇 년 동안 세계의 심장부에서 일어날 일들이 다음 100년을 결정할 것이다.

3

베이징으로 가는 길

2013년 9월 6일 늦은 시각에 시진핑 중국 국가주석은 카자흐스탄의 번쩍거리는 새 수도 아스타나에 도착했다. 이 도시에는 한샤티르 쇼핑몰과 평화화해궁전, 청록색의 카자흐스탄 중앙음악당 같은 현대적인 건물들이 늘어서 있었다. 1990년대 말 이후 이 도시에 들어선 대형 건물은 이 셋만이 아니었다.

이튿날 아침 시진핑은 나자르바예프대학을 방문해 '민족 간 우의를 증진하고 더 나은 미래를 창조하자'라는 제목의 연설을 했다. 그것이 얼마나 중요한지 알아챈 사람은 거의 없었다. 이웃 나라들과 좋은 관계를 맺는 것은 중국 "외교정책의 최우선 과제"라고 시진핑은 말했다. 과거에 여러 민족들을 한데 묶어주었던 연결망에서 힌트를 얻어야 한다고 했다. 그는 이렇게 말했다.

"수천 년 동안 옛 실크로드 일대에 있던 다양한 나라의 민족들은 우정의 역사를 함께 써왔고, 그것이 바로 오늘날까지 이어져 왔습니다. (…) 서로 다른 민족과 신앙과 문화적 배경을 가진 나라들이 함께 평화를 누리고 발전하는 것이 전적으로 가능했습니다. 이것이 고대 실크로드가 우리에게 준 귀중한 계시입니다."

이는 그저 연구하고 감탄할 것이 아니라 다시 만들어내야 할 모범이었다. 이제 "유라시아 지역에서 긴밀한 경제적 유대를 구축하고 협력을 강화하며 발전 공간을 확대"할 때라고 그는 말했다. 지금은 "실크로드를 따라 경제지대"를 만들 때였다.

그렇게 하기 위해서는 몇 가지 조치를 함께 취할 필요가 있다고 했다. 정책적 소통과 협력을 강화하고(加强政策溝通), 수송망을 개선하며(加强道路聯通), 자유로운 무역을 촉진하고(加强貿易暢通), 화폐 유통을 원활하게(加强貨幣流通) 하는 것 등이었다(이것이 시진핑이 제시한 '5통五通' 가운데 네 가지이며, 생략된 하나는 '민족들 사이의 이해 증진(加强民心相通)'이다—옮긴이). 실크로드를 되살릴 때가 온 것이다.¹

이러한 구상은 전에도 제기됐다. 미국의 이라크 침공 이후 미국 외교관들과 정책 담당자들은 공식 정책의 일부로 아시아 심장부 일대의 연결을 복원하는 문제에 관해 점점 더 자주 언급하기 시작했다. 미국 국무부 남아시아 및 중앙아시아 담당 차관보인 리처드 바우처는 2006년 하원 국제관계소위원회 진술에서 이렇게 말했다.

"우리의 목표는 남아시아와 중앙아시아 사이의 옛 유대를 되살리고, 무역·수송·민주주의·에너지·통신 등의 분야에서 새로운 관계를 맺도록 돕는 것입니다."²

이런 진술은, 그리고 특히 유라시아 문제에 정통한 학자인 프레더릭 스타S. Frederick Starr가 그 전해에 쓴 의견서는 중국에서 맹렬한 반응을 불러일으켰다. 《인민일보》는 머리기사에 "미국이 '대大중앙아시아 전략'을 획책하고 있다"는 제목을 달아 불만을 표했다. 사설은 이렇게 썼다.

중앙아시아로 침투해 들어가 이 지역을 장악하는 것은 언제나 변함없
는 미국의 목표였다.

사설은 이어 9·11 사건은 미국이 중앙아시아에 발판을 마련하
고 이 지역을 자기네 입맛에 맞게 개조할 수 있는 기회와 명분을 제공
했다고 말했다.[3]

힐러리 클린턴도 국무부 장관을 지내던 시절에 과거를 되살리는
문제에 관한 연설을 했다. 그는 2011년 인도 첸나이(마드라스)에서 이렇
게 말했다.

역사적으로 남아시아와 중앙아시아의 나라들은 서로, 그리고 대륙의
나머지 부분과 연결돼 있었습니다. 사방으로 뻗어나간 실크로드라 불
리는 교역망을 통해서입니다. (⋯) 새로운 실크로드를 만들기 위해 힘
을 합칩시다. 이름처럼 하나의 간선도로가 아니고, 경제와 교통을 연
결하는 거미줄 같은 국제적인 연결망입니다. 그것은 더 많은 철로와
고속도로와 에너지 기반시설을 만드는 것이고, (⋯) 국경 지대의 시설
을 개선하는 것이며, (⋯) 물건과 사람이 자유롭게 왕래할 수 있도록
관료주의적 장벽과 그 밖의 장애물들을 제거하는 것이며, (⋯) 시대에
뒤떨어진 무역정책을 폐기하는 것입니다.

이것은 다름 아닌 바로 "21세기를 위한 비전"이었다.[4]
그러나 이것은 다른 많은 비전들과 마찬가지로 실체가 있는 것이

라기보다는 희망적인 것이었다. 관계 개선에 대해 이야기하는 것은 그럴 수 있다 쳐도, 거기에 돈을 들이는 것은 전혀 다른 문제였다.

따라서 시진핑이 아스타나 연설에 이어 구체적인 제안을 내놓고 현금을 약속하자, 무언가가 진지하게 진행되고 있음이 금세 분명해졌다. 틀을 준비하는 작업에 들어갔고, 그것은 곧 '일대일로—帶—路'로 알려지게 됐다. '대帶'는 중국의 이웃 및 그 너머 나라들과의 육상 연결망을 말하고, '로路'는 궁극적으로 인도양과 페르시아만, 그리고 홍해까지 바닷길을 연결하는 '바다의 항로'였다. 2013년 11월 중국공산당 중앙위원회 의사록에 나와 있듯이, 이 구상을 실현하기 위한 계획이 금세 구체화됐다. 이는 그들이 사전에 생각해둔 게 있었다는 얘기다.

우리는 발전을 염두에 둔 금융기관들을 만들어 중국을 이웃 나라 및 지역과 연결하는 기반시설의 건설을 가속화한다. 또한 '실크로드 경제벨트'와 '해상 실크로드'를 건설해 새로운 형태의 전방위적인 기회를 창출한다.[5]

중국 기업들에게 나라 밖으로 관심을 돌려 새로운 기회를 찾도록 장려한다는 생각은 2000년 제9기 전국인민대표대회 제3차 회의에서 해외 진출 전략인 '저우추취走出去 전략'을 공식 채택하고 국민경제 사회발전 5개년계획을 채택하면서 장려됐다. 시진핑의 야망은 훨씬 더 광대했다. 게다가 그 야망은 놀라운 속도와 열정으로 현실이 됐다.

2015년 중반에 중국의 핵심 금융기관 중 하나인 중국개발은행(CDB)은 약 900개의 사업에 투자하기 위해 8900억 달러를 비축했다고 발표했다. 주로 수송, 기반시설, 에너지에 초점을 맞춘 것이었다.[6] 반

년 뒤 중국수출입은행은 일대일로의 일환으로 49개국에서 1000여 개로 예상되는 사업에 자금을 대기 시작했다고 발표했다.[7] 과거의 실크로드에서도 그랬지만, 이 계획의 일원이 되기 위한 특별한 지리적 기준은 없다. 실제로 해상 부분은 아프리카 동해안과 그 너머까지 포함하려는 계획을 가지고 있다.

80여 개국이 현재 이 계획에 포함돼 있다. 여기에는 중앙아시아 국가들, 남아시아와 동남아시아 나라들, 터키를 포함한 서아시아와 동유럽 국가들이 포함돼 있다. 아프리카와 카리브해 국가들도 있다.[8] 중국과 지중해 동안 사이의 새 실크로드 지역에 살고 있는 사람은 모두 44억 명으로, 세계 인구의 63퍼센트 이상을 차지한다. 이 지역의 총생산량은 21조 달러에 달해 전 세계 생산량의 29퍼센트를 차지하고 있다.[9]

일대일로 계획에 대한 세계은행의 평가는 이 프로그램이 놀라운 규모와 효과를 지니고 있음을 알려준다. 세계은행에 따르면, 이 계획에 포함된 나라들에서는 해외 화물 운송 시간이 평균 12퍼센트 가까이 단축되고, 무역에 소요되는 비용은 10퍼센트 이상 떨어진다. 이 수치는 매우 커서 지구촌 무역에도 영향을 미친다. 세계 경제 전체적으로 볼 때 화물 운송 시간과 총 무역 비용이 2.5퍼센트 떨어진다.[10]

일대일로 계획의 엄청난 규모와 야망은 2017년 5월 베이징에서 열린 대규모 토론회에서 분명하게 드러났다. 걸려 있는 것은 돈과 투자만이 아니었다. 실제로 시진핑 주석은 이 계획이 세계를 바꿀 수 있다고 말한다. 그는 이렇게 말했다.

"멀리하기보다는 교류할 것이고, 충돌하기보다는 서로를 배울 것이며, 우월감을 가지기보다는 공존할 것입니다. 서로 다른 나라들 사이에서 상호 이해와 상호 존중과 상호 신뢰를 끌어올릴 것입니다."[11]

그렇게 되면 평화가 찾아올 것이다. 일대일로는 "인류 문명에 영광을 더해줄" 것이며, "조화와 타협의 새로운 시대"를 건설하도록 도와줄 것이라고 그는 말했다.[12]

중국의 계획은 새로운 사고방식과 색다른 행동을 촉진할 것이라고 시진핑은 말했다. 그는 이렇게 말했다.

"우리는 상생 협력을 특징으로 하는 새로운 형태의 국제관계를 만들어야 합니다. 그리고 우리는 대결 없는 대화를, 동맹보다는 우의의 동반자 관계를 만들어야 합니다."[13]

이는 세 가지 광범위한 경향에 대한 투자를 추구했다. 첫째로, 세계가 변화하는 시기에 희망을 제공하는 것이다. 둘째로, 선진국들의 담론을 지배하는 고립주의적이고 방종한 정치가 채우지 못하는 공백을 메우는 것이다. 셋째로, 중국이 지구촌 국제사회의 일원일 뿐만 아니라 상호 협력의 이득을 강조하는 지도력을 제공할 수 있고 또 제공해야만 한다는 점을 과시하는 것이다. 베이징 토론회에서 공개된 한 영상은 이를 깔끔하게 요약했다. 영상에서는 이런 말이 반복된다.

세계는 왜 이럴까요?
우리가 어떻게 할 수 있을까요?
중국은 해결할 수 있습니다.
인류가 함께하는 미래의 사회가 바로 정답입니다.[14]

일대일로는 "역사적인 사업"[15]이라고 시진핑은 2017년 5월에 말했다. 많은 사람들이 그의 말에 동의한다. 중국의 주도로 80여 개국이 참여해 만든 아시아인프라투자은행(AIIB)의 진리췬金立群 은행장은 《파이낸셜 타임스》와의 인터뷰에서 이렇게 말했다.

"중국의 경험은 기반시설 투자가 광범위한 경제·사회 발전의 토대를 닦는다는 것을 보여줍니다. 그리고 빈곤 퇴치는 그 자연스러운 결과로 따라옵니다."

다시 말해 중국은 스스로의 경험에서 배웠다는 것이다. 도로, 철도, 발전소를 건설하고 도시가 성장할 수 있는 생태계를 만든 것이 그저 상업적 교환을 촉진하는 것을 넘어서 사람들을 가난에서 건져내는 데 도움이 된다는 사실을 말이다.[16] 이런 결론은 현실에 바탕을 두고 있다. 1980년대 이후 중국이 겪은 경제적 기적은 중요한 교훈을 주었다. 정책과 기반시설 투자와 빈곤 퇴치가 모두 함께 갈 수 있다는 것이다.[17] 러위청樂玉成 중국 외교부 부부장은 《파이낸셜 타임스》와의 인터뷰에서 이렇게 말했다.

"우리 중국인들은 이런 말을 자주 합니다. 부자가 되고 싶으면 우선 길부터 닦으라(要想富 先修路)고요."

세계의 어떤 지역이 발전하지 못하는 요인 중 하나는 "기반시설의 저개발"이라고 그는 말했다. 일대일로 계획이 하려는 것이 바로 그런 일이다.[18]

한 평론가의 말을 빌리자면, 일대일로의 전개를 평가하는 것은 "예술 반半, 과학 반"이다. "그것은 느슨하게 규정되고 계속해서 확장되는 움직이는 목표물 같은 것"이기 때문이다. 확장의 한계는 더 이상 "지리나 심지어 중력에 구애"되지 않는 곳까지다. 그 비전은 2013년 이후 아프리카·유럽·북극권과 사이버 공간, 심지어 외계로까지 확장됐다.[19] 일대일로는 모든 것을 아우르며, 어떤 것이라도 끌어안을 수 있다.

그런데 그것은 옛날의 실크로드 역시 마찬가지였다. 세계의 어느 쪽에서 일어난 일이 때로는 다른 쪽에서 일어난 결과와 직접 연결됐다.[20]

긴밀한 협력을 위한 용광로로서의 실크로드가 지닌 한 가지 매력은 과거가 되살아나고 있다는 메시지의 유연성이다. 예를 들어 2018년 여름 중국에서 출발한 첫 직통 열차가 카스피해 연안에 있는 이란의 반다르에안잘리에 도착했을 때, 이란 부통령 이스하크 자한기리는 재빨리 실크로드의 부활을 입에 올렸다. 이란 스스로의 과거에 대한 확인이었다. 자한기리는 이 열차를 시진핑의 비전이나 중국이라는 나라의 비전과 연결시키지 않고 다른 결론을 이끌어냈다. 아시아의 등뼈 지역에서 유대관계가 재건되는 것은 "이란과 이웃 나라들 사이의 문화적·역사적·문명적 유대관계의 징표"[21]라는 것이다.

이것은 다른 곳에서도 찾아볼 수 있는 메시지다. 2018년 봄 28미터 높이의 새로운 실크로드 조각물을 선보인 투르크메니스탄의 투르크메나밧 같은 곳이다. 화려한 제막식이 열렸고, 일반인을 대상으로 한 자전거 경주대회와 마라톤 경기도 열렸다.[22] 그리고 우즈베키스탄의 타슈켄트도 있다. 이 도시의 입구에는 열두 개의 새로운 문이 세워졌다. "'위대한 실크로드'의 상징적이고도 실질적인 심장"으로서의 위치를 드러내고, "우즈베크 문화와 다른 민족들의 문화 사이의 유대를 기념"[23]하기 위해 만든 것이다.

중국의 자금과 주도가 근본적으로 중요한 역할을 하는 것은 분명한 사실이지만, 아시아 중심부에 살고 있는 사람들에게 실크로드의 부활은 민족적이고 국내적인 반향을 불러일으킬 수 있는 메시지로 전용되고 변형될 수 있었다. 한 유명 평론가가 말했듯이, 일대일로 계획은 "모든 사람의 입맛에 맞는 배스킨라빈스식 협력"[24]이 됐다.

그럼에도 많은 경우에(가장 많은 경우는 아닐지 모르지만), 세계 역사에서 그렇게 중요한 역할을 한 세계의 한 부분을 재구성하는 데 촉매제 역할을 했던 것이 중국이라는 데는 의문의 여지가 없다. 지금까지 투자되거나 투자하기로 배정된 돈의 정확한 금액을 평가하기가 쉽지 않지만, 일부 아주 중요한 사업들은 이미 추진되고 있다.

그중 하나가 중국-파키스탄 경제회랑(CPEC)이다. 도로와 발전소, 그리고 파키스탄 남부 발루치스탄주 해안의 과다르 심해항 개발 등 여러 건의 대형 투자가 이루어진다. 이들 사업의 전체 액수는 통상 600억 달러 정도로 전해진다.[25] 일부에서는 2030년까지 1000억 달러로 치솟을 것으로 예상하기도 한다.[26]

현재 돈이 투입되고 있는 사업은 1320메가와트의 카심항 석탄화력발전소와 신드의 대형 풍력발전소, 여러 개의 공업단지, 만성적인 물 부족을 해결하기 위한 민물 처리 시설 등이 있다. 특히 물 문제는 2030년에는 '거대 항만' 노릇을 하도록 계획된 과다르의 기능을 멈추게 할 수도 있는 것이다.[27] 카라치와 페샤와르를 잇는 고속철도 건설과 운영 계획도 마무리됐다. 이것이 완성되면 화물 운송은 다섯 배로 늘어나고, 여객 수송은 1년에 5500만 명에서 8800만 명으로 증가할 것으로 예상된다. 1600킬로미터의 거리를 여행하는 데 걸리는 시간은 절반으로 줄고, 이에 따라 도로와 항구의 혼잡을 줄이고 파키스탄(또는 파키스탄 안에서)과 사업을 하는 데 드는 비용을 낮추는 데 도움을 줄 것이다.[28]

경제 성장은 이미 눈에 띄게 가속되고 있다. 이 나라 곳곳의 투자 수준이 높아진 결과다. 이는 시멘트 판매 증가에서 가장 잘 드러난다. 시멘트 사용은 건설 사업과 가장 분명한 연관성이 있다. 파키스탄 시멘트제조업협회에 따르면, 2017년 말 시멘트 판매는 전년동기 대비 20퍼센트 가까이 증가했다. 매우 의미 있는 증가세라 할 수 있다.[29]

그 밖의 핵심적인 제안과 투자로는 동남아시아 일대의 고속철도 및 화물열차선 건설을 들 수 있다. 말레이시아 동·서해안과 말레이반도의 주요 항구들을 연결하고자 하는 688킬로미터의 동해안 연결철도(ECRL)가 대표적이다. 130억 달러가 드는 계획이다.[30] 라오스를 가로지르는 58억 달러짜리의 새 노선도 있다. 이는 육지에 갇힌 나라 라오스를 '육로로 연결된' 나라로 만들어줄 것으로 기대된다.[31] 고속도로, 다리, 발전소, 심해항을 건설하기 위한 수십억 달러의 융자가 방글라데시·캄보디아·미얀마·스리랑카에서 승인됐고, 인도네시아·베트남·필리핀·태국에서도 대형 사업들이 진행되고 있다. 사업은 아시아에만 국한되지 않는다. 케냐 몸바사에서 우간다와의 국경에 이르는 87억 달러짜리 철도 건설 사업이 그 예다. 이는 케냐가 1963년 영국으로부터 독립한 이래 가장 큰 기반시설 사업이다.[32]

이와 함께 중국 시안과 선전에는 새로운 국제상업재판소도 만들어진다. 이들은 각기 육상의 '일대'와 해상의 '일로' 지역에서 어려움이나 견해 불일치에 처한 사업들의 분쟁을 처리할 계획이다.[33]

새로운 협정이 하루가 멀다 하고 등장하는 듯하다. 2018년 6월에만도 네팔과 중국 정부 사이에 열 건의 협정 서명이 이루어졌다. 에너지와 수송 분야 사업으로부터 히말라야산맥 밑을 뚫어 네팔 수도 카트만두를 티베트나 그 너머 지역과 연결하는 사업 같은 것들이다.[34] 그 이전에도 네팔에 대한 지원은 많았다. 카트만두에 새로운 경찰 훈련소와 병원을 짓고 지하철을 건설하는 일 등이었다.[35]

이는 화물열차 시설과 '육상항만(dry port)' 건설 등 수많은 사업들 가운데 일부분이다. 육상항만의 대표적인 사례는 중국과 카자흐스탄의 국경 지대에 있는 호르고스인데, 새로운 철도 선로 연결망을 이루어 육상에서 화물을 실어 아시아의 등뼈는 물론 유럽 깊숙한 지역까지 보낼 수 있다. 이들 노선은 당장 활용이 가능하다기보다는 상징적인 측면이 강하다. 육상으로 실어 보내는 것이 바다를 이용하는 것보다 상당히 비싸기 때문이다. 철도편을 이용해 중국에서 유럽으로 컨테이너를 보내는 것은 배편으로 보내는 것에 비해 최대 다섯 배까지 비싸다고 한다. 철도가 항공편으로부터 화물 운송 수요를 가져간다고 해도, 최대치로 잡아 해상 화물 물동량의 1~2퍼센트 이상이 될 것 같지는 않다.[36]

이는 현재 해운산업의 과잉공급 탓도 조금은 있겠지만, 현대 선박의 크기 때문이다. 2017년 1월 매스컴의 이목이 집중된 가운데 중국에서 출발해 런던 동부 바킹에 도착한 열차는 출발 지점인 중국 저장성 이우義烏에서 달랑 컨테이너 34개를 끌고 왔다.[37] 작은 컨테이너선이라 할지라도 그 수백 배는 나른다. 초대형 컨테이너선의 경우는 한 번에 컨테이너 1만 개 이상을 나를 수 있다.[38]

육로(과다르까지만 육로로 가는 경우를 포함해서)는 해로로 운송하는 것보다 빠르다. 그러나 속도가 결정적으로 중요한 상품은 많지 않다. 고작해야 최근 한 중국 광고에 나온 이런 경우다.

일대일로 사업이 유럽에까지 미치면
유럽산 적포도주가 보름 일찍 문 앞에 도착합니다![39]

중국 중산층이 일부 경제학자들의 예측 속도로 성장한다 해도,

저녁상에 적포도주를 며칠 일찍 올리기 위해 비싼 철로를 건설하는 것은 인생의 멋을 즐기는 것치고는 비싼 방법인 듯하다.[40]

*

　시진핑의(그리고 중국의) 특징적인 외교정책 및 경제정책이 된 일대일로 계획을 뒷받침하는 동기는 크게 세 가지다. 첫 번째는 미래를 위한 장기 계획과 중국의 국내적 필요를 둘러싼 문제다. 천연자원, 특히 에너지로 쓸 수 있는 자원에 특별한 관심을 기울이고 있다. 중국의 에너지 수요는 2030년까지 세 배로 늘 것으로 예상된다.[41] 따라서 중앙아시아와 러시아의 석유와 천연가스를 중국으로 보내는 관로 문제가 초점의 하나다. 하지만 대규모 수입을 보장할 상업 협정 역시 필요하다. 러시아나 이란, 사우디아라비아, 아랍에미리트 등 서아시아 석유회사들과의 협정 같은 것들이다.[42]

　이 나라들은 중국의 성장을 촉진하는 데 도움을 주었다. 중국은 2017년 세계 최대의 원유 수입국이 됐다. 이해에 하루 평균 800만 배럴 이상을 수입했다.[43] 에너지 공급 확보는 석유·천연가스 등과는 다른 비非탄화수소 분야의 계획과 병행된다. 카자흐스탄 국영 원자력 회사인 카자톰프롬과 중국광허그룹中國廣核集團(CGN)의 합작사업 같은 것들이다. CGN은 2019년부터 중국 발전소에 공급할 핵연료를 생산한다.[44]

　급속한 도시화의 결과로 농업 생산에 압박이 가해진 것 역시 중국 기업들이 나라 밖으로 눈을 돌리게 된 요인이다. 아시아, 아프리카, 오스트레일리아와 그 밖의 지역에서 농장과 경작지와 농산물 생산자를 사들여 장래의 식료품 공급을 보장하려는 것이었다. 중산층의 구매력이 늘어나고 그 결과로 식습관이 빠르게 변하고 있는 시기였다. 쇠고기와 돼지고기의 소매가격이 2009년에서 2013년 사이에 80퍼센트나 올랐고, 거의 같은 기간에 낙농제품 수입이 네 배로 늘었다.[45]

공해 수준이 심각해짐에 따라 제기된 위험도 중국 당국으로 하여금 식료품과 물의 안전을 핵심 과제로 삼도록 이끄는 데 일조했다. 중국의 공식 발표에 따르면, 북중국 평원의 지하수 70퍼센트 이상이 심각하게 오염돼 "사람이 사용하기에 부적합"했다. 또 환경보호부(현 생태환경부)는 농경지의 6분의 1이 토양 오염의 영향을 받았다고 보고했다.[46] 공기의 질도 악화되고 있다. 2018년 전반기 몇 달 동안 중국 공업 중심지와 양쯔강 삼각주에서의 측정치는 문제의 심각성을 보여준다.[47] 이는 친환경·청정 기술이 정부 차원에서 적극적으로 장려되고 있는 이유 가운데 하나다.[48] 이는 또한 시진핑이 공해 등 환경 문제에 대처할 필요가 있다고 거듭 이야기하고 지속가능한 생태의 중요성을 강조하는 이유다.[49]

두 번째 동기는 중국 경제 자체가 제조업에서 서비스업으로 이행하는 데 있다. 지난 30년 동안 이루어진 변화의 결과다. IMF가 표현한 대로 "고속 성장에서 고급 성장으로"[50] 결정적인 변화를 이룬 것이다. 이에 따라 철강·시멘트·금속에서는 생산능력 과잉이 나타나는 결과를 가져왔다. 이는 유용하게 해외로 돌릴 수 있다. 중국 내에서 대규모 건설 사업을 수행하는 데 중요한 역할을 했던 노동력도 마찬가지다. 지금은 그 노동력이 얼마 전만큼 그렇게 많지는 않지만 말이다.[51]

한편 아시아의 다른 지역들은 기반시설 개선이 시급하다. 예를 들어 카자흐스탄 교통통신부 통계에 따르면, 이 나라 도로의 3분의 1

이 양호하지 못한 상태다. 이에 따라 중국의 자금(과 기술)이 그 빈 곳을 메우기 위해 제공됐다.[52] 그 잠재력이 얼마나 큰지는 아시아개발은행(ADB)의 최근 보고서에 나타나 있다.

> 아시아·태평양 지역 발전도상국들의 기반시설 수요는, 이들이 성장 동력을 유지한다면 2030년까지 22조 6000억 달러(연평균 1조 5000억 달러)를 넘을 것으로 예상된다.

이 수치는 기후 변화를 늦추기 위한 조치가 더해진다면 연평균 1조 7000억 달러로 늘어난다.[53]

일대일로는 대규모 사업들을 지원함으로써 중국 기업들이 장래에 새로운 기회를 창출할 가능성 역시 높여놓았다. 예를 들어 가전제품의 남아시아 시장 진출은 아주 좁은 문이다. 주택 보유자의 10퍼센트 이하가 개인용 컴퓨터나 전자레인지를 가지고 있고, 냉장고를 소유한 가정의 비율은 3분의 1에 불과하다.[54] 논리는 이렇다. 인구가 많고 게다가 더 늘어나고 있는 나라에서 도로와 수송망이 더 많아지고 더 좋아지며 안정적인 에너지원이 갖추어지면 그 나라의 경제는 빠르게 성장할 것이다. 그러면 쓸 수 있는 돈이 많아진다. 이것이 상품 수요를 자극해 중국 기업들이 물건을 더 많이 팔 수 있게 된다.

이웃 나라들의 기반시설 사업을 지원하는 것은 또한 중국 스스로의 무게중심을 이동시키는 파급 효과를 지닌다. 지금은 그 중심이 동해안 지역으로 심하게 쏠려 있다. 도시화가 빠르고 광범위하게 진행되자 당국에서는 베이징이나 상하이 같은 도시의 규모를 제한하려 하는 한편으로 작고 가난한 도시들의 성장을 촉진하고자 했다. 인구가 적고 공업화가 덜 진척됐으며 적은 돈으로 생활할 수 있는 곳들이다. 이는 이른바 '제3단계 및 제4단계 도시(三四線城市)'의 평균 임금 급상승과 가장 크고 가장 안정된 광역 도시권들보다 빠른 성장률을 유도하는 효과를 낳았다.[55] 주거허가증 발급은 시안 같은 도시의 인구 급증을 불러왔고, 그 결과 불가피하게 집값이 급등해 전년 대비 50퍼센트나 올랐다.[56]

수송과 수자원 관리, 발전과 통신 등에 대한 투자로 중국 서부 지역에 많은 회사들이 새로 생겼다. 관광업도 호황을 누리고, 성장률도 다른 지역들보다 높았다. 다만 지역 관리들의 지나치게 낙관적인 전망이 초래한 부채거품에 대한 공포가 확산되면서 소비세가 꺾였다.[57]

*

안전은 일대일로 사업을 위한 동기부여에서도 중요한 부분을 차지한다. 아프가니스탄의 혼란스러운 상황으로 인해 중국은 오랫동안 우려의 시선을 거두지 못하고 있었다. 중국 서부의 이슬람 근본주의가 다른 지역으로 전염될 수 있다는 공포 때문이었다. ISIS 편에서 싸우기 위해 시리아로 들어간 많은 위구르인들에 대한 걱정 역시 당국을 우려스럽게 하는 일이었다. 그리로 간 사람의 숫자가 수천 명에서 그 몇 배에 이른다는 평가까지 다양하긴 하지만 말이다.[58]

신장新疆의 풍부한 에너지 자원도 이 지역이 정부의 지속적인 주시의 대상이 되고, 많은 방위비가 지출되며, 정치적 억압이 이어지고 있는 이유다. 자치구 당국의 통계에 따르면, 신장의 방위비 지출은 2017년에만 두 배로 늘어 90억 달러를 넘었다. 중국 최대의 천연가스전과 석탄 매장량의 2분의 1, 석유 매장량의 5분의 1에 대한 어떤 위협도 용납하지 않겠다는 강력한 정책의 일환이었다.[59]

불안정의 확산에 대한 우려로 신장의 위구르인 이슬람교도들에게는 엄격한 조치가 부과됐다. 여행을 금지하고, 아이 이름을 짓는 데 제한을 가하며, '비정상적인' 수염을 밀어버리게 하는 따위다.[60] 보도에 따르면, 수십만 명의 위구르인들이 '재교육영再敎育營'이라는 특수시설에 보내졌다. 정부는 그 시설의 존재를 인정하지 않고 있다. 구금(그리고 석방)을 결정하는 것은 법원이 아니라 당 간부와 경찰이다.[61] 일부 지역에서는 성인 인구의 80퍼센트가 구금됐다는 보도가 나왔다.[62] 이런 상황을 다룬 한 보도는 중국이 다른 나라들에 가 있는 위구르계 주민들을 국외 추방해 중국으로 돌려보내도록 했다는 사실을 밝혀냈다.[63]

중국은 이러한 시설의 존재를 부인했다. 루캉陸慷 외교부 대변인은 이런 보도 내용에 대해 "중국 반대 세력들"이 유포하는 것이라고 주장했다.

"신장의 모든 민족집단 사람들은 평화롭게 일하며 살아가는 현재의 상황을 소중히 여기고 있습니다."[64]

유엔에 파견된 중국 대표단의 일원인 후롄허胡聯合는 "수용소 같은 건 없다"라고 말했다.

"소수민족에 대한 억압이나 그들의 종교적 자유에 대한 침해는 없습니다."

그러나 그는 이렇게 덧붙였다.

"종교적 극단주의에 속은 사람들은 (…) 이주와 교육을 통해 도움을 받을 겁니다."[65]

이 도움이라는 것이 무슨 의미인지는 2017년 말 중국공산주의청

년단이 만들었다고 하는 녹음으로 유추할 수 있다. 연설자는 이렇게 말했다.

> 재교육을 위해 선택된 대중은 이데올로기적 질병에 감염됐습니다. (…) 극단적인 이데올로기를 주입당한 여러 사람들은 비록 어떤 범죄도 저지르지 않았지만, 그들은 이미 이 병에 감염됐습니다. (…) 그런 이유로 그들은 늦지 않게 재교육 병원에 입원해 뇌에서 바이러스를 씻어내는 치료를 받고 정상적인 정신 상태를 회복해야 합니다.

"치료를 위해" 보내진 사람들은 "강제로 체포"되거나 구금된 게 아니었다. 그들은 구조된 것이었다.[66]

중국의 논설들은 일부 도시의 '테러리스트' 지원자들에게 자수하라고 촉구했다. 《글로벌 타임스》(《환구시보》의 영문판)에 따르면, 최근에 "지도, GPS, 나침반, 망원경, 밧줄, 천막이나 다른 훈련 도구"를 구입한 사람, 또는 외국 웹사이트에 접속하기 위해 가상 사설망(VPN)을 이용한 사람은 빠짐없이 자수해야 했다.[67] 놀랄 일은 아니겠지만, 수용소의 규모는 급격하게 늘었다. 한 보도는 이 지역에서 39개로 확인됐던 수용소의 수가 2017년 4월에서 2018년 8월 사이에 세 배 늘었다고 추정했다.[68]

위구르인들에 대한 탄압은 신장에서 폭발물과 칼에 의한 잇단 테러를 불러왔다. 가장 대표적인 것이 2009년에 일어난 연쇄 테러다. 깜짝 놀란 중국 정부는 진압에 나섰다. 시진핑은 2014년에 이렇게 말했다.

"테러리스트들을 거리에서 쥐 몰듯 몰아야 합니다. 모두 함께 '잡아라!' 하고 고함을 지르면서요."[69] (이 말은 마오쩌둥의 글에 나오는 "늙은 쥐가 거리를 지나가면 다 함께 소리치며 때려잡아야 한다"라는 말을 원용한 것이다. ─옮긴이)

신장의 한 고위관료는 우루무치에서 열린 테러를 규탄하는 군중집회에서, 테러리스트들은 장전된 총이든 칼집에서 뽑은 칼이든, 필요하다면 맨주먹으로라도 죽여야 한다고 말했다.[70]

신장의 안전을 정책의 최우선순위에 두고 있다는 것은 천취안궈 陳全國를 신장위구르자치구 당서기(사실상 자치구의 수장이다)로 임명한 데서 분명히 드러난다. 천취안궈는 떠오르는 별이다. 그는 티베트에서 비타협적인 전략을 선보여 시진핑의 관심을 끌었고, 그의 탄복과 신뢰를 이끌어냈다.

2016년 8월 신장에 도착한 지 1년 만에 그는 9만여 명의 새로운 경찰과 보안 관련 인력을 모집했다. 놀라울 정도의 증원이었고, 단호한 의지 표명이었다.[71] 위구르인들이 박해의 주된 목표가 되기는 했지만, 다른 소수민족들 역시 대상이었다. 신장에 공부하러 온 타지크인들의 라마단 금식도 공식적으로 금지됐다. 중국의 다른 지역에서는 그런 금지 조치가 없었다.[72] 중국 서부에 살고 있는 일부 카자흐인들은 더 심한 일을 당했다고 주장한다. 재교육영에서의 일과 얼음이 언 깊은 우물에 갇혔던 일에 대한 보도가 나왔다. 한 사람은 이렇게 말했다.

"지옥 같았어요."[73]

이런 수단들은 모두 중국 지도부가 말하는 서부 변경 둘레에 치는 '강철 장성'의 일환이다.

"모든 민족집단의 사람들에게 당의 보살핌과 모국의 따뜻함을 느끼게 해야 합니다."[74]

시진핑은 그것이 필수적이라고 말했다. 다른 사람들은 이것을 "오늘날 세계 최대의 소수계 주민 대량 투옥"[75]이라고 불렀다.

아프가니스탄의 불안정에 대한 우려 역시 중국이 변경을 강화하는 이유 중 하나다. 중국, 아프가니스탄, 타지키스탄, 파키스탄의 사각협력조정기구(QCCM) 같은 사업을 통해서, 그리고 이웃 나라들에 있는 국경 수비대들의 지원과 훈련을 통해서다. 중국군 역시 국경의 양쪽에서 역할을 하기 시작한 것으로 보인다. 승인받지 않은 사람과 물건 등의 이동을 막기 위한 노력의 일환이다. 물론 사상의 이동도 포함한다.[76] 이 지역에서 무슨 일이 일어나고 있는지를 자세히 아는 것은 결코 간단한 일이 아니다.[77]

중국이 바로 아프가니스탄에서 더 적극적인 역할을 하기 시작했다는 것 역시 주목할 만하다. 탈레반과 대화 채널을 열었고, 지도급 인사들을 베이징으로 초청해 대화를 나누었다. 일부 보도에 따르면, 중국은 전쟁이 끝난 후 아프가니스탄의 미래를 계획하는 작업에 깊숙이 관여하고 있을 뿐만 아니라, 전쟁으로 피폐해진 이 나라를 회복시킬 합의에 도달하기 위한 조건을 제공하려는 노력에서도 다른 나라(특히 미국)보다 더 나은 진척을 보이고 있다는 것이다.[78]

이것이 이 지역이 더욱 긴밀하게 엮여가고 있는 징표라면, 유대를 가능케 하고 강화하는 데 필요한 평화적인 조건을 확보하기 위한 좀 더 실질적인 조치들 역시 마찬가지일 것이다. 일대일로에 포함되는 인력과 투자물에 안전을 제공하는 일 또한 진전되고 있다. 파키스탄의 경우 2017년 발루치스탄에서 두 명의 교사가 납치·살해된 사건이 일어나 세간의 이목을 끈 후 1만 5000명의 강력한 파키스탄 군부대가 새로 만들어졌다. 이들은 중국-파키스탄 경제회랑을 보호하고, 도

로·철도·발전소 건설 등의 사업에 도급업자로 일하는 중국인들을 지키게 된다.[79]

*

중국의 국가안보상의 이익에 대한 인식이 확대되면서 이것이 남중국해와 그 너머 지역들을 개발하는 데 중요한 역할을 하게 됐다. 2013년 준설선들이 새로운 인공 섬 몇 개를 만들기 시작했다. 군사기지로 쓰일 수 있는 곳들이다. 이런 조치들은 이 지역의 다른 나라들로부터 상당한 우려를 자아냈다. 필리핀이 중국의 이런 행위가 유엔해양법협약(UNCLOS) 위반이라고 문제를 제기하자, 상설중재재판소(PCA)는 2016년 중국이 역사적 권리를 주장할 법적 기반이 없다고 판결했다. 또한 협약에서 정한 의무의 위반도 몇 건 발견됐다. 재판소는 또한 중국이 필리핀의 행위를 받아들이거나 참여하기를 거부하더라도 재판소가 그 결론을 내리는 데는 지장이 없다고 밝혔다. 근거는 협약의 '부록 VII' 규정이었다.

"한쪽이 참석하지 않거나 한쪽이 자신의 입장을 변호하지 않더라도 소송 절차의 진행에는 지장을 주지 않는다."[80]

중국이 상설중재재판소의 결정을 받아들이기를 거부하자 이 일대의 긴장이 높아졌다. 특히 인공 섬들에 계속해서 군비를 확충하고 비행기 착륙장과 격납고, 지하 연료 저장소, 막사 등을 건설했기 때문이다. 또 전파 방해 장치와 수중 감지 장치를 설치했다. 이어 2018년 봄에는 대함對艦 순항미사일과 장거리 지대공 미사일을 배치했다. 이는 남중국해를 중국이 추구하는 전략 노선인 '개입 저지 및 진입 거부

전략(A2/AD)'의 지역으로 바꿔가는 과정에서 장족의 발전이었다. 이 전략에서 군사적 경쟁자들(특히 미국 해군)은 이 지역 내에서 행동의 자유를 심하게 방해받거나, 아니면 아예 들어가지 못하게 된다.[81]

이런 군비 확충은 예컨대 베트남 같은 나라에 불안감을 야기했다. 베트남은 파라셀제도(중국에서는 시사西沙 군도, 베트남에서는 호앙사黃沙 군도라고 부른다 — 옮긴이)를 자기네 영토라고 주장하고 있는데, 이 작은 군도는 현재 중국이 점령하고 있다. 이곳에서 중국 폭격기들이 착륙 훈련을 하자 "중국은 이런 행위를 즉각 중단하고 군비 확충을 중단하며 호앙사군도에 대한 베트남의 주권을 진심으로 존중하라"[82]는 공식 요구가 나왔다.

이는 필리핀도 마찬가지였다. 로드리고 두테르테 정부는 폭격기의 출현에 대해 "적절한 외교적 조치"를 취했다. 그러나 "우리를 해치려고 하는 어떤 공격자라도 적어도 코피를 터뜨릴 수 있는" 보다 직접적인 조치를 요구하는 중진 정치인들의 요구는 거부했다.[83]

중국의 입장에서 보자면, 이 제도의 요새화는 방어망 갖추기의 일환이다. 이 방어망은 중국의 입지를 높인다기보다는 보호하는 데 필수적이다. 남중국해는 너무도 중요해서, 2014년에 당시 척 헤이글 미국 국방부 장관은 이곳이 바로 "아시아-태평양의 펄떡이는 심장이며 지구촌 경제의 한 교차로"[84]라고 단언했다. 이것은 조심스러운 표현이다. 세계 상선의 절반(용적 톤수 기준)이 남중국해를 지나간다는 많은 평론가들의 주장은 과장일 수 있지만, 그럼에도 불구하고 그 물동량은 엄청나다.[85] 이 해로는 중국 전체 무역의 거의 40퍼센트와 함께 인도 상품 무역의 거의 3분의 1(가격 기준), 브라질 무역의 거의 4분의 1, 그리고 영국·이탈리아·독일 무역의 10퍼센트 정도를 실어 나른다.[86]

이곳은 지구촌 경제의 '한' 교차로가 아니다. 바로 지구촌 경제의 '대표적인' 교차로다.

이 사실이 결국 이 바다를 장악하는 것이 중국에게 왜 그렇게 중요한지를 설명해준다면, 중국 원유 수입 물량의 거의 대부분이 말라카해협을 통과하는 해로를 통해 들어온다는 사실 역시 마찬가지일 것이다. 물론 인도네시아 쪽의 순다해협과 롬복해협을 통과하는 길도 있기는 하지만, 이것이 태평양과 인도양 사이의 가장 짧고 가장 경제적인 경로다.[87] 중국은 자기네가 일반적으로 해상 운송에, 구체적으로는 남중국해로 들어오는 길목을 통제하는 병목 지점에 크게 의존해야 하는 전략적 취약성을 잘 알고 있다. 10여 년 전에 한 중국 신문은 이렇게 썼다.

누구든 말라카해협을 장악하는 자가 중국의 에너지 획득 통로의 목줄을 쥐게 될 것이라는 말은 결코 과장이 아니다.

이때는 중국 지도부가 이미 "어떤 주요 강대국들"이 이 해협을 장악하고 이를 통해 중국을 통제하려 한다는 불안감을 표명한 뒤였다.[88]

중국의 입장에서 남중국해를 지키는 것은 새로 등장한 군사적·정치적 강국임을 과시하는 문제나 심지어 국가 안보 문제에 그치는 것이 아니다. 그보다 훨씬 더 중대한 문제다. 중국의 현재와 미래는 자국에 필요한 것을 안전하고 확실하고 방해 없이 얻을 수 있도록 보장할 수 있느냐에 달려 있는 것이다. 그리고 중국의 경제 성장을 통제하거나 위축시키려는 자들이, 중국이 세계의 다른 지역에 있는 시장으로 드나드는 통로를 위협할 수 없도록 확실하게 보장하는 데 달려 있는 것이다.

이는 중국이 동중국해의 센카쿠제도(중국명은 댜오위타이열서釣魚臺列嶼―옮긴이)를 둘러싸고 점점 더 팽팽한 대치국면으로 끌려들어가는 이유이기도 하다. 일본이 이곳의 시설을 개선하려는 계획을 세우자 중국은 일본이 섬들을 점령하고 있는 현상 자체에 도전하려 했다. 이전에 사람이 살지 않던 섬에 시설을 지으려는 일본의 계획에 대해 중국 인민해방군 내부 출판물의 한 기사는 "인근 해양을 통제하고 자기네 생활공간을 확장"하려는 계획의 일환이라고 썼다. 그러나 이는 다른 곳에서의 중국의 행위와는 비교될 수 없다고 이 필자는 썼다. 중국의 목적은 "우리의 주권과 영토의 통합을 지키기 위한"[89] 것이기 때문이다. 일본군이 센카쿠제도 같은 멀리 떨어진 섬들을 보호하기 위해 초음속 '활공폭탄'을 개발한다는 사실은 이 지역에 얼마나 많은 것이 걸려 있는지를 보여준다.[90]

*

남중국해와 동중국해에서 보여주는 중국의 행동은 또한 새로운 운송로를 열어 이를 다양화하려는 더 큰 그림의 일부이기도 하다. 이는 새로운 실크로드를 이리저리 누비는 화물열차와 고속철도 노선 및 도로 개설에 투자를 쏟아붓는 이유를 설명해준다. 또한 상품과 물자들이 이 나라에 들어오고 나가는 또 다른 통로를 제공할 수 있는 새로운 출입 지점을 건설하는 일도 마찬가지다. 가장 분명한 사례는 파키스탄 해안의 과다르다. 이곳은 시간이 지나면 주요 화물 집산지이자 관문이며 새로운 세계의 창이 될 수 있는 잠재력을 지닌 곳이다. 75년 전 상하이가 아직 역사가 짧은 도시였던 시절에 그곳은 동방의 파리, 서방의 뉴욕으로 불렸다.[91] 과다르는 상하이와 같은 운명을 타고났는지도 모르며, 먼 훗날 중국을 다른 세계와 연결하는 접속점이자 관문인 새로운 상하이가 될지도 모른다.

비전은 그저 파키스탄 같은 이웃 나라들과 새로운 관계를 맺는 것을 넘어서 더욱 광범위하고 야심차다. 중국이 만들어온 연결망은 태평양과 인도양 연안, 그리고 아프리카 깊숙이까지 뻗어 있기 때문이다. 융자와 무상원조, 장기 임대 등을 통해 몰디브, 스리랑카, 바누아투, 솔로몬제도, 지부티의 여러 항구들이 중국의 직접 통제 아래 들어가거나, 정부가 지배하고 있는 회사들로부터 많은 돈을 끌어다 쓰고 있다.

앞으로 보겠지만, 대규모 사업(때로는 장기적으로 이익을 가져다주는지도 애매할 때가 있다)에 대한 대량 투자를 감당하기 어려운 나라들에서 과중한 부채는, 중국의 적극적인 원조 뒤에 정확하게 어떤 동기가 도사리고 있는지에 대한 경고음을 울리고 있다.

아마도 가장 두드러진 사례는 스리랑카의 함반토바 항구일 것이다. 이 항구는 건설되자마자 공사비 상환 불능 상태에 빠졌다. 결국 해법은 중국의 한 기업에 99년 동안 임대하는 것이었고, 이는 많은 평론가들에게 새로운 형태의 제국주의의 사례로 여겨졌다. 그리고 역사가들은 19세기에 영국이 홍콩 같은 항구들의 통제권을 손에 넣은 방식을 떠올렸다.[92]

중국이 제공하는 돈은 무상원조가 거의 없었고, 통상 좋은 금리로 제공되지도 않았다. 따라서 이런 측면에서 일대일로는 이웃 나라들의 삶의 질을 개선하고 실크로드에 새로운 숨결을 불어넣는 자애로운 계획이라기보다는, 주주들(그리고 국가)의 이윤을 챙겨주기 위해 설계된 금융상품의 성격이 강한 것으로 보인다.

중국의 이익 확대는 융자만을 통한 것이 아니다. 광범위한 연합 전략의 하나로 보이는 매수를 통하기도 한다. 예를 들어 중국의 기업들은 에스파냐, 이탈리아, 벨기에의 해운 터미널들을 인수했다. 전체를 다 사기도 하고 일부를 사기도 했다.[93] 2016년에 중국원양운수(COSCO)는 그리스 항구 피레아스의 통제권을 장악했다. 나중에 6억 2000만 달러를 추가로 투입해 조선소를 확정하고 개선한다는 계획을 밝혔다.[94] 그 사이에 중국원양운수는 홍콩의 둥팡해외컨테이너해운공사東方海外貨櫃航運公司(OOCL)를 사들여 세계 최대급의 컨테이너 운반선 회사가 됐다. 고작 10여 년 전에 설립된 회사로서는 인상적인 발전이다.[95]

*

중국의 관심이 유럽으로 확대된 것은 아프리카에서도 반복됐다. 그곳에서의 광범위한 활동은 일대일로 정책이 발표되기 훨씬 전으로 거슬러 올라간다. 2000년에서 2014년 사이에 약 200억 달러의 자금이 아프리카 일대의 도로와 철도 건설에 투자됐다. 그리고 거의 비슷한 규모의 자금이 발전소와 전력망, 관로 설치에 투자됐다. 한 평론가의 말대로 "중국의 융자가 이 대륙을 건설하고 있는"[96] 상황이었다.

어떤 면에서는 중국의 아프리카에 대한 투자가 다른 나라들의 투자를 초라해 보이게 만든다는 생각도 든다. 바로 중국이 부추기고 있다고 때로 느끼게 하는 내용이다. 실제로 최근의 한 보고서는 이렇게 말한다.

중국이 엄청난 양의 자금을 제공하고 대륙 전체를 사들이고 있다는
생각은 정확한 것이 아니다.

아프리카에서 영업을 하고 있는 중국 회사들은 중국 도급업자들
하고만 일을 한다는 것도 사실이 아니라는 것이다. 이것 역시 일반적
인 생각이고 많이 인용된 비판이었다. 그럼에도 불구하고 지금이 실질
적이고 의미 있는 중국-아프리카 관계가 이루어지고 있는 새로운 시
대라는 데는 의문의 여지가 있을 수 없다.[97]

시진핑은 2018년 베이징에서 열린 중국-아프리카 협력포럼(FOCAC)
정상회담에서, 중국은 아프리카와의 관계에 관해서는 '5불五不' 방침을
따를 것이라고 말했다.

아프리카 국가들이 자기네 나라의 상황에 맞는 발전을 추구하는 데
간섭하지 않을 것이고, 아프리카 국가들의 국내 문제에 관여하지 않
을 것입니다. 우리의 생각을 아프리카 국가들에 강요하지 않을 것이
고, 아프리카에 대한 원조에 정치적인 조건을 달지 않을 것이고, 아프
리카와의 투자 및 금융 협력에서 정치적인 이익을 추구하지 않을 것
입니다. (…) 중국은 영원히 아프리카의 좋은 친구, 좋은 동반자, 좋은
형제가 될 것입니다.[98]

중국의 관심은 1999년부터 2007년까지 나이지리아 대통령을 지
낸 올루세군 오바산조 같은 사람들로부터 환영을 받았다. 그는 중국

이 아프리카 국가들에게 좋은 생각을 일깨워주는 상대라고 말했다. 그는 2018년 저장浙江대학 연설에서 이렇게 말했다.

"중국은 가난에서 벗어나는 데서 엄청난 성공을 거두었습니다. 중국은 배우고자 하는 발전도상국이라면 어느 나라라도 배워야 하는 교훈을 가르쳐주었습니다."

아프리카 국가들은 이 교훈을 새김과 동시에, "전략적 관계와 우의"를 통해 도움을 받을 수 있다고 그는 덧붙였다. 이는 관계된 모든 나라에 큰 이익이 될 것이라고 했다. 오바산조는 이렇게 말했다.

"나는 아프리카에게 중국이 필요하고, 정말로 아시아가 필요하다는 것을 추호도 의심하지 않습니다. 그들이 우리를 필요로 하듯이 말입니다."

그는 중국이 다음으로 해야 하는 일 가운데 가장 좋은 것에 대해 개인적으로 권고했다. 다음 10년 동안 아프리카 국가들에 1000억 달러를 제공하는 것이었다.[99]

카리브해 지역과 중앙아메리카, 남아메리카에서도 사정은 비슷하다. 중국은 여러 가지 사업에서 중요한 역할을 하고 있다. 역시 기반 시설과 관련된 일이 중심이지만, 에너지 분야도 많다. 일부의 추산에 따르면, 지난 15년에 걸쳐 2200억 달러 이상의 융자가 라틴아메리카와 카리브해 지역의 나라들에 제공됐다.[100] 최근 베네수엘라에 제공한 50억 달러의 융자는 제외한 것이다. 베네수엘라는 석유는 많지만 재정난에 처해 허우적거리고 있는데, 연간 물가상승률이 2018년 6월에 2만 4000퍼센트에 달했다.[101] 베네수엘라는 파산을 면하기 위해 비상자금이 필요해지자 중국에 지원을 요청했는데, 다른 곳에 손을 벌릴 데가 없다는 것도 한 가지 이유였다.[102] 파산 위기에 처한 나라를 구제했다

는 것은 중국이 자기네가 원하는 것을 얻기 위해 얼마나 열심인지를
잘 보여준다. 베네수엘라는 매일 70만 배럴가량의 석유를 중국으로 실
어 보낸다.[103]

*

중국은 2008년 정책 보고서를 발표한 이후 남아메리카에서 매
우 활발하게 움직였다. 보고서는 이 지역의 "풍부한 자원"에 주목했지
만, 라틴아메리카와 카리브해 지역 역시 자기네와 "비슷한 발전 단계"
에 있고 비슷한 도전과 어려움에 처해 있다고 보았다. 이것이 "상생의
결과"와 더 높은 수준의 경제 협력에 대한 공통의 욕구를 뒷받침했으
며, 10년 사이에 무역이 두 배로 늘어나고 2015년에는 중국이 남아메
리카의 최대 무역 상대국이 됐다.[104]

이 지역의 나라들은 또한 이들과 연관된 중국의 비전의 일부가
된다. 우리는 엄청난 변화의 시대에 살고 있고, 라틴아메리카·카리
브국가공동체(CELAC) 회원국들인 33개 국가 지도자들의 회담에 보
내는 메시지에서 시진핑 주석은 말했다. 미래를 준비하기 위해 애쓰
는 것은 당연한 일이다. 그는 기회와 도전을 가장 잘 이용하기 위해
CELAC 회원국들에게 초청장을 보내 일대일로 계획에 공식적으로 참
여할 기회를 제공하게 된 것을 기쁘게 생각한다고 말했다.[105]

다시 말해서 실크로드는 어느 곳에나 있다는 말이다. 중앙아시
아에만 있는 것이 아니라 아시아·아프리카·유럽과 남·북아메리카 곳
곳에 있다. 공항의 광고들은 일대일로 구상을 찬양하고 있다. 투자은
행들은 새로운 실크로드의 도전과 기회에 관해 보고서를 쓰고 회의를

주최한다. 신문과 언론매체들은 21세기에 형성되고 재형성되는 신·구 연결망이 주는 동기부여와 영향에 관한 글들을 내보낸다. 한때 모든 길은 로마로 통했다. 오늘날에는 모든 길이 베이징으로 통한다.

사실 더 나아가는 것도 가능하다. 오늘날의 세계에서 우리는 워싱턴, 런던, 브뤼셀에서 어떤 일이 진행되고 있는가가 중요하다고 생각하지만, 새로운 세계가 형성되고 있다. 이 세계는 빠르게 변화하는 세계이며, 이 세계는 교역이 활발하게 이루어지는 세계이며, 이 세계는 막대한 투자에 의해서만이 아니라 내일은 오늘보다 나을 것이라는 공유된 믿음에 의해서도 활기를 띠는 세계다. 과거의 실크로드에 대한 이야기는 여러 민족과 문화를 한데 묶는 공통의 서사를 제공하는 데 유익하다. 그러나 미래의 실크로드를 만들어내기 위해 실질적인 단계를 밟아나가는 것 역시 마찬가지다.

여기에는 인공지능, 나노 기술, 양자量子 컴퓨터 사용을 모색하는 계획도 포함된다. 아시아 도시의 높은 인구 밀도로 인한 문제를 해결하고자 하는 노력의 일환인 스마트시티를 만드는 데 도움을 주기 위한 것이다. 대기 오염물질과 가스를 하루에도 여러 차례씩 측정하는 데 빅데이터와 위성사진을 이용할 수도 있다. 그리고 지진과 자연재해가 자주 일어나는 아시아 중심부 일대의 재난위기 경감에 관한 연구도 있다. 이는 중국이 주도하는 '디지털 일대일로(DBAR)' 과학 프로그램의 추진으로 이어졌다. 이 프로그램은 지구관측(EO) 과학기술과 지구 빅데이터를 이용해 다음과 같은 일들을 돕게 된다.

기반시설 개선
환경 보호

재난위기 경감

수자원 관리

도시 개발

식품 안전

연안 지역 관리

자연유산 및 문화유산의 보존·관리

다시 말해서 그 목표는 데이터를, 관계를 개선하고 지속가능성을 제고하며 실크로드 일대에서 발생하는 위기에 대응하는 데 쓰려는 것이다.[106]

*

많은 사람들은 일대일로 계획에 대해, 공표된 목표와 주장된 그 결과에 대해 확신하지 못하고 있다. 또한 일부에서는 여러 가지 사업에 제공하겠다고 한 1조 달러 가까운 돈과 실제로 약정하거나 지급한 액수를 구별해야 한다고 주장한다. 물론 후자 역시 수천억 달러로 집계된다는 것은 인정하지만 말이다.[107] 우선 대규모 건설 사업과 광물 채취, 수송망 확대에 수반되는 환경에 대한 우려가 있다. 이런 문제에 대한 이해가 부족하고 아직 연구도 덜 돼 있어 이것이 중대한 의미를 지니게 될 듯하다.[108] 그리고 현지 지배자들이 이를 자기네 욕심을 채우는 기회로 삼을 우려가 있다. 이는 결국 대중의 빚으로 돌아가고, 그들은 그 빚을 갚을 희망도 없다.[109]

또한 일대일로 구상이 정확하게 무엇인지 짐작하기가 쉽지 않다.

그것은 "놀랄 만큼 애매모호"하다고, 이 문제에 정통한 학자 조너선 힐먼Jonathan Hillman은 지적했다. 그는 또한 공식 계획과 발표와 현장의 사업 시행 사이의 불일치에 대해서도 강조했다. 그는 이렇게 말한다.

"언제나 그 일을 할 수 없는 곳에 지시를 내릴 위험성이 있다. 계획적으로 말이다."

힐먼은 또한 중복과 비효율에 대해, 그리고 일관성 있는 종합계획의 일부가 되는 것은 고사하고 그것과의 연관성이 거의 없는 사업들에 대한 마구잡이 자금 지원에 대해서도 주의를 환기했다.[110]

일대일로는 한편으로 매우 야심차고 모든 곳을 대상으로 하고 있으며, 다른 한편으로 그 목적과 목표를 판단하는 데서 명백한 모순이 있기 때문에 많은 평론가들은 당혹스러워했다. 그들은 많은 개별 사업들의 상업 논리가 부족함을 지적했으며, 전반적인 계획의 실현 가능성에 대해서도 의문을 표시했다. 하버드대학의 조지프 나이Joseph Nye는 이 계획이 "투자의 불길보다는 홍보의 연기를 피우는 데 치중된" 것이 아닌지 의문을 표시했다. 그러고는 중국의 동기가 자국이나 이웃 나라들의 생활수준 향상을 돕는 데 초점을 맞추기보다는 저수익인 미국 국채보다 더 나은 수익을 낼 수 있는 투자처를 찾으려는 욕망에 더 맞추어져 있음을 시사했다. 중국은 미국 국채를 1조 달러 이상 보유하고 있다.[111]

그러나 중국 관리들 스스로도 파키스탄에 투자된 돈의 80퍼센트, 미얀마에 투자된 금액의 절반, 그리고 중앙아시아에 쏟아부은 돈의 3분의 1 이상은 아마도 손실이 날 것임을 인식하고 있다.[112] 당연히 이는 일대일로를 통한 중국의 장기적인 목표가 무엇인지, 그리고 상업적으로 현실성이 없거나 지나치게 낙관적이거나 일방적인(어쩌면 그 셋 모두인) 계획에 투자한다는 결정을 어떻게 이해해야 가장 그럴듯한지에 대한 토론을 불러일으켰다.

다른 사람들은 이 계획이 '상생'의 시나리오가 아니라고 비판한다. 이 계획은 중국 기업들이 상대방과 함께가 아니라 상대방의 희생 아래 돈을 벌게 한다는 것이다. 일부에서 지적했듯이, 중국이 자금을 지원하는 일대일로 사업의 89퍼센트는 중국의 도급업자들에게 돌아갔다.[113]

"자기네 물건을 파는 겁니다."

2017년 베이징 포럼에서 익명을 요구한 한 유럽연합 관계자는 이렇게 말했다. 이때 프랑스 대사관은 성명을 발표하여 실크로드 일대의 건설 사업에서 투명성이 부족하고 "공개적이고 원칙에 근거한 경쟁 입찰"에 관심을 기울이지 않는 것에 대해 불만을 표시했다.[114]

또한 많은 융자를 받은 나라들 가운데 상당수가 사업 관행이 나쁘기로 악명이 높다는 사실도 우려의 요소가 되고 있다. 이런 나라들은 정부에 반대하거나 영향력 있는 정책 결정자들을 방해하는 사람들을 탄압하기도 한다. 전 미국 국무부 장관 렉스 틸러슨Rex Tillerson은 장관 시절 이렇게 말했다.

우리는 아프리카 나라들과, 장기적인 안전과 발전이라는 목표를 이루기 위해 좋은 정치를 권장하며 협력하고 있습니다. 이는 중국의 접근과는 정반대입니다. 그들은 불투명한 계약과 약탈적인 대출 관행, 나라를 빚의 수렁에 빠뜨리는 부패한 거래를 통해 의존성을 부추깁니다. (…) 중국의 투자가 아프리카의 기반시설 부족을 해결할 잠재력을 가진 것은 사실이지만, 그렇게 접근한다면 대부분의 나라에서 부채는

늘어나고 일자리는 있더라도 얼마 되지 않을 것입니다.[115]

이러한 비판은 통렬한 반응을 불러왔다. 짐바브웨의 중립적인 신문《뉴스 데이》는 중국이 과도한 부채 수준과 형편없는 사업 관행, 정부의 부패를 눈감아주고 있다는 기사를 내보냈다. 그러자 하라레 주재 중국대사관은 성명을 내고 '중상모략'적인 기사라며 비난을 퍼부었다. 그러고는 이렇게 지적했다.

"중국과 짐바브웨는 좋을 때나 궂을 때나 함께하는 좋은 친구, 좋은 동반자, 좋은 형제입니다."

중국 정부는 그저 짐바브웨·아프리카민족연맹-애국전선(ZANU-PF) 정부를 지지하고자 했을 뿐이었다. 이 정부는 "짐바브웨 인민들에 의해 선출되고 아프리카와 세계 여러 나라로부터 승인받은" 정부이기 때문이다. 틀림없이 중국이 "짐바브웨 정부와 친하게 교류하고 상생 협력을 하는 것은 비판받을 일이 아니"[116]었다. 이런 논평은 중국이 자기네의 공개적인 국제관계 활동에 대해, 자국의 이익을 눈에 띄게 하지 않고 스스로를 민주주의의(그리고 현지 주민들의) 수호자로 내세우는 방식으로 규정짓고 있음을 보여준다.

공교롭게도 로버트 무가베가 37년 동안의 독재 끝에 마침내 권좌에서 쫓겨나자 많은 전문가들은 무가베 정권 아래서 중국이 핵심적인 역할을 했다고 생각했다. 무가베는 권좌에 있는 동안 미국 외교관들의 추산으로 10억 달러 이상에 달하는 재산을 축적했으며, 짐바브웨를 할퀸 인권 탄압은 말할 것도 없고, 심지어 그의 아내는 박사 과정에 등록한 지 불과 두 달 만에 학위를 받기도 했다.[117]

그러나 중국은 더 점진적인 방식으로 친선을 꾀하는 데에도 세심한 주의를 기울여왔다. 농업 개발사업을 약속하고, 비상식량 원조 계획에 자금을 대기로 했으며, 이 지역의 위기를 완화하기 위한 아프리카대기군(ASF)의 창설을 돕기 위해 자금을 댔다.[118] 3만 명의 아프리카 학생들에게 장학금을 주겠다는 계획은 당연히 인기를 끌었고 우호 증진을 위해 중국이 장기적으로 헌신하겠다는 징표로 받아들여졌다. 15년도 되지 않아 중국에서 공부하는 아프리카 학생 수가 스물여섯 배로 늘었다. 이에 따라 이제는 더 많은 아프리카 출신의 영어 사용 학생들이 영국이나 미국으로 가는 대신 중국에서 학위 과정을 밟고 있다.[119]

*

그러한 조치들을 지켜보는 일부 사람들은 이제 미국으로부터의 '원조' 너머를 볼 때라고 확신하게 됐다. 그 원조는 "이타적인 자선"의 표현이기보다는 현지 주민들에 대한 착취를 은폐하는 것이었다. 그리고 미국 기업들에게 보조금을 주는 한 방법이었다.[120]

미국이 자기네가 폭력에 말려드는 것을 막기 위해 1990년대에 벨기에로 하여금 르완다에서 유엔평화유지군을 철수하도록 요구했음을 보여주는 문서가 공개된 것은 가까운 과거의 일조차도 서방의 행동을 좋게 볼 수는 없게 만들었다. 유럽 국가들이 아프리카의 90퍼센트를 지배했던 100년 전 제국주의 시대의 일은 말할 것도 없다. 한 유력 평론가에 따르면 미국의 결정은 "르완다에서의 위기가 통제권 밖으로 빠져나가도록 사실상 보장"[121]했다. 그 결과로 80만 명의 인명이 희생됐고, 400만 명이 살던 곳을 떠났다. 이는 리더십을 발휘하는 이야기를 하면서 신뢰성을 유지하는 일이 얼마나 어려운지를 보여준다. 그리고 아프리카에서의(다른 곳도 마찬가지지만) 미국의 역할에 대한 비판이 그저 과장된 이야기에 근거한 것이 아니라 사실에 근거한 것임도 보여준다.[122]

여기에 동반되는 것이 서방에서 세계 안정의 초석이라고 생각했던, 원칙을 바탕으로 하는 국제질서에 대한 비판의 증가다. 세계의 다른 곳에서는 그것이 이제 점점 더 서방 '클럽'으로 불린다. "시장 접근, 원조와 투자, 안보우산 제공 같은" 혜택은 선진국들에 의해 "선택적으로, 그리고 조건부로 제공"되고, 중국·인도와 다른 나라들은 배제되거나 주변부에서만 연결된다. 일부 발전도상국은 가난한 나라를 제물 삼아 부자나라의 이익을 보호하는, 그러면서 부자나라가 가난한 나라를 향해 잘난 체하는 시스템에서 간단히 배제됐다.[123] 그러한 목소리는 변두리였고, 상대적으로 드물었다. 그러나 그들은 숫자와 덩치를 키워가고 있었다. 그리고 다른 곳의 문이 닫혀 있을 때 중국이 자기네 문을 열고 있음을 자각(실제로든 또는 그 반대든)한 때문이었다.

그럼에도 불구하고 많은 사람들은 중국의 관심이라는 찬란한 빛이 있지만 어둠이 찾아올 수 있다는 사실을 잘 알고 있다는 것 역시 사실이다. 대출의 수혜자들은 또한 예컨대 기회가 양쪽에 모두 적용되지는 않음에 주목한다. 케냐의 우후루 케냐타 대통령은 어떻게 하면 "케냐의 상품이 중국 시장에 뚫고 들어갈" 수 있는지를 알아내는 것이 중요하다고 말했다. 새로운 철로 건설 비용 36억 달러를 갚아야 하는 상황에서 케냐타 같은 지도자들이 국내의 성장을 자극하는 데 도움이 될 시장 접근을 추진하는 것은 당연한 일이다. 케냐타 대통령은 《파이낸셜 타임스》와의 인터뷰에서 이렇게 말했다.

"중국의 상생 전략이 먹히려면 아프리카가 중국을 향해 문을 여는 것과 똑같이 중국도 아프리카에 대해 문을 열어야 합니다."[124]

이러한 우려에 더해, 의무를 이행하고 상환을 관리할 수 있는 능력이 의문시되는 여러 나라 정부들의 채무 상환 불능에 관한 걱정이 있다. 케냐가 바로 그러한 사례다. 새로운 철로 건설 비용과 제안된 시내 고속화도로 건설 비용 때문에 이 나라의 부채가 GDP의 40퍼센트에서 60퍼센트 가까이까지 치솟을 우려가 있다.[125] 이와 비슷한 사례로, 콩고 콜웨지 지역의 광산들에 대한 콩고 정부와 중국 컨소시엄 사이의 단일 협정이 당연히 전문가들의 주목을 끌었다. 그 가치는 승인된 그해 콩고의 연간 전체 예산보다 컸다.[126] 콩고에서의 이 특별한 사업은 계획대로 진행되지 않았고, 이 때문에 일부에서는 "일대일로 거품이 터지기 시작했다"라고 경고하기에 이르렀다.[127]

*

한편 파키스탄, 키르기스스탄, 타지키스탄, 라오스, 몽골 등 여덟 나라는 부채 수준이 매우 심각해, 일부 관측통은 부채를 상환하지 못할 경우 생길 결과에 대해 경고했다.[128] 크리스틴 라가르드 IMF 총재는 2018년 봄 베이징에서 대규모 사업들이 가져다줄 수 있는 잠재적 이익들에 주목하면서도 완곡한 말로 경고를 덧붙였다.

"기업들은 또한 부채가 문제가 될 정도로 늘 수 있으며, 채무 상환액이 늘면 다른 지출을 제약할 가능성이 있고, 국제수지에도 문제를 일으킬 수 있습니다."[129]

이 말은 국가부도 사태가 올 수도 있다는 것이다. 그렇게 되면 채권자들의 처분에 따르는 수밖에 없다.

이미 허약한 경제에 대한 불안을 악화시킬 수 있는 재정 압박은 대형 기반시설 개발에 심각한 우려로 작용할 수 있다. 지역 간의 연결을 원활하게 하고 수송망과 에너지 공급망을 개선하면 장기적으로 분명히 이득이 생길 수 있지만, 이것이 잘못될 경우 안게 될 고통은 심각할 수 있다. 2011년 타지키스탄 정부는 상환하지 못한 부채를 탕감하는 조건으로 수백 제곱킬로미터의 땅을 중국에 양도했다.[130] 많은 사람들은 이 일을, 중국이 자기네 입맛대로 심하게 왜곡된 결과를 만들어내기 위해 그 영향력을 사용할 능력과 의지가 있다는 징표로 보았다.[131]

향후 그렇게 될 가능성이 있는 사례가 다른 곳에도 널려 있다. 중국의 쿤밍昆明과 라오스의 수도 비엔티안을 잇는 철로 건설 비용 70억 달러는 라오스 GDP의 60퍼센트 이상에 해당한다. 이에 따라 부채 수준이 너무 높아 거의 상환하지 못할 지경이라는 경고가 나온다.[132]

이것이 실제로 무엇을 의미하는지에 대해서는 앙골라 신문《이스판상Expansão》1면에 실린 기사에 드러나 있다. 이 나라에는 중국 도급업자들에 의해 거의 4000킬로미터의 철길이 새로 깔리고 수십 군데의 역이 건설되거나 재건됐다. 이 신문의 사설은 빚을 앙골라 국민 전체에게 골고루 나눈다면 2017년 12월 31일 기준 앙골라 국민은 1인당 754달러를 중국에 빚지고 있는 셈이라고 밝혔다. 1인당 연간소득이 고작 6200달러에 불과한 나라에서는 상당한 액수다.[133] 키르기스스탄의 경우는 훨씬 더 엄혹하다. 이 나라의 국가 부채는 1인당 703달러에 해당한다. 이에 비해 1인당 연간소득은 겨우 1000달러다.[134]

키르기스스탄은 일이 잘못될 경우 어떤 사태가 벌어지는지에 대한 유용한 사례를 제공한다. 3억 8600만 달러가 들어간 비슈케크 화력발전소 개선 사업이 바로 그 사례다. 막대한 투자를 한 발전소가 2018년 1월에 고장이 나자 20만 가구의 주민들이 닷새 동안 추위에 떨어야 했다. 당시 기온은 영하 30도까지 떨어졌다. 이 문제로 온 나라가 들끓었다. 초점은 계약이 어떻게 발주됐는지, 고장의 책임은 누구에게 있는지, 중국에서 얻은 융자가 문제를 풀기보다는 더 많은 문제를 만든 것은 아닌지 하는 의문으로 모아졌다.[135]

또 다른 사례는 스리랑카 함반토바에 있는 심해항이다. 13억 달러의 비용을 들여 건설했지만, 그 이용도는 투자의 타당성을 입증할 수 있는 전망치에 훨씬 못 미치는 것으로 나타났다. 2017년 여름 이 항만은 부채를 탕감하는 대가로 중국 기업에 99년간 임대됐다. 이런 해결책은 이 나라에서 정치적 후폭풍을 몰고 왔고, 인도에서도 중국이 인도양 지역으로 전략적·상업적·군사적 팽창을 하고 있는 데 대한 우려를 촉발했다. 다른 나라들에도 사업이 예상한 결과를 내지 못했을 때 닥칠 후과에 대해 분명한 신호를 보냈다.[136] 대출 담보로 잡은 자산을 운용하는 데 관심이 있는 대출자에게 돈을 빌리는 것은 불가피하게 위험을 수반한다. 그런 점을 꼼꼼히 따져야 한다.

스리랑카의 경우에는 함반토바 사업의 악영향이 동시에 건설된 대형 공항인 마탈라 국제공항으로 옮겨 붙었다. 이용 여객에 관한 밝은 전망은 현실로 나타나지 않았다. 스리랑카의 국적 항공사인 스리랑카항공은 이 공항이 상업용 운항을 위해 문을 연 지 2년도 되지 않아 기항을 중단했다. 수요 부족 때문이었다. 예정대로 운항한 다른 유일한 항공사인 두바이의 플라이두바이도 2018년 초여름 운항을 중단해 공항의 장래뿐만 아니라 2억 달러 이상에 달하는 것으로 추산되는 부채 상환에 대해 의문을 불러일으켰다.[137] 인도 정부와 스리랑카 정부 사이에 합작투자에 관한 논의가 진행되고 있는 것은 일차적으로 공항이 중국의 손에 넘어가지 않을까 하는 인도 정부의 우려로 인한 것이었다.[138]

*

인도의 불안감은 부분적으로 중국과의 오랜 경쟁관계와, 1962년 두 나라 사이에 벌어졌던 전쟁의 유산에 근거한 것이었다. 이 때문에 두 나라는 오랫동안 신경질적인 관계를 유지해왔는데, 이것이 최근 들어 더욱 복잡해졌다. 인도 정부는 특이하게도 2017년 5월에 열린 베이징 포럼에 대표단을 보내지 않고, 일대일로 계획에 대해 자주 "분명한 유보"를 강조했다.[139]

2017년 베이징에서 열린 한 대규모 일대일로 포럼 시기에 맞추어 인도 외교부는 다음과 같은 내용의 성명을 발표했다.

"어떤 나라도 주권과 영토 보전이라는 핵심적인 관심사를 무시하는 사업을 받아들일 수 없습니다."

불어닥치는 우려는 카슈미르의 수송망을 개선하는 계획이었다. 인도는 이를 자국의 주권에 대한 도전이자 국가 안보에 대한 위협으로 간주했다. 그러나 중국의 계획에 대한 비판은 이것뿐이 아니었다.

"연계를 맺는 사업계획은 보편적으로 인정되는 국제적 규범, 좋은 정치, 법에 의한 통치, 솔직함, 투명성, 평등성을 바탕으로 해야 합니다."[140]

중국의 계획은 "식민사업이나 다름없다"라고 인도의 한 주요 신문 기고자는 주장했다.[141] 중국 언론의 한 평론가는 말도 안 된다고 응수했다. 중국은 한 번도 식민지 권력을 가져본 적이 없다고 했다.

"과거에 그런 적이 없는데, 왜 지금 그래야 할까?"[142]

인도의 우려를 뒷받침하는 것은 파키스탄에 대한 막대한 투자다. 인도로서는 파키스탄과의 관계가 중국과의 관계보다 더 불편하다. 개선을 제안한 수송로의 한 지선이 분쟁 지역인 카슈미르를 통과한다는 사실은 인도에 상당한 불안감을 불러왔다. 중국 주재 인도 대사 가우탐 밤바왈레Gautam Bambawale는 중국《글로벌 타임스》와의 인터뷰에서 이렇게 말했다.

"중국-파키스탄 경제회랑(CPEC)이 인도가 영유권을 주장하는 영토를 지나갑니다. 따라서 우리의 영토 보전이 침해됐고, 이는 우리에게 중대한 문제입니다."[143]

이것이 우려의 한 가지 원인이지만, 그것 말고도 또 있다. 파키스탄과 중국의 긴밀한 관계는 그 자체로 인도를 위협하는 것이다. 인도는 지난 70년 동안 두 이웃 나라와 툭탁거린 역사를 가지고 있기 때문이다. 중국의 대규모 투자를 받아들인 결과로 파키스탄 경제는 상당히 성장하겠지만, 그것은 그 자체로 문제도 제기한다. 특히 이미 고조된 정치적·군사적·경제적 경쟁이 격화될 전망이다. 실제로 일부에서는 CPEC의 영향으로 파키스탄의 GDP는 연 8퍼센트의 상승률을 보일 것으로 전망하고 있다. 다시 말해 매년 수십억 달러씩 증가한다는 말이다.[144]

중국의 계획과 관련한 문제는 2017년 정점에 이르렀고, 정말 아주 심각한 지경으로 악화될 우려가 있었다. 인도는 중국 도급업자들이 분쟁 지역인 도클람고원으로 가는 도로를 건설하는 것에 대해 재빠르게 대응했다. 이곳은 히말라야산맥의 인도 동북부 시킴주와 부탄·중국이 경계를 맞대고 있다. 이 고원은 '병아리 목'으로 알려진 실리구리 회랑 부근에 있으며, 인도의 동북부 주들과 나머지 지역을 연결하고 있다. 이 때문에 이곳은 "인도 지리에서 엄청나게 취약한 동맥"이라 불리는 지역 가운데 하나다.[145]

2017년 여름 세계 대부분의 지역에서는 미국 대통령의 트위터 계정과 브렉시트를 둘러싼 곡예에 관심이 쏠려 있었다. 이때 지구상에서 가장 인구가 많은 두 나라가 전쟁을 벌일 위험성은 단순한 가능성이 아니라 현실이 돼가고 있는 듯이 보였다. 전선으로 보내진 병사들 사이의 대치는 마침내 임계점을 넘어서, 양측이 사실상의 국경인 실질통제선(LAC) 옆에서 백병전을 벌이게 됐다. 일부에서는 최악의 상황을 예견했다. 인도 태생의 영국 경제학자 메그나드 데사이Meghnad Desai 남작은 이렇게 말했다.

"우리는 한 달 이내에 중국과 전면전을 벌일 수 있었습니다."[146]

실제로는 냉정을 되찾아 불안정한 휴전에 합의했다. 그러나 긴장이 다시 고조되리라는 우려는 인도 참모총장 비핀 라바트Bipin Ravat 장군의 말에서 분명히 나타났다. 그는 도클람 분쟁이 한창일 때, 인도군을 증강해 전시 편제로 바꿀 필요가 있다고 말했다. 그는 "인도와 중국의 국경에서 총알 한 방도 발사되지 않았음"을 알고 있었고 상황을 진정시킬 방법이 있다는 것도 알았지만, 인도가 "2개 반의 전선에서 전쟁을 할 준비가 완전히 되어 있다"는 데는 의문의 여지가 없다고 말했다. 그의 말은 인도군이 중국·파키스탄과 동시에 전쟁을 벌일 준비가 돼 있고, 필요하다면 인도 안에서 시민 불복종과 폭동도 처리할 수

있다는 얘기였다.[147]

　　자주 의견 충돌을 빚었고 본능적으로 불신하고 있는 두 이웃 나라와의 관계를 이야기하면서 인도에서 포위당하는 것에 대한 압박감이 커가고 있다고 얘기하는 것은 지나친 일일지 모른다. 그러나 고위관리들이 대규모 행동을 생각하고 말하고 준비하는 것이 때로는 자성예언自成豫言의 밑자락을 까는 것일 수 있다. 불과 100여 년 전에 꼭 그랬다. 1914년 1차 세계대전에 뛰어들었던 사람들은 자기네가 방어적인 행동을 취하는 것이라고 생각했다.[148]

　　인도 군부의 우려는 카슈미르와 히말라야산맥에서 일어나고 있는 일 때문이기도 하지만, 인도양이 경쟁의 장으로 떠오르고 있다는 사실에도 기인한다. 2016년 여름 파키스탄은 50억 달러를 들여 중국으로부터 개조된 디젤발전 공격형 잠수함 8척을 구입할 것이라고 발표했다. 송급宋級 039형의 경량 수출형일 가능성이 가장 높지만, 더 신형인 원급元級 039A형(041형이라고도 한다) 재래식 공격형 잠수함일 가능성도 있다.[149] 인도로서는 이것도 우려의 대상이지만, 파키스탄이 이미 바부르-3의 시험 발사를 했다는 사실 역시 마찬가지다. 핵탄두를 장착할 수 있는 지상발사 순항미사일(GLCM)인 바부르-2를 잠수함용으로 개조한 것이다.[150]

　　그러나 그것은 단지 그림의 일부일 뿐이다. 파키스탄이 능력과 야망을 키워가고 있는 것에 더해 중국마저도 인도양에서 역시 능력과 야망을 키워가고 있기 때문이다. 파키스탄 정부는 과다르와 그 시설들이 상업용 선적에만 개방되고 중국 해군은 사용할 수 없다고 누누이 말하고 있지만, 인도의 국방 책임자들은 이것이 장래에 변경될 경우 어떻게 대처할 것인지를 고려하기 시작했다. 인도양에 중국 해군 함정이 최소한 8척 이상이 항상 떠다니고 있다는 사실(어떤 경우에는 최고 14척이 순찰하고 있다) 역시 인도군의 고위층에서 주목하고 있다.[151]

걱정거리가 된 것은 중국 군함의 등장만이 아니다. 점점 더 심해지는 대결적 자세 역시 마찬가지다. 인도 해군 대변인은 2018년 2월, 미사일 구축함이 포함된 중국 군함들이 경고 사격과 "전투 훈련"으로 위협받았다는 이야기를 부인해야 했다.[152] 이는 두 나라가 거의 교전할 뻔했다는 것을 한 달 사이에 두 번째로 부인한 것이었다.[153]

도전은 양면성이 있다. 중국은 몰디브에 상당한 관심을 기울였다. 한 평론가의 말대로 "인도양에서 중국의 힘을 과시하기 위한 연쇄적인 군사시설과 경제사업"[154]의 하나로서 말이다. 2018년 봄 몰디브에서 대법원장과 전직 대통령이 체포되고 비상사태가 선포되자 인도가 질서 회복을 위해 군대 파견을 준비하고 있다는 보도가 나왔다. 그러자 중국에서 단호한 경고가 날아왔다.

인도가 일방적으로 몰디브에 군대를 보낸다면 중국은 인도를 제지하기 위해 필요한 조치를 취할 것입니다. 인도는 일방적인 군사적 개입에 대한 중국의 반대를 과소평가해서는 안 될 것입니다.

인도는 자제해야 했다. 자제하지 않는다면 처참한 결과가 있으리라는 것이다.

몰디브에 대한 독단적인 군사 개입은 중지돼야만 합니다.[155]

그리고 인도의 미사일 개발의 결과로 군사적 대치가 거세질 우려가 높아지고 있다. 2018년 초 인도가 대륙간탄도미사일(ICBM) 아그니-V를 노상 이동식 발사대에서 투입 전 시험 발사하는 데 성공하자 중국에 비상이 걸렸다. 중국은 이를 "중국의 안보를 직접적으로 위협"하는 것으로 받아들였다. 이는 놀라운 일이 아니었다. 인도 국방 분석가들 스스로가, 아그니-V는 "5500킬로미터를 너끈히 넘는" 사정거리로 "분명히 남인도에서 중국의 모든 동해안 도시들을 위협할 수 있는 능력을 인도에 부여했다"라고 지적하고 있기 때문이다. "앞으로 수십 년 안에 중국의 탄도탄요격미사일(ABM) 시스템을 뚫어낼 수 있"도록 "다탄두 각개목표설정 재돌입체(MIRV)를 탑재할 사정거리가 더 길고 더 강력한 미사일"을 개발할 필요가 있다는 사실은 새로운 세계가 떠오르면서 얼마나 많은 것이 걸려 있는지를 보여준다.[156]

2018년 3월 인도, 오스트레일리아, 말레이시아, 미얀마, 뉴질랜드, 오만, 캄보디아 등 23개국이 참여한 합동작전은 중국의 단호한 경고를 불러왔다. 중국 정부 대변지인 《글로벌 타임스》는 이런 훈련들이 중국과의 긴장을 악화시킬 것이며, 육상과 해상을 가릴 것 없이 충돌 가능성을 높일 것이라고 경고했다. 참가국들은 중국을 현안의 맨 꼭대기에 올려놓고 "중국을 목표물로 삼는" 연대를 이룰 계획이라는 것이다. 이 훈련 과정에서 "조금이라도 불합리한 도발"이 있으면 중국은 "군사적 대응을 할 준비를 해야 한다"라고 했다.[157]

이런 직설적인 경고는 우리 시대의 허약함을 똑똑하게 보여준다. 도발이 의도적이든 아니든 쉽사리 오해될 수 있고 행동으로 옮겨져 금세 악화될 수 있다는 점을 쉽게 알 수 있다. 또한 이런 서투른 논평이 결국 공통의 이익을 강조함으로써 경쟁자들을 밀어붙여 중국이 자기 멋대로 하기 위해 압력을, 그리고 필요하다면 무력을 사용할 용의가 있다는 우려가 근거 있는 것임을 보여준다는 것을 깨닫는 데는 대단한 통찰력이 필요하지 않다.

*

중국이 점차 야망을 드러내면서 다가오고 있는 것에 대해 어떻게 대처하고 반응하고 이해해야 할지에 대한 우려는, 남아시아와 동남아시아, 그리고 오세아니아와 태평양 지역에서 방위비 지출이 증가하고 있는 이유 가운데 하나다. 이 지역에서 중국이 새로운 공항과 부두와 편의시설을 건설하고 솔로몬제도 및 바누아투에서 더 많은 투자사업을 벌이면서 오스트레일리아를 놀라게 했을 뿐만 아니라, 거기에 어떻게 대응하는 것이 최선인지에 대한 토론으로까지 이어졌다.[158]

일부 정치인들은 다시 비난을 하기 시작했다. 오스트레일리아의 전 국제개발부 장관 콘세타 피에라반티-웰스Concetta Fierravanti-Wells는 중국이 비싸고 "쓸모없는 건물들"과 "목적지도 없는 길들", 그리고 "지을 이유도 없는 무언가"를 짓는 건설사업에 자금을 대고 있다고 말했다. 그러나 더 적극적인 조치도 취해졌다.[159] 여기에는 이 지역에 원조를 늘리고, 값비싼 해저 케이블을 부설하며(중국 도급업자들이 하는 것을 막기 위해서다), 프랑스에서 새 잠수함 12척을 구입하는 380억 달러짜리 거래를 승인한 것 등이 포함된다.[160] 그러한 조치들(작은 무인 비행기 편대에 70억 달러를 지출한다는 결정을 포함해서)은 장래에 중국과 경쟁하기 위해 취해진 것이었다. 크리스토퍼 파인Christopher Pyne 오스트레일리아 국방산업부 장관은 이렇게 말했다.

"우리 구역에서 누가 움직이고 있는지를 알아야 하고, 필요한 경우 어떠한 위협에 대해서도 대응할 능력을 갖추는 것이 매우 중요합니다."[161]

이런 우려가 얼마나 큰지는 또한 뉴질랜드 정부가 2018년 7월에 발표한 전략 방어 정책 성명에서도 볼 수 있다. 문서는 이렇게 말한다.

> 뉴질랜드는 갈수록 복잡해지고 역동적인 국제 안보 환경을 뚫고 나아가고 있다. 우리는 이전에 우리 이웃에서 볼 수 없었던 폭넓고 강력한 여러 가지 도전에 직면할 것이다.[162]

이는 오스트레일리아 및 태평양 지역의 여러 나라들과 새로운 안보협정을 맺자는 제안으로 이어졌다. 대체로 이 지역에서 중국의 활동이 늘어났기 때문에 생긴 일이었다.[163]

*

경쟁은 지부티에서 더 날카롭고 더 즉각적이다. 이곳에서는 여러 현대판 '그레이트 게임' 가운데 하나가 펼쳐지고 있다. 지부티는 '아프리카의 뿔'의 전략적 위치, 아덴만과 홍해(거기서 수에즈운하로 연결된다) 사이의 요충지에 자리 잡고 있어 매년 전 세계 해운 물동량의 30퍼센트가 이곳을 지난다. 100여 년 동안 프랑스의 식민지배를 받았던 지부티에는 1977년 독립 이래 프랑스 군사기지가 자리 잡고 있었다. 프랑스 수비대는 이 나라의 안보를 지키는 역할을 함은 물론, 동아프리카 앞바다에서 해적을 단속하는 순찰도 수행하고 있었다. 2014년에는 프랑스에서 예산 부족으로 병력 수를 절반으로 감축하는 계획이 나왔

다.[164]

그 이후 이 지역은 다른 나라들이 노리는 꿀단지가 됐다. 사우디 아라비아는 지부티에 군사기지를 세우겠다고 제안했다. 지부티의 알리 바흐돈Ali Bahdon 국방부 장관은 그 제안을 환영했다.

"우리는 같은 가치관을 가진 한 민족입니다. 그리고 우리는 같은 과제와 문제를 가지고 있습니다."[165]

터키 역시 이 부근에서 매우 적극적이다. 소말리아 주재 대사관이 터키의 해외 주재공관 가운데 가장 크다는 사실에서 그 점을 분명히 알 수 있다.[166] 터키 역시 이 지역에 군사시설을 짓고 있는데, 소말리아에 기지를 건설하는 계획도 많이 진척됐다.[167]

이는 지부티의 일본 군사시설에서 멀지 않은 곳에 위치할 예정이다(일본 시설은 확장 중이다).[168] 두 시설은 에리트레아 남부 아사브에 아랍에미리트가 건설한 강화된 시설 가까이에 위치하게 된다. 이미 운용 중인 아랍에미리트의 시설에는 코르벳함과 더 큰 해군 항공기가 정박할 수 있고, 공격기와 전차도 수용할 수 있다.[169] 해안을 따라 조금 올라가면 수단 해안의 사와킨에 새로운 해항이 만들어지고 있다. 카타르로부터 40억 달러의 자금을 받아 조성되는 것이다. 이곳이 홍해에서 가장 큰 항구가 될 것이다. 군사 능력 면에서도 가장 큰 곳이 될 것이다.[170]

전략적 위치를 차지하기 위한 아귀다툼은 온갖 참여자들을 끌어들였다. 그중에는 러시아도 있다. 러시아는 소말릴란드와 군사기지 건설을 논의하고 있는 것으로 알려졌다. 두 척의 구축함과 네 척의 호위함, 두 척의 잠수함을 수리하며 수비대를 주둔시킬 수 있는 시설을 포함하는 기지다. 그 대가로 러시아는 소말리아에서 갈라져 나온 이 나라가 소말리아로부터 확실히 독립한 주권국가로서 국제 승인을 받는 것을 도와주는 데 나설 것이 분명하다.[171]

미국에게 이 지역은 중요한 관심 대상이 됐다. 이곳은 이제 미국의 군사와 지역·국제·세계에 관한 정책에서 핵심적인 중요성을 지니게 됐다. 2016년 당시 지부티 주재 대사였던 토머스 켈리Thomas Kelly는 미국이 지부티에 기지를 건설하는 일에 대해 이렇게 말했다.

"전 세계에서 현재 진행 중인 군사시설 건설 공사 가운데 가장 큰 규모입니다. (…) 이것은 우리가 하고 있는 모든 일 가운데 가장 중요한 일입니다."[172]

지부티는 미국의 해외 파병 임무 가운데 핵심적인 역할을 하고 있다. 아프리카에서뿐만이 아니라 유럽과 아시아에서도, 그리고 전 세계적으로도 말이다. 토머스 월드하우저Thomas D. Waldhauser 장군은 2018년 봄 미국 하원 군사위원회에서 이렇게 말했다.

"그것은 우리에게 아주, 아주 중요합니다."[173]

그것은 중국에도 역시 중요해졌다. 중국은 2016년 자기네 해군 기지를 건설하기 시작했다. 지부티 정부가 도랄레 컨테이너부두(DCT) 운영권을 가진 두바이포츠월드와의 계약을 종료시키자(회사 측은 그것을 "억압적이고 이기적인" 조치라고 표현했다), 그 이유가 부두 운영권을 중국에 넘기기 위한 것이었다고 다들 생각했다. 융자에 대한 보상이거나, 아마도 IMF가 말하는 "부채 문제의 위험도 증가"에 직면해 일부 부채를 상환하는 대신이었을 것이다. 부채는 "외부에서 자금을 조달한 대규모 기반시설 사업들" 때문에 2014년 이래 크게 증가했다. 여기서 외부란 거의 대부분이 중국이었다.[174]

중국 군사기지의 목표에 대해 국방부 대변인이 밝힌 공식 입장은 이렇다.

"아덴만과 소말리아 앞바다에 있는 중국 평화유지군과 유엔의 다른 인도적 지원 조직들에 더 원활하게 물자를 공급하고 보호하기 위한 것입니다."

그러나 미국의 군사시설 단지에서 수 킬로미터밖에 떨어지지 않은 곳에 엄중한 방어벽을 갖춘 기지를 건설하는 위성사진을 보면 그 생각을 읽을 수 있다.[175] 그 생각에는 무엇보다도 2015년 중국 국무원이 발간한 국방백서가 말한 "해상에서의 중국의 권리와 이익을 지키기 위한 중국의 장기적인 과제"[176]도 들어 있다. 역사에서 볼 수 있듯이, 경제적·정치적 이익의 확대는 그것을 지키기 위한 조치를 동반한다.

따라서 월드하우저 장군이 말했듯이 미국과 중국 사이에 지부티의 선적 항구 통제권을 둘러싸고 경쟁이 격화된다면 "중대한 결과가 초래될 수 있"지만, 세계 곳곳의 다른 지역에서 비슷한 경쟁관계가 표출되는 것은 불가피해 보인다. 쉬광위徐光裕 중국군비통제해제협회中國軍控與裁軍協會(CACDA) 이사는 이렇게 말한 것으로 보도됐다.

"인민해방군 해군이 전 세계에서 작전 수행하는 것을 돕기 위해 앞으로 더 많은 해외 병참기지가 건설될 것입니다. (…) 인민해방군 해군의 포부를 숨길 필요가 없습니다. 그 포부란 미국 해군과 같은 능력을 갖추어 전 세계에서 여러 가지 작전을 수행하는 것입니다."[177]

*

서아프리카는 이런 일이 어떻게, 어디서 일어나는지에 대한 사례를 보여준다. 작은 나라 상투메프린시페는 상대적으로 덜 주목받는 곳이었다. 적어도 세계은행은 이 나라를 "성장 동력으로 삼을 만한 경제 활동이 전혀 없는" 곳이라고 말하고 있다. 이 나라가 활기가 없고 전망이 보이지 않는다는 사실을 완곡하게 표현한 것이다.[178]

그러나 이 나라는 주목을 받을 요소가 하나 있다. 그 위치가 서아프리카의 전략적·경제적 중추가 될 가능성을 완벽하게 갖추고 있는 것이다. 특히 이 나라는 섬들로 이루어진 규모가 작은 나라인 데다 인구도 적어, 좋은 위치에 자리 잡은 다른 여러 나라들보다 정치적 취약성에 노출될 가능성이 적다. 따라서 당연한 일이겠지만 이 나라는 중국의 관심뿐만이 아니라 대형 투자의 대상이 됐다. 8억 달러의 비용이 들 것으로 추산되는 심해항 공사가 이미 진행되고 있다.[179]

상투메프린시페 개발에 군사적인 요소는 없지만, 전략적으로 중요한 위치에서 친구를 얻는 것은 도움이 되는 일이다. 지금이든 나중에든 말이다. 왕이王毅 중국 외교부장은 세심하게 선택한 용어로 "중국은 모든 나라가 크건 작건 동등한 위치에 서는 것을 지지한다"라고 말했지만, 여기에 더해 추가적인 협력을 제공한 것은 관계를 개선하고 아울러 국제문제의 주류에서 변두리로 밀렸거나 배제됐다고 느끼는 나라에 특히 호소력이 있는 공통의 이야기를 만들어내는 데 중요한 역할을 했다.[180]

이런 접근은 또한 좀 더 직접적인 보상을 가져다줄 수 있다. 상투메프린시페의 경우에 그 보상은 독립국가로서 타이완을 승인했던 것을 철회하고 충성의 대상을 중국 쪽으로 옮긴 것이었다.[181] 이는 파나마에서도 마찬가지였다. 중국 정부와 긴밀한 관계에 있던 중국 기업들이, 계속 늘어나는 선박 수를 수용할 항구 시설을 개선하는 데 10억 달러 가까이를 투자하기로 동의했다.[182] 얼마 지나지 않아 계속 줄고 있던 얼마 안 되는 타이완 승인국 중 하나였던 파나마가 타이완과 단교하고 중국과 외교관계를 수립했다.[183] 도미니카공화국 역시 2018년 5월에 같은 길을 걸었다. 이 나라는 30억 달러의 투자를 받기로 했다. 다닐로 메디나 대통령은 이렇게 선언했다.

"이 세계에 중국이라는 나라는 하나뿐이고, 타이완은 양도할 수 없는 중국 영토의 일부입니다."[184]

엘살바도르는 충성을 바꾼 다음 타자였다. 2018년 여름이었다. 살바도르 산체스 세렌 대통령은 텔레비전 연설에서 이렇게 말했다.

"우리는 이것이 옳은 방향으로 향하는 한 발짝이라고 확신합니다."[185]

바티칸과 중국 내 가톨릭 주교 임명에 관해 합의한 것도 중국이 타이완에 대한 교황청의 지지를 철회시키고자 하는 정황으로 보일 것이다. 물론 바티칸의 고위 관계자들은 이 협정에 "외교적·정치적 합의는 없다"라고 확언했지만 말이다.[186]

중국이 타이완에 대해 민감했지만, 트럼프 미국 대통령은 도움이 되지 않았다. 그는 2016년 말 대통령으로 당선된 뒤 세계 지도자들 가운데 차이잉원蔡英文 타이완 총통을 첫 번째 전화 통화 상대자로 결정했다. 《이코노미스트》는 이 행동을 고삐 풀린 망아지로 묘사했다.[187] 여섯 달 뒤 트럼프는 접근법을 달리했다. 그는 시진핑 주석이 "내 친구"라고 말하고 이렇게 덧붙였다.

"나는 그가 지도자로서 훌륭하게 해왔다고 생각합니다. 그를 훼방 놓는 일은 전혀 하고 싶지 않습니다. 그래서 나는 정말로 먼저 그와 대화하기를 원합니다."

타이완에 다시 전화하기 전에 말이다.[188]

중국의 책동은 국제 항공사들에게 웹사이트의 지도를 수정하고 기내 잡지에서 타이완의 지위에 대해 중국의 견해를 반영하도록 압력을 가하는 데로까지 나아갔다. 트럼프의 백악관은 이를 "전체주의적인 헛소리"이며 "미국 기업과 시민들에게 중국식 '정치적 정명正名'을 강요하려는 것"이라고 일축했다.[189] 타이완의 지위 문제는 매우 민감한 것이라고, 중국의 가장 영향력 있고 유명한 외교정책 전문가인 옌쉐퉁閻學通 칭화대학 당대국제관계연구원장은 지적했다.

"냉전의 핵심은 이데올로기에 관한 것이었습니다. 그리고 오직 이데올로기적 긴장을 막음으로써만 우리는 냉전을 막을 수 있습니다."

중국과 미국 사이의 냉전을 말하는 것이었다. 따라서 위기를 피하려면 그 이데올로기적 긴장을 "효과적으로 막을 수 있는 장치를 만드는 것"이 긴요하다. 그러지 않는다면 사태는 악화될 수밖에 없다.[190]

그는 이렇게 덧붙였다.

"우리가 해결해야 하는 가장 큰 문제 중 하나는 트럼프가 어디로 튈지 모른다는 점입니다. 그는 내키는 대로 결정을 내리고, 그 결정들 사이에는 아무런 연속성이 없습니다."[191]

이를 이해하고 올바르게 다루려면 기술과 인내심과 적지 않은 행운이 모두 필요하다. 트럼프 대통령이 다음번에 어떻게 나올 것인지, 그리고 그가 생각을 바꿀 것인지와 그 시기 및 이유를 눈치 챌 수 있어야 하기 때문이다. 특히 걱정스러운 점은 타이완 문제다. 타이완의 지위와, 미국과 중국이 이 섬을 어떻게 다룰 것인지는 다음 10년 동안 세계 평화에 "가장 큰 위험 요소"가 될 것이라고 옌쉐퉁은 말했다.

미국과 중국의 경쟁은 지역적으로도 영향을 미쳤다. 예를 들어 2018년 9월에 미국은 엘살바도르, 파나마, 도미니카공화국에 주재하는 자국 대사들을 불러들였다. 세 나라의 타이완 승인 철회 문제를 협의하고, 미국이 어떻게 하면 중앙아메리카와 카리브해 지역의 "강하고 독립적이며 민주적인 국가들을 지원할 수 있을지"를 논의하기 위해서였다.[192] 좀 더 직설적으로 말하자면, 이는 중국을 지지하는 쪽으로 돌아선 나라들에 대해 어떤 조치를 취할 것인지를 연구한다는 의미다.

엘살바도르 같은 나라들에는 안 된 일이지만, 중국의 경제적 유인에 넘어가면 "동반자 관계가 아니라 경제적 의존과 지배"[193]만 쉽게 할 뿐이라고 백악관 공보비서는 이미 말했다. 더 직접적인 조치를 취하려 애쓰는 사람들도 있었다. 네 명의 상원 의원들은 국제타이완동맹국보호강화사업(TAIPEI)법을 발의했다. 미국이 타이완의 지위에 관해 중국을 지지하는 어떤 나라에 대해서도 관계를 "격하"하고 "미국의 대외지원을 중단 또는 변경"할 수 있도록 하자는 것이다.[194]

경쟁의 격화를 피하고 그 경쟁이 위험한 귀결로 치닫는 것을 피하는 일은 전 세계적인 중요성을 지니고 있다. 그런 의미에서 세계를 향한 중국의 비전이 불러온 긴장 상태와 경쟁은 중국의 부상을 어떻게 평가 또는 관리하느냐 하는 더 큰 문제와 비슷한 성격이다. 많은 사람들은 그 중국의 부상을 경제적·군사적·전략적 위협으로 보고 있다. 특히 미국에서 그렇다.

이는 중국이 빠른 속도로 부상했던 것만큼이나 놀라운 일이었다. 그리고 재고와 견해 뒤집기와 불균형을 시정하려는 시도 등 여러 가지 행동을 촉발했다. 중국은 몇 년에 걸친 협상 끝에 2001년 WTO(세계무역기구)에 가입했다. 무역협정을 통해 상거래의 안전성을 높일 수 있는 능력을 갖추고 분쟁 해결을 위한 토론의 장을 확보한 것이다. 미국 무역대표 로버트 라이트하이저Robert Lighthizer는 2018년 초

의회에, 중국이 자국 시장의 개방을 거부하는 것은 "WTO의 근본 원칙에 반하는" 것이라고 보고했다. 보고서는 과거를 돌아보며 이렇게 지적했다.

> 미국은, 중국이 개방적이고 시장 지향적인 무역 체제를 수용하도록 보장하는 데 효과가 없는 것으로 드러난 조건으로 그들의 WTO 가입을 지지하는 실수를 저질렀다.[195]

이런 우려는 중국 등이 지적재산권(IP)을 대량으로 침해하면서 증폭됐다. 한 영향력 있는 보고서는 이것이 미국 경제에 1년에 2250억에서 6000억 달러의 손실을 끼칠 것이라고 주장했다.[196] 또 다른 연구에 따르면, 중국의 사이버 공격은 "중국 경제의 경쟁력을 키우고 핵심 첨단기술에서 세계 시장을 지배하려는 자기네 노력을 가속화할 수 있는 정보와 지적재산권을 대량으로 훔치는"[197] 데 집중돼 있다.

중국의 부상을 어떻게 이해하고 대응해야 하는지가 미국 정책 담당자들에게 중요한(어쩌면 최우선적인) 과제가 됐다. 이는 2018년 여름 제임스 매티스 미국 국방부 장관이 미국 해군대학에서 한 연설에서 분명히 드러났다. 그는 졸업생들에게, 중국이 "기존 세계 질서를 재편하기 위한 장기적인 구상"을 품고 있다고 말했다. 그렇게 하기 위한 중국의 시도는 과거로 돌아가는 것에 바탕을 두고 있다고 그는 말했다.

> 명明 왕조가 그들의 모델인 듯합니다. 다만 위력을 더 사용하는 방식입니다. 다른 나라들에게 조공국이 되라고 하고, 중국을 향해 굽실거리게 합니다. 일대일로, 즉 하나의 지대와 하나의 길을 주장합니다. 이

다양한 세계에는 많은 지대와 많은 길이 있는데 말이죠. 그리고 국제무대에서 자기네 국내의 권위주의적 모델을 복제하고자 합니다.

이를 상대하는 방법으로 세 가지가 있다고 매티스는 말했다. 첫 번째는 "더 치명적인 힘을 갖추는" 것이고, 두 번째는 "우리의 군사동맹을 강화하고 새로운 동반자 관계를 구축"하는 것, 세 번째는 "국방부를 개혁하고 현대화해 성과와 책임성과 능력을 끌어올리는" 것이다. 과거는 우리에게 귀중한 교훈을 주었다고 그는 말했다. 동맹국이 있는 나라는 번영한다는 교훈이다. 그는 그것이 세계 곳곳에서 친구를 얻기 위해 세심한 노력을 기울이는 중국에게는 왜 적용되지 않는지는 설명하지 않았다. 또한 자신이 왜 과거 역사에서 배우려 하고 있는지도 말하지 않았다. 그는 트럼프의 이런 최근 발언을 열렬하게 인용하면서 연설을 시작했는데도 말이다.

"미래로 나아가는 데 과거에 얽매일 필요는 없습니다."[198]

*

격화되는 미국과 중국 사이의 경쟁과, 이것이 지구촌 안전에 미치는 함의는 미국 합동참모본부 의장이자 미군 최고위 장성 가운데 한 사람인 케네스 매켄지Kenneth F. McKenzie 중장의 말에서 극명하게 드러났다. 그는 남중국해에서 인공 섬을 만든 일에 대해 질문을 받고 이렇게 말했다.

"이것만 말씀드리죠. 미국군은 서태평양에서 작은 섬들을 점령한 경험이 아주 많습니다."

그의 말에 따르면 이것은 "그저 역사적 사실을 말하는 것"에 지나지 않았다.[199]

매켄지 장군의 말은 경고를 주려고 한 것이었다. 그리고 미군의 고위층에서 중국에 어떻게 대응할 것인지에 관해 심각한 논의가 이루어지고 있다는 징표로 해석하는 것이 가장 합리적이다. 이는 놀라울 것이 없는 일이다. 미군의 평가로는 중국군이 "해상 폭격기들의 작전 범위를 급격하게 확장"했고, "미국 및 동맹군과 괌을 포함해 서태평양 지역의 군사기지들을 타격할 능력"을 갖춘 것으로 결론지었기 때문이다.[200]

따라서 당연한 일이겠지만 매켄지 장군의 낙관적인 언급은 2018년 4월 필립 데이비드슨Philip S. Davidson 제독의 미국 태평양사령부(그가 취임하면서 인도양태평양사령부로 바뀌었다 ─ 옮긴이) 사령관 임명 청문회에서 그가 내놓은 최근의 견해에서는 되풀이되지 않는다. 데이비드슨 제독은 상원 군사위원회에 보낸 여러 통의 서면 답변에서 변화하는 세계에 적응하는 것의 어려움을 토로했다. 여기에는 미래가 아닌 현재의 상황에 대한 솔직한 견해가 들어 있다.

데이비드슨 제독은 중국의 능력에 대해, 그리고 미국 해군이 취할 수 있는 선택지의 한계에 대해 솔직하게 평가했다. 중국은 남중국해와 그 너머에서 여러 곳의 군사기지를 건설하는 과정에 있다고 그는 지적했다.

"일단 점령하면 중국은 남쪽으로 수천 킬로미터까지 그 영향력을 미칠 수 있고, 오세아니아 깊숙이까지 힘을 미치게 될 것입니다. (…) 중국군은 남중국해를 넘보는 어떤 군대라도 쉽게 압도할 것입니다. 요컨대 중국은 이제 미국과의 전쟁을 제외한 모든 상황에서 남중국해를 통제할 수 있습니다."

그의 결론은 분명한 만큼이나 단호했다. 그는 이렇게 덧붙였다.

"장래에 중국과 충돌할 경우 미국이 이기리라는 보장은 전혀 없습니다."[201]

이는 미국 해군이 막대한 기술 투자를 했는데도 일어난 일이었다. 대표적인 것이 미국 해군 전함 줌월트를 건조한 것인데, 이 배는 너무도 정밀해서 미국 해군의 최고위 장성 가운데 한 사람인 해리 해리스 제독은 배트맨이 골랐을 법한 배라고 말했을 정도였다(배트맨에게 배가 필요했다면 말이다). 줌월트를 건조하는 데는 44억 달러의 비용이 들었다. 레이더상으로는 그 실제 크기의 12분의 1에 불과한 어선처럼 보인다.[202]

하지만 중국은 여전히 이런 종류의 배가 한반도 부근에(따라서 중국과 가까운 곳에) 배치될지 모른다는 우려를 제기했다.[203] 그런 우려는 적어도 지금으로서는 잘못 짚은 것이다. 우선 줌월트는 여러 가지 기술적 문제를 겪었기 때문이다. 파나마운하를 지나가다가 고장이 났던 것이 그 하나다.[204] 그러나 그것(그리고 동급의 다른 배들)은 시간이 지나면 "전례 없이 치명적인 전함"이 되겠지만, 그런 날이 곧 올 것 같지는 않다. 최근 보도에 따르면, 그 공격 시스템은 만족할 만큼 제대로 작동되지 않거나 아예 작동되지 않는다고 한다. 그리고 로켓 추진 포탄의 발사 비용은 회당 무려 91만 5000달러로, 예상했던 것보다 네 배나 많았다.[205]

그러한 보도는 중국이 원하는 쪽으로 가고 있는 추세에 대한 우려가 미국 내에서 여전히 높아지고 있는 데 대해 거의 영향을 미치지 못했다. 특히 해군에 관한 정책의 변경을 뒷받침하는 데 도움이 되지 못했다. 2017년에 세계 최대의 다국적 해군 훈련인 환태평양합동연습

(RIMPAC) 초청국이 확대돼 중국도 포함됐다. 이 훈련은 2년마다 열리는데, 2016년에는 45척의 해상 함정과 5척의 잠수함, 200대가 넘는 항공기와 2만 5000명의 인원이 참여했다.[206] 이 훈련이 시작되기 불과 몇 주 전에 매티스 미국 국방부 장관은 이렇게 말했다.

"우리는 중국이 남중국해에서 계속 군사력을 증강시키는 데 대한 초기 대응으로, 2018년 RIMPAC 훈련에 중국인민해방군 해군을 초청하는 것을 취소했습니다."[207]

*

극심한 경쟁과 지정학적 대립이 어떻게 펼쳐질지(또는 해결될지)는 예측하기가 어렵다. 그러나 놀라운 점은 중국의 부상에 대한 미국의 우려가 되풀이되고 있는 것이 세계의 다른 편에 대한 전혀 다른 관점이라는 것이다. 중국의 저명한 지식인 장시궁强世功은 "시진핑 체제의 새로운 정치적 정통성에 대한 권위 있는 진술"이라고 묘사된 한 논설에서 이렇게 썼다.

서방 문명은 이항대립이라는 철학적·신학적 전통 위에 세워졌다. (…) 당시에 중국 문화는 서방에게 선망의 대상이었다. (…) 그러나 1840년 아편전쟁 이래 현대 중국은 굴욕과 고통을 겪었다.[208]

그는 또 이렇게 말했다.
"근대에 들어 오랫동안 고통을 겪었던 중국인들은 이제 대약진을 이룩했다."

장시궁은 중국 현대사를 마오쩌둥 시기, 덩샤오핑 시기, 시진핑 시기로 나누어 이들 각각을 중국이 일어서고(站起來), 부유해지고(富起來), 강해지는(强起來) 시기라고 설명했다.

시진핑 시대의 중국에서 일어나고 있는 일은 국내적으로나 국제적으로나 뿌리 깊은 추세와 오랜 과정(장시궁은 최종적으로 1921년과 중국공산당 창당으로까지 거슬러 올라간다)의 자연스럽고 논리적인 정점이다. 그는 이렇게 결론지었다.

중화민족의 위대한 부흥은 경제적이고 정치적인 부흥만이 아니다. 그것은 또한 정치 교육의 새로운 전통의 부흥이기도 하다. (…) 그것은 중국 문명의 위대한 부흥으로 귀결될 것이다.

그 함의는 분명하다. "중국 문명은 세계의 더 많은 지역으로 전파되고 또한 확장되고 있다"[209]는 것이다.

그 비전대로라면 이보다 더 광대하고 야심찬 것은 생각하기 어렵다. 새로운 실크로드는 중국의 경제정책 및 대외정책에서 필수불가결한 요소일 뿐만 아니라, 중국의 세계관에서도 필수불가결한 요소다. 그리고 중국이 미래를 준비하는 방법에서도 마찬가지다.

4

경쟁으로 가는 길

그리움은 중독성이 있고, 강력한 영향을 미칠 수 있다. 장밋빛 안경을 통해 과거를 보면 가짜 과거를 만들어낼 수 있다. 가장 좋은 부분만 골라내고 나쁘거나 시시한 부분은 무시하는 것이다. 이전의 좋은 시절을 떠올리면 더 나았던 듯한 시대에 대한 훈훈한 기억이 촉발된다. 이러한 과정은 기만적이고 오해의 소지가 있으며 잘못된 것일 수 있다. 사실 오늘날의 세계는 거의 모든 면에서 과거의 세계보다 낫다.

오늘날 태어나는 아이들은 통계적으로 자신의 부모보다 오래 살 뿐만 아니라 그 조상 누구보다도 더 오래 살 것으로 기대된다. 또한 그들은 역사상 그 어느 때보다도 더 많은 수가 읽고 쓸 수 있게 성장할 것이다. 절대수뿐만 아니라(세계 인구는 지금이 사상 최다이기 때문이다) 그 비율로 보아서도 마찬가지다. 수돗물과 의료 혜택, 가까워지고 빠른 수송 수단, 에너지와 통신망의 이용 기회는 흔할 뿐만 아니라 더욱 많아지고 있다. 장래에는 환영하고 기대할 만한 것이 더 많다.

그렇다고 변화를 더 쉽게 받아들일 수 있는 것은 아니다. 자신이 잘못된 시기, 잘못된 장소에 있는 듯하다고 생각하면 언제나 낙관적이기는 어렵다. 미국의 경우가 그렇다. 중국의 부상은 미국에서 자기 나라의 장래에 대해 총체적인 의문을 제기할 뿐만 아니라, 이른바 20세기의 황금시대에 대한 동경을 당연한 것으로 만드는 어두운 면도 던져주고 있는 듯하다. 대기업들이 차례차례 팔리는 것도 적응하기 어려울 수 있다. 호텔에서 항공기 임대 회사까지, 생명공학 업체에서 GE(제너럴일렉트릭)의 가전제품 사업(한때 미국 재계의 신화였던 GE에서도 가장 핵심적인 부분이었다)까지 말이다.[1]

유명 회사들이 현금 다발을 든 외국 구매자의 손으로 넘어가는 것을 보노라면 충격을 받지 않을 수 없다. 특히 잘 알지 못하고 별로 관심을 갖지 않았던 나라 출신의 구매자를 거의 예상치 않았을 때 더욱 그렇다. 이는 미국에서뿐만 아니라 유럽에서도 마찬가지다. 볼보에서 런던의 택시회사들까지, 워너뮤직에서 대형 건설사 슈트라박Strabag까지, 가장 대표적인 기업과 브랜드 가운데 일부가 외국인들의 손에 넘어갔다. 주로 실크로드 지역의 나라 출신들이다.

이 새롭고 때로 낯선 세계의 완벽한 사례는 이탈리아의 카라라 대리석을 채취하는 회사의 최대 지분을 매각한 일이다. 카라라 대리석은 로마의 신전 판테온과 시에나 대성당, 런던의 마블아치, 미국 워싱턴의 국회의사당 마당에 서 있는 평화기념비 등에 사용된 대리석이다. 그 회사의 최대 주주는 빈 라덴 가문이다. 무슨 말인가 하면, 뉴욕 프리덤타워(옛 세계무역센터가 2001년 9·11 테러로 파괴된 뒤 그 자리에 새로 건립된 새 세계무역센터의 별칭 —옮긴이)에 쓰인 대리석이, 전에 그 자리에 서 있던 쌍둥이빌딩의 파괴를 지휘한 사람의 집안이 소유하고 있는 채석장에서 왔다는 것이다.[2]

이러한 인수 사례들은 상당한 자기반성과 매각을 막기 위한 정부의 개입 요구를 촉발했다. 전형적인 사례 가운데 하나가 영향력 있는 잡지 《인더스트리 위크Industry Week》에 실린 기사다. 이 잡지는 미국에서 가장 오래된 축에 속하는 업계지다. 여기에 실린 '중국인들에게 아무 기업이나 마음대로 사게 해도 될까?'라는 제목의 기사는 이렇게 시작한다.

우리 미국인들은 외국 기업들이 회사와 땅과 자원이라는 형태의 우리 재산을 살 수 있도록 허용하는 일이 장기적으로 어떤 영향을 미칠지에 대해 태평스럽게도 모른 체하고 있다. 우리는 많은 미국 기업들을 외국 기업들이 살 수 있도록 허용함으로써 부를 생산할 능력을 마구 팔아치우고 있다.[3]

어떤 사람들은 한 발 더 나아간다. 미국 상원 정보위원회의 마크 워너Mark Warner 의원은 이렇게 말했다.

"많은 미국인들은 중국에서 무슨 일이 일어나고 있는지, 그리고 그들의 과학기술 업체들이 얼마나 좋아졌는지 알지 못합니다."

중국 첨단기술 회사들이 세계적으로 경쟁력이 있다는 건 참으로 나쁜 소식이다. 그러나 워너에게 정말로 용서할 수 없는 사실은 따로 있었다.

"미국 기업들은 중국 시장에 들어가기 위해 싸구려로 굴고 있습니다."

실제로 미국 기업들은 사실상 "몸을 파는" 잘못을 저지르고 있다고 그는 말했다.[4] 나중에 드러났지만, 페이스북도 예외가 아니었다. 이 회사는 적어도 네 개의 중국 전자업체들과 정보 공유 제휴를 맺었다. 그 기업들 모두가 중국 정부와 긴밀한 관계에 있는 회사다.[5]

워싱턴에서 열린 관심이 집중된 청문회 때도 이것이 드러나지 않았다는 사실은 기업들이 기회를 잡기 위해 어떤 짓을 하려고 하는지를 분명히 보여준다. 양대 정당으로 이루어진 미국 하원 에너지상업위원회가 성명에서 강한 어조로 설명했듯이 말이다.[6] 이 성명은 페이스북이 화웨이기술, 롄샹그룹聯想集團(Lenovo), 어우포歐珀이동통신(OPPO), TCL 등 네 개 기업과 사용자 정보를 공유해온 사실이 드러나기 전에 발표됐다. 이 네 기업은 미국 정보당국이 국가 안보에 위협이 된다고 경고해온 기업들이었다.[7]

집요한 이윤 추구는 구글의 검색엔진 개발 결정에서도 그대로 반복됐다. 암호명 '잠자리Dragonfly'인 이 엔진은 인권과 종교, 기타 민감한 사항과 관련이 있는 웹사이트 및 주제 검색을 막고 중국 당국이 용인할 수 있는 엔진으로 만들려는 것이었다. 그렇게 하면 구글은 거대한 시장에 들어갈 수 있게 되는 것이다. 당연한 일이지만, 이는 구글 자체 내에서 상당한 자기반성을 불러왔다. '사악해지지 말자(Don't Be Evil)'라는 모토를 행동 수칙으로 간직해온 회사였기 때문이다.[8] 2018년 초여름 이 슬로건을 폐기한 것은 단지 시대의 징표였을 뿐만 아니라, 다른 사람들보다 주주를 우선시하는 현실의 징표이기도 했다.[9]

구글은 회사 내부 직원들의 반발에 부딪혀 브라우저 개발이 지체되는 것을 우려했고, 이 때문에 비밀리에 작업을 시작했다.[10] 2018년 이 제안에 대한 소식이 대중에게 알려지자 떠들썩한 비판이 터져 나왔다. 구글 직원들은 계획을 철회하지 않으면 파업에 돌입하겠다고 으름장을 놓았다.[11] 마이클 펜스Michael Pence 미국 부통령은 자신의 견해를 분명히 밝혔다.

"구글은 공산당의 검열을 강화하고 중국 고객들의 사생활을 침해할 '잠자리' 애플리케이션 개발을 즉각 중단해야 합니다."[12]

중국을 여러 가지 형태로 악마 취급하는 것은 미국 대통령 선거운동에서 중요한 역할을 했다. 도널드 트럼프는 한 인터뷰에서 중국에 대해 이렇게 말했다.

"그들은 여러분의 목을 따려 하고 있습니다. 그들은 여러분을 토막 내고 싶어합니다."[13]

그는 2016년 4월 스태튼아일랜드에서의 연설에서 이렇게 말했다.

"그들은 우리를 상대로 경제전쟁을 해왔습니다. 그들은 우리를 마구잡이로 잡아 찢고 있습니다. 저들은 우리를 믿을 수 없을 정도로 모욕하고 있습니다."

마지막에는 이런 주장으로 끝을 맺었다.

"이것은 세계 역사에서 어떤 사람이나 어떤 나라가 저지른 것보다 더 큰 도둑질입니다. 중국이 우리에게 저지른 일이 말입니다."[14]

이것은 여섯 달 전에 했던 주장의 확대판이었다.

"그들이 미국에서 돈을 빼내간 것은 우리 역사에서 가장 큰 도둑질입니다."[15]

이런 주장은 그의 핵심 지지층에 잘 먹혀들었다. 경제학자 브랑코 밀라노비치Branko Milanović는 지구촌 부의 재분배에서 "최대 승자는 아시아의 빈곤층 및 중산층이고, 최대 패자는 부유한 나라의 중하층 계급"[16]이라고 말했다. 세계의 무게중심이 이동하고 있음을 설명하면, 그리고 그런 상황에서 무언가를 하겠다고 약속하면 표를 얻는 것이다.

트럼프의 발언과 피터 너바로Peter Navarro(그의 견해는 최근 저서《중국으로 인한 죽음Death by China)과《중국과의 전쟁이 다가온다 The Coming China Wars》라는 책제목에 잘 나타나 있다)와 같이 그의 행정부에서 핵심 직책에 임명된 사람들을 보면, 유일하게 놀라움을 안겨줄 수 있는 일은 철강과 알루미늄 등 중국 상품들에 대해 전방위적으로 관세를 부과하는 데 시간이 얼마나 걸리느냐 하는 문제였다. 그것이 지연된 것은 북한의 미사일과 핵무기에 대한 우려, 그리고 김정은을 협상 테이블로 끌어내기 위해 압박이 가해지고 있는 가운데 중국을 적대하는 정책을 조심스럽게 끌고 갈 필요가 있었다는 점으로 일부 설명될 수 있다.

이것이, 트럼프 대통령이 지적재산권 침해에 대한 1년간의 조사를 발표하면서 고집스럽게도 중국을 언급하지 않은 이유 가운데 하나다. 물론 그의 고위 보좌관들은 중국이 이 조사의 주요 목표임을 분명히 했다. 트럼프는 그들에게 이렇게 말했다.

"우리는 북한 문제로 저들의 도움이 필요할 거요." [17]

주지하다시피 트럼프가 1000개 이상의 상품에 대한 관세정책을 발표한 것은 취임하고 1년여가 지난 뒤였다. 대략 500억에서 600억 달러어치의 수입에 영향을 미치는 일이었다. 이런 조치에 대해 트럼프는 "이것은 시작일 뿐"이라고 말했다. 중국을 목표로 삼는 것은 "진즉에, 여러 해 전"에 했어야 했다. 그러고는 이렇게 덧붙였다.

"그것이 아마도 내가 당선된 이유 중 하나일 겁니다. 아마도 가장 중요한 이유겠죠." [18]

며칠 뒤 트럼프 대통령은 관세에 대한 추가 조치를 지시했다. [19] 그렇게 할 경우 미국의 소비자 물가가 오를 것이라고 소매업계 유력자들이 경고했지만 아랑곳하지 않았다. 코스트코, 갭, 이케아 같은 기업의 경영자들은 관세가 미국 가정에 도움을 주기보다는 그들의 "상태를 악화시키고 고통을 줄" 것이라고 충고했다. "의류, 신발, 전자제품, 가정 용품 등 가정 필수품들의 가격이 오르는" 결과를 낳을 것이기 때문이다.[20] 너바로는 안타깝다는 듯이 말했다.

"이건 역사적인 사건입니다. 트럼프 대통령은 이 문제에 관해 용기와 비전을 보여준 만큼 박수를 받아 마땅합니다."[21]

일부 평론가들은 트럼프의 행동이 협상 기법이라고 보고 있다. 그의 최종 목표는 세계무역협정을 뒤엎자는 것이 아니라 미국에 더 유리한 거래를 하려는 것이라는 얘기다. 투자자문사 블랙록BlackRock의 수석 전략가 리처드 터닐Richard Turnill은 이렇게 말한다.

"우리는 중국을 더욱 겨냥한 미국의 무역 조치가 무역전쟁의 시발이라기보다는 협상을 위한 모두 발언이라고 본다."[22]

결국 트럼프 대통령은 2016년에 서명했지만 탈퇴한 환태평양경제동반자협정(TPP) 재가입을 고려하고 있음을 공개적으로 언급했다. TPP는 오스트레일리아, 브루나이, 캐나다, 칠레, 일본, 말레이시아, 멕시코, 뉴질랜드, 페루, 싱가포르, 베트남, 미국 등이 참여해 무역 장벽을 낮추자고 했었다.[23]

그러나 모두발언과 도박은 중요하다. 특히 커다란 팡파르와 함께 나발을 불었을 때는 말이다. 트럼프 대통령이 두 번째 관세 조치를 발표하고 며칠 뒤에 너바로는 이렇게 선언했다.

"트럼프 대통령의 정당한 미국 방어에 대한 중국의 대응은 거부의 만리장성이었다."[24]

이는 전혀 사실이 아니다. 중국 정부는 거부하거나 침묵한 것이 아니고, 오히려 재빨리 미국의 수출품들을 대상으로 한 보복 관세 목록을 내놓았다. 그중 상당수는 2016년 선거에서 트럼프가 이긴 주에

서 생산되는 것이었고, 이들 지역은 공화당 주요 정치인들의 지역구이기도 했다.[25]

베이징대학 국제정치경제연구센터 주임 왕융王勇 교수에 따르면 이 결정은 미국의 농업 분야를 겨냥한 것이었다. 의회에 영향을 미칠 수 있기 때문이다. 그는 이렇게 말했다.

"중국은 미국의 국내 정치 기제가 작동해주기를 바라고 있습니다."

다시 말해 중국은 자신의 방식으로 미국과 겨루고 있을 뿐만 아니라 상대의 힘을 약점으로 활용하고 있는 것이다.[26]

미국 최대의 소매업체인 월마트는 미국 무역대표에게 보낸 편지에서, 2018년 9월부터 발효되는 2000억 달러 이상의 포괄 관세 부과는 "우리 기업에, 우리 소비자들에게, 우리 공급자들에게, 그리고 미국 경제 전체에" 큰 영향을 끼칠 것이라고 썼다. 그것이 가격 상승을 압박할 것이라는 경고였다.[27]

중국 상품들에 대한 관세 도입은 무역 적자가 해롭다는 생각에 뿌리를 두고 있다. 트럼프 행정부는 미국이 중국에 대한 수출보다 수입이 3750억 달러 더 많은 현실의 균형을 회복하고 중국 시장을 미국 기업들에게 개방하도록 강요하는 것을 모색하고 있다. 그러나 트럼프 대통령의 최고위 관료 중 한 사람인 개리 콘Gary D. Cohn이 백악관에서 거듭 설명하고자 했던 것처럼, 무역 적자는 상관이 없는 것이고 긍정적인 측면도 있다. 그로 인해 사실상 미국 소비자들이 원하는 물건을 더 싼 가격으로 구입할 수 있는 것이다.

어떤 사람들에 따르면, 문제는 거의 모든 경제학자들이 이런 견해에 동의하고 있는데 피터 너바로는 동의하지 않는다는 것이었다. 골드만삭스 은행가 출신의 콘은 증거와 사리를 이용해 관세가 물건 값을 싸게 하는 것이 아니라 비싸게 하고 역효과를 낼 수 있음을 보여주려고 노력했다. 그는 대통령과 너바로에게 이렇게 말한 것으로 알려진다.

"그저 닥치고 계시면 배우는 게 있을 겁니다."[28]

그들은 들은 체 만 체했다. 그 대신에 중국을 다루는 최선의 방법은 경제를 압박하는 것이라고 보는 정책이 뿌리를 내렸다. 미국 소비자나 납세자나 유권자에게 어떤 영향을 미치든 상관하지 않고 말이다.

*

예측 불가능한 것을 자기에게 유리하도록 이용하기를 바라는 트럼프의 협상 기법은 무역전쟁을 촉발한 뒤 트위터에 시진핑 중국 국가주석에게 "매우 감사하다"라고 선언하는 메시지를 올리는 것이었다. 트럼프는 시진핑을 상대로 "큰 진전을 이룰" 수 있다고 확신했다. 그가 트위터에 이런 글을 올린 것은 양측 협상단이 만나 사태를 진전시키기 위해 노력하고 있을 때였다.[29]

논의는 "긍정적이고 실용적이고 건설적"이었다고 류허劉鶴 중국 부총리는 공동성명을 발표하면서 말했다. 공동성명에는 이런 구절이 있었다.

늘어나는 중국인들의 소비 수요와 고품질의 경제 발전의 필요에 부응하기 위해 중국은 미국의 상품 및 서비스 구매를 대폭 늘릴 것이다. 이

것이 미국의 성장과 고용을 유지하는 데 도움을 줄 것이다.[30]

이는 양쪽이 모두 체면을 세울 수 있도록 설계된 해법이었다. 양쪽이 모두 좋은 해법을 찾았다고 주장할 수 있는 방법이기도 했다.

어떤 사람들에 따르면 관세가 미칠 수 있는 영향은 실질적인 것이라기보다는 관념적인 것이었다. 크리스틴 라가르드 IMF 총재는 관세에 관해 이렇게 말했다.

"성장에 미치는 영향은 아주 실질적인 것은 아닙니다. GDP 기준으로 말하자면요."

가장 큰 걱정은 "자신감의 악화" 및 불안정에 대한 인식과 관련된 것이다.[31] 문제는 트럼프 행정부 내부의 불안정에 대한 인식, 그리고 정치는 "충동의 폭풍 위에서 운영하는 것"(《워싱턴 포스트》가 대통령에 대해 이렇게 말했다)이라는 인상 같은 것들이다. 뒤죽박죽이라는 느낌은 백악관 곳곳에서 발견된다. 백악관의 한 익명의 인사는 이렇게 말했다.

"마치 모든 사람이 매일 아침 일어나, 그게 뭐든 바로 자기 앞에 떨어진 일을 하는 것 같습니다."[32]

계획에 따라 일하거나 일관성 있는 자세로 일하는 게 아니라는 말이다.

"우린 미친 나라에 살고 있어요."

트럼프 대통령의 백악관 비서실장 존 켈리John F. Kelly가 그들의 근무 상황을 요약하며 한 말이다. 그러고는 이렇게 덧붙였다.

"나는 심지어 우리 각자가 왜 여기 있는지조차 알지 못해요."

또 다른 사람들은 나쁜 결정을 막는 방법에 대해 이야기했다. 대통령의 눈에 띄기 전에 그의 책상에서 신문을 치워버리는 게 그 방법이었다. 엉뚱하고 역효과를 낳는, 심지어 위험하기까지 한 대통령의 반응을 막자는 것이었다. 트럼프가 자신이 임명한 사람들을 공격한다는 사실은 미국 정부의 핵심에 있는 정책 담당자들이 당면하고 있는 문제가 무엇인지를 여실히 보여준다. 그는 제퍼슨 세션스Jefferson Sessions 법무부 장관을 "정신이 박약한" 사람이라고 했고, 윌버 로스Wilbur Ross 상무부 장관에게는 이렇게 말했다.

"난 당신을 믿지 않아. (…) 당신은 한물갔어."[33]

이는 또한 중국과의 무역 협상 동안에도 볼 수 있었다. 미국 협상단의 고위인사들은 일을 잘 해낼 수도 없었으며, 눈살을 찌푸리게 하고 미국의 이익을 위해 일하도록 위임된 사람들의 전문성을 우려하지 않을 수 없는 장면을 공개적으로 연출했다. 《뉴욕 타임스》에 따르면, 스티븐 므누신Steven Mnuchin 재무부 장관과 그 보좌역인 피터 너바로는 협상 도중 "나가서 욕설이 섞인 말다툼을 했다". 거센 파도가 잠잠해지기를 바라는 사람들에게 결코 고무적이랄 수 없는 조짐이었다.[34]

그럼에도 불구하고 적어도 표면상으로는 중국을 압박하려는 결의가 열매를 맺은 것처럼 보이는 듯했다. 많은 언론에 보도된 바에 따르면 트럼프는 무역 관세 부과를 중국인들에게 고통을 주기 위한 방법으로 보고 있고, 그는 중국인들이 "더 많은 고통을 당하"기를 원한다고 말했다. 추가 비용인 관세를 더 오래 물리면 자신이 더 큰 힘을 가질 수 있다는 논리였다.[35]

이것이 2018년 11월 상하이 중국국제수출박람회(CIIE)에서 시진핑 주석이 한 말을 설명해줄 것이다. 이 자리에서 그는 자신이 무역장벽을 낮추고 통신·의료·교육 분야를 외국인 투자자에게 개방하며, WTO(세계무역기구)에서 추진하는 모든 "필요한" 개혁을 지원하도록 노력하겠다고 말했다. 그러나 평론가들이 곧 지적했듯이, 비슷한 약속은 이전에도 여러 번 있었다. 그리고 약속한 개혁은 여전히 이루어지지 않고 있다.[36]

아마도 좀 더 희망적이었던 것은 같은 달 부에노스아이레스에서 열린 G20 정상회담 때 트럼프 대통령과 시진핑 주석이 참석한 만찬이 었을 것이다. 트럼프는 이렇게 말했다.

"놀랍고도 생산적인 회담이었습니다. 가능성도 무한하고요."

논의를 통해 협정이 이루어졌다. 미국은 적어도 당분간은 관세를 10퍼센트에서 25퍼센트로 올리는 것을 보류하고, 그 대신 중국은 "아 직 합의되지는 않았지만 상당한 양의 미국 농산물과 에너지, 기타 상 품들"을 구매하기로 약속했다.[37]

"회담에서는 중요한 합의가 이루어졌습니다. 무역 갈등의 확산을 사실상 중단할 뿐만 아니라, 두 나라 사이의 상생 협력을 위한 새로운 가능성을 열어놓았습니다."

왕이 중국 외교부장의 말이다. 그는 또 이렇게 말했다.

"이 회담에서 이른 결론은 두 나라에 사는 국민들에게 이익이 될 뿐만 아니라 세계 경제의 안정적 성장에도 이바지할 것입니다."[38]

세계 각국은 이를 환영했다. 두 경제대국 사이의 긴장이 누그러 지고 가까운 시일 안에 장기적인 협정이 맺어지리라는 징표로 보였 다.[39]

"중국과의 관계에서 **엄청난** 도약을 이루었습니다."

트럼프 대통령은 귀국한 뒤 트위터에 이렇게 썼다. 다시 세상이 잘 돌아가고 있다는 얘기였다.[40]

물론 엄청난 일을 이룬 것처럼 발표함으로써 정치적 이득을 언는다는 것은 말할 필요도 없다. 양쪽 모두 마찬가지다. 부에노스아이레스 회담은 중국에서 "세계 평화와 안정"을 위한 긍정적인 징표로, 그리고 "두 나라 사이의 상생 협력을 위한 새로운 가능성을 연, 서로에게 도움이 되는 협정"의 서곡으로 보도됐다. 이것은 단지 미국과 중국에만 좋은 것은 아니라고 《신화통신》은 보도했다. 그것은 온 세계에 좋은 것이었다.[41]

미래에 대한 애매한(심지어 낙관적인) 약속이 양쪽 모두에게 전술적 기회 이상이 된다는 것을 받아들이는 일은 솔깃할 수 있다. 내부의 국민에게는 승리를 주장하고, 밖에서는 약간을 포기하는 대신 굳은 약속을 받아내는 것이다. 그리고 좋은 소식을 알리는 거창한 발표를 조심스럽게 대해야 하는 충분한 이유가 있다. 미국과 중국의 경쟁에는 무역만이 아니라 더 많은 것이 관계돼 있기 때문이다.

*

미국 정책 담당자들을 당황케 한 것이 단지 중국 경제의 부상이나 그들의 남중국해로의 팽창만이 아니라는 징표는 항공·로봇공학과 첨단 제조업에 종사하는 중국 국민의 장기 비자가 2018년 여름 미국에 의해 무효화됐다는 사실에서 찾아볼 수 있다. 군사 기술과 밀접하게 연관된 민감한 분야에 접근하는 것을 제한하려는 시도의 일환이었다.

이에 앞서 백악관에서는 미국에서 공부하는 모든 학생들에 대한 비자를 거부할지의 여부를 두고 열띤 토론이 벌어졌다. 이 논의는 이런 조치가 온 나라의 대학에 미칠 경제적 손실에 대한 우려가 나오면서 중단됐다.[42] 비자 금지에 대한 공포, 다시 말해서 중국이 자국 학생들에게 다른 나라로 유학을 가도록 조장 또는 강요하는 일에 대한 공포로 인해 일부 학교에서는 중국인 학생 수가 갑자기 급감할 경우에 보상받을 수 있는 보험에 가입하기에 이르렀다.[43] 이 문제에 대한 트럼프의 입장은 명확했다. 그는 중국에서 "이 나라로 오는 거의 모든 학생은 간첩"이라고 말한 것으로 알려졌다.[44]

중국의 부상은 무역 불균형 문제에 그치는 것이 아니다. 중국이 WTO에 가입한 조건을 갱신하는 문제일 수도 있고, 미국 기업들이 들어갈 수 있도록 경쟁국인 중국의 시장을 개방하는 문제일 수도 있다. 사실 중국 문제는 미국에게 매우 실존적인 위협이다.

"중국은 태생적으로 미국의 전략에 근본적인 문제를 안겨줍니다."

헨리 키신저는 이렇게 말한 뒤 이 문제를 어떻게 처리해야 좋은가 하는 문제를 논했다. 그의 생각은 부정적이었다.

"우리는 그 문제를 잘 처리하지 못하고 있습니다. 그들의 역사와 문화를 이해하지 못하고 있기 때문입니다."[45]

미국의 정책 담당자들이 중국에 대해, 그리고 세계의 변화에 대해 어떻게 생각하고 있는지는 2017년 12월에 발표된 〈미국의 국가 안보전략National Security Strategy of the USA〉이라는 문서에 분명하게 설명돼 있다. 중국은 "미국의 안전과 번영을 무너뜨리려 애쓰"고 있으며, "미국의 가치관과 이익에 정반대되는 세계를 만들"기를 원하고 있다. 무슨 수를 써서라도 이를 막아야 하며, 이는 단지 미국만을 위한 일은 아니라고 문서는 말한다. 그리고 거침없이 선언한다.

미국의 가치관과 영향력은 미국의 힘을 배경으로 해서 세계를 더 자유롭고 안전하고 번영하는 곳으로 만들 것이다.[46]

병행 문서인 〈2018년 미국의 국가 안보전략 요약Summary of the 2018 National Defense Strategy of the USA〉 역시 중국에 관해서는 말을 돌리지 않는다. 중국은 군사 현대화 계획을 추진하고 있는데, 이는 "가까운 장래에 인도양 및 태평양 지역의 패권을 추구"한다. 이는 중국의 분명한, 더 넓은 범위의 목표에 비하면 아무것도 아니다. 다름 아니라 "장래에 미국을 밀어내고 지구촌 최강의 자리에 올라서는 것"[47]이 중국의 목표다.

댄 코츠Dan Coats 미국 국가정보국장은 상원 청문회에서 중국과 그들의 이른바 세계 지배라는 목표에 관해 이야기했다.

"그들은 이를 매우 지혜로운 방식으로 합니다. 그들은 이를 매우 효율적인 방식으로 합니다. 그들은 자기네가 있는 지역 너머를 보고 있습니다."

크리스토퍼 레이Christopher Wray FBI(연방수사국) 국장은 배경을 설명했다. 그는 이렇게 말했다.

"중국의 위협은 단지 온 정부의 위협이 아니라 온 사회의 위협입니다."[48]

두 사람은 미국이 일을 "매우 지혜로운 방식으로" 하고자 하는 정책을 갖고 있는지에 대해서는 언급하지 않았다. 만약 없다면, 왜 없을까? 그리고 두 사람은 모두 중국과 대결하거나 중국과의 관계를 건설적으로 관리하는 최선의 방법은 무엇인지에 대해 제안을 내놓지 않았다.

일부 동아시아 전문가들이 애써 지적하고 있듯이, 중국을 신랄하게 희화화하는 것은 도움이 되지 않는다. 특히 이런 것들은 중국이나 그들의 동기를 분석하고 이해하려는 노력을 기울이지 않고 있기 때문이다. 우선은 중국이 소련처럼 자유주의적 국제질서를 흔들려고 하는 체제 전복 세력이기는커녕, 사실상 유엔이나 G20 같은 기구 내부에서 두드러지는 방식으로 움직이고 있기 때문이다. 비록 마지못해 하거나 때로 모호하게 하는 경우도 있기는 하지만 말이다.[49]

실제로, 그리고 역설적으로, 갈수록 규칙을 자기 멋대로 바꾸거나 아예 폐기하는 것으로 인식되는 나라는 미국이다. 2018년 8월 트럼프 대통령은 WTO에서 탈퇴하겠다고 으름장을 놓았다. 이 기구를 설립한 협정이 "역사상 최악의 단일무역협정"[50]이라는 것이었다. 바로 두 달 전에는 유엔인권이사회(UNHRC)에서 탈퇴했다. 유엔 주재 미국 대사 님라타 헤일리Nimrata Haley는 인권이사회가 "정치적 편견의 똥구덩이"이며, "위선적이고 이기적"이라고 말했다.

"그들은 인권을 비웃고 있어요."[51]

미국이 내린 결정은 국제적으로 인정된 토론의 장을 안에서 개혁하려고 노력하는 것이 아니라 탈퇴하는 것이었다. 그것이 아무리 문제가 있다고 하더라도 말이다. 게다가 탈퇴하는 과정도 요란하고 신랄했다.

미국이 일방적으로 행동하는 이런 사례는 더 넓은 범위에서 수도 없이 반복된다. 이러한 것들은 경쟁 상대에게 약간의 정치적 이득을 안겨준다. 예를 들어 트럼프 대통령이 이란핵협정에서 탈퇴했을 때 러시아 외교부 장관 세르게이 라브로프는 이렇게 지적했다.

"우리는 유감스럽게도, 미국이 다시 한 번 전에 합의했던 국제협정들을 뒤집으려 한다는 것을 지적하지 않을 수 없습니다."

여기에는 이란핵협정과 함께 예루살렘을 이스라엘의 수도로 인정한 것, "그리고 다른 모든 협정들"[52]이 포함된다. 트럼프의 한 최측근 보좌관이 이란핵협정 사본인 척 서류를 사람들이 보는 앞에서 찢어버리고 침을 뱉으면서 이란의 정권 교체를 이야기하는 등의 과장된 행동들은 일부 미국인들에게 긍정적인 모습으로 비칠지 모른다. 그러나 이러한 일들은 국제적으로 미국의 명성에 상당한 타격을 가한다. 특히 그것이 습성이 됐을 때는 말이다.[53]

협정과 동맹과 제휴는 소모품으로 간주되고 있다. 그리고 그것들이 과거에 어떤 가치가 있었고 미래에 어떻게 쓰일 것인지에 대해서는 별로 관심을 두지 않았다. 마이클 폼페이오Michael Pompeo 미국 국무부 장관은 2018년 말 브뤼셀을 방문했을 때, 냉전이 끝난 이후 국제질서는 "우리를 저버렸고 당신들을 저버렸다"라고 말했다. 유엔, 유럽연합, IMF, 세계은행, WTO 같은 조직들은 "개혁되거나 해체돼야 한다"라고 그는 말했다.[54] 이런 태도는 미국 내에서 깊은 골을 만들어냈다. 제임스 매티스 국방부 장관은 2주 후 이렇게 썼다.

우리는 우리의 안전과 번영과 가치에 가장 도움이 되는 국제질서의 진전을 위해 할 수 있는 모든 일을 해야 합니다. 그리고 우리는 우리 동맹국들과의 연대를 통해 이런 노력을 강화하고 있습니다.

트럼프 행정부가 과거의 우의와 유대관계를 희생시키려는 태도를 보이자 매티스는 자리에서 물러나는 수밖에 없었다.[55]

미국을 믿을 수 없다는 합창이 전 세계에서 점점 더 울려퍼지고 있다. 미국은 시리아, 이라크, 아프가니스탄의 불안정에 책임이 있다고, 모함마드 자리프 이란 외교부 장관은 말했다. 이와 대조적으로 이란은 언제나 안정을 추구해왔으며, 파괴를 일으키고 극단주의를 확산시킬 뿐인 동란에는 반대했다고 그는 말했다.[56] 하산 로하니 이란 대통령은 이렇게 말했다.

"자기네 정책을 남에게 강요하려는 미국의 시도로 위험도가 높아지고 있습니다. (…) 일방적인 제재는 국제 규칙과 규정에 어긋날 뿐만 아니라 정당한 국제무역에도 해를 끼칩니다."[57]

푸틴 대통령도 비슷한 입장을 취했다. 최근 미국이 내린 결정들이 불안정을 초래했다는 이야기를 하면서, 이것이 "기존의 세계 질서를 파괴한다"라고 지적했다. 러시아가 우크라이나에 개입하고 미국과 영국 등 외국의 선거에 영향을 미치려 했다는 말을 듣는 처지에 조금 우스운 얘기였다. 그가 이런 식으로 이야기하고 미국이 불안정을 초래했다고 비난하며 같은 짓을 한 자신의 책임을 외면하는 것은 놀랍지 않다고 해도, 에마뉘엘 마크롱 프랑스 대통령이 거기에 맞장구친 것은 분명히 놀라운 일이었다.

"나도 당신과 똑같이 생각합니다. 내 생각도 당신의 생각, 경제와 재정에 대한 당신의 모든 생각과 완전히 같습니다."

마크롱이 2018년 5월 상트페테르부르크에서 푸틴을 만나서 한 말이다.[58]

다른 주요 인사들도 미국의 정책이 끼치는 해로운 영향에 대해 경고하고 있다. 크리스틴 라가르드 IMF 총재는 중국과의 무역전쟁에 관해 이야기하면서 이렇게 말했다.

"다자간 무역체제는 지난 세대 동안 우리 세계를 변모시켰습니다. (…) 그러나 그 규칙과 책임 공유의 체제는 지금 해체될 위기에 처했습니다. 이는 용납할 수 없는 집단적 정책 실패가 될 것입니다."

라가르드는 또한 수입 제한에 대해 이렇게 말했다.

"그것은 상품 값을 오르게 하고 선택의 폭을 줄일 뿐만 아니라, 생산성을 높이고 새로운 기술을 확산시킨다는 무역의 본질적인 역할도 발휘하지 못하게 할 것입니다."[59]

터키의 경우도 있다. NATO(북대서양조약기구)의 오랜 회원국인 터키는 트럼프 대통령과 펜스 부통령에게 위협을 받아왔다. 노스캐롤라이나 출신의 앤드루 브런슨Andrew Brunson이라는 복음파 장로교회 목사를 구금하고 있었기 때문인데, 그는 에르도안 터키 대통령을 축출하려 했던 2016년의 쿠데타에 연루된 혐의를 받고 있었다. 브런슨을 즉각 석방하지 않으면 "미국은 터키에 여러 가지 제재를 가할 것"이라고 트럼프는 트위터에 썼다. 그러고는 이렇게 덧붙였다.

"우리 정부는 테러리스트들에게 '전략적 인내' 같은 정책을 쓰지는 않을 것이다."

테러리스트란 에르도안 대통령의 정부를 가리키는 말이었다.[60] 펜스도 이렇게 경고했다.

"지금 앤드루 브런슨 목사를 석방하라. 그러지 않으면 후과를 감당할 준비를 해야 할 것이다."[61]

그 '후과' 가운데 첫 번째는 터키 법무부 장관 압둘하미트 귈Abdulhamit Gül과 내무부 장관 쉴레이만 소일루Süleyman Soylu에 대한 제재였다. 터키 리라화는 트럼프 행정부가 터키의 미국 시장 접근을 재고하고 있음을 밝히고 나서 며칠 뒤에 사상 최저가를 기록했다.[62]

트럼프 대통령이 "오랫동안 말썽거리였던" 나라라고 말한 터키에 대한 미국의 조치는 세계의 다른 나라들에도 영향을 미쳤다. 그 결과로 캅카스 국가들의 통화가치가 떨어졌고, 그 나라들의 경제에도 압박이 가해졌다.[63] 위기의 영향에 대한 우려는 인도에도 미쳤고, 그곳에서는 루피화의 달러 대비 가격이 사상 최저치로 떨어졌다. 세계 각국의 통화에도 영향을 미쳤다.[64]

이런 사례들은 세계의 다른 나라들이 왜 규칙에 근거한 질서의 기적에 대해 더 회의적이 됐는지를 설명해준다. 또한 강자가 이를 어떻게 자기네가 원하는 것을 얻고 빼앗는지에 대한 현실을 가리는 장막으로, 그리고 한편으로 남의 행동을 책망하고 다른 한편으로 이득을 누리고자 하는 체계적인 위선으로 보았는지 하는 이유를 설명해준다. 중국 외교부의 화춘잉華春瑩 대변인은 따로 미국의 행동에 대해 묻자 이렇게 대답했다.

"법을 만드는 사람이 자신을 위해서가 아니라 남들을 위해서 그것을 만든다고 하면, 누가 믿겠습니까?"[65]

그러나 아마도 미국에 대한 동맹국들의 시선이 변화했음을 보여주는 가장 단호한 표현은 도널트 투스크Donald Tusk 유럽이사회 의장이 한 말일 것이다. 그는 이렇게 말했다.

"그러나 내가 가장 우려하는 것은 규칙에 근거한 국제질서를 위협하고 있는 것이 통상적인 용의자가 아니라, 매우 놀랍게도 그 주요 설계자이자 보증인인 미국이라는 점입니다. 우리는 계속해서 트럼프 대통령을 설득하고자 애쓸 겁니다. 이 질서를 해치는 것이 전혀 타당치 않다는 것을요."[66]

사실 투스크는 전혀 맞지 않는 얘기를 했다. 미국의 입장에서는 "규칙에 근거한 국제질서"를 허무는 것이 타당한 이유들을 당연히 가지고 있기 때문이다. 미국에게 국제협정이나 동맹이나 무역 협상이 불평등하고 심지어 불공정해졌다면 그것을 재검토할 권리가 있다는 데는 의문의 여지가 없다. 개정하겠다고 위협하는 것도 마찬가지다. 예를 들어 대표적으로 독일은 2014년 NATO 정상회담에서 GDP의 2퍼센트를 방위비로 쓰겠다고 약속했는데, 실제로는 그에 훨씬 못 미쳤고 앞으로도 그럴 전망이다. 그런데 왜 미국이 이 조직의 짐을 떠맡아야 한단 말인가? 북아프리카, 서아시아, 러시아, 우크라이나 등지의 여러 가지 위협과 잠재적 문제들 때문에 더 큰 부담을 안고 있는 조직인데 말이다.[67] 다른 NATO 회원국들의 방위비 지출이 매우 낮으니, 미국이 남의 짐을 떠맡기를 거부하는 것은 이해할 수 있는 정도를 넘어서 전적으로 사리에 맞는 일이다.[68]

중국이나 유럽연합(이 경우에도 관세 도입으로 위협을 가했다)과 더 나은 조건의 협약을 맺는 것 역시 그 자체로는 불합리한 목표라고 하기 어렵다. 반대로 형평에 맞지 않는 조건을 바로잡으려 하는 것은 단지 현명한 정도가 아니라 전적으로 사리에 맞는 일이다. 그러나 문제는 너무 많은 협정이 동시에 파기되고 있다는 사실이다. 이로 인해 미국이 스스로 원하는 것을 얻기 위해 강압적인 방법을 쓰고 있고, 합의 위에 세워진 세계를 박차고 나가려 한다는 인상을 준다.

예를 들어 데니스 셰이Dennis Shea WTO 주재 미국 대사는 WTO가 "중국이 만들어내는 근본적인 문제들을 다룰 준비가 제대로 돼 있지 않다"는 점을 한탄했다. 그러나 미국은 차근차근 개혁을 진행하는 대신에 판 자체를 뒤엎겠다고 위협하고 있다. 새로운 재판관의 임명을 허용하지 않음으로써 재판소가 분쟁에 대해 판결할 수 없도록 만든 것이다. 마르크 판회켈런Mark Vanheukelen WTO 주재 유럽연합 대사는 이렇게 말했다.

"다자간 무역체제는 심각한 위기에 빠져 있고, 미국이 문제의 중심에 있습니다."[69]

트럼프의 눈길에서 빠져나갈 수 있는 나라는 없다. 그는 노스다코타에서 열린 한 집회에서 이렇게 말했다.

"우리는 유럽연합의 나라들을 사랑합니다. 하지만 유럽연합은 미국을 이용해먹기 위해 만들어졌습니다. 아시다시피 우리는 그런 일이 일어나도록 놔둘 수 없습니다."[70]

트럼프 대통령은《폭스 뉴스》에서 중국 무역 관세 문제에 대해 유럽의 동맹국들과 협력할 생각이 있느냐는 질문을 받고 경멸하듯이 말했다.

"나는 그 나라들을 사랑합니다. 독일과 모든 나라들… 아, 스코틀랜드…"

그러나 그는 이렇게 말했다.

"그들은 우리에게 아주 심하게 대했어요."

그것은 사적인 문제는 전혀 아니라고 말했다.

"우리 부모님은 유럽연합에서 태어났어요."

그렇게 주장했지만 그의 아버지는 뉴욕시에서 태어났고, 어머니는 유럽연합의 궁극적인 뿌리인 유럽경제공동체(EEC)가 만들어지기 45년 전에 영국(스코틀랜드)에서 태어났다.

"유럽연합은 아마도 중국만큼 나쁠 겁니다. 아니, 약간 덜. 됐죠?

그들이 우리에게 하는 짓은 끔찍합니다."[71]

끊임없이 목표물과 적을 찾아내는 것은 친구를 사귀는 데 도움이 되지 않는다. 미국이 여러 세대에 걸쳐 성공적으로 만들어왔던 친구들과의 관계를 유지하는 데도 그다지 도움이 되지 않는다.

"내가 당신에게 아무것도 주는 게 없다고 말하지 마시오!"

트럼프는 2018년 6월 G7 회담에서 앙겔라 메르켈 독일 총리에게 이렇게 말했다. 그러고는 화가 나서 사탕 두 개를 책상 위에 던졌다. 트럼프는 이 회담에 늦게 도착해 먼저 떠났다.[72]

메르켈은 2018년 7월 NATO 정상회담에서 트럼프를 만나서 트럼프보다 더 목소리를 높였다. 트럼프는 개막 연설에서 이런 혹평을 퍼부었다.

"독일은 러시아의 포로입니다."

아마도 그의 보좌관들조차 당혹스러워했을 발언이다. 물론 그의 공보비서는 정상들이 얼굴을 찌푸린 것은 트럼프의 말 때문이 아니라 "성대한 아침 식사를 기대했는데 팬케이크와 치즈만" 나와서 생긴 불만 때문이라고 둘러댔지만 말이다. 독일은 러시아의 포로가 된다는 것이 어떤 것인지를 안다고, 메르켈은 트럼프에게 말했다.

"나는 그것을 직접 겪었습니다."

이는 트럼프의 말에 대한 응답이었고, 자신이 동독에서 성장한 사실을 언급한 것이었다. 당시 동독은 소련의 위성국가였다.[73]

"대통령은 다른 무엇보다도 자기 자신의 이익을 먼저 떠올립니다. 정부와는 반대죠."

트럼프가 "우리 NATO 동맹국들을 비난하고 푸틴에게 알랑거리며" 열흘을 보낸 뒤, 한 미국 외교관이 익명으로 한 얘기다. 푸틴에게 알랑거렸다는 것은 트럼프가 2018년 여름 미국 정보기관의 말을 뒤엎고 러시아는 대통령 선거 조작에 개입하지 않았다고 주장한 것과, 러시아에 의해 "불법행위"로 기소된 전 모스크바 주재 미국 대사 등 미국 국민들을 러시아 관리가 면담하도록 하자는 "엄청난" 제안에 동의한 듯하다는 점을 지적한 것이었다.[74] 트럼프가 나중에 이 제안을 거부하기는 했지만, 수전 라이스Susan Rice 전 국가안보보좌관은 백악관이 사실상 "미국인이 아니라 적대적인 외국 세력에 봉사한 것"이라고 말했다.[75]

그리고 트럼프 대통령은 미국의 가장 가까운 동맹이자 이웃인 캐나다의 온화한 쥐스탱 트뤼도 총리를 "매우 부정직하고 허약하다"라고 일축해버렸다. 2018년 G7 회담 기간에 트뤼도가 기자회견에서, 미국 대통령이 캐나다에 해를 끼치는 무역 관세를 도입하는 것이 미국의 국익에 관계된 일이라고 주장한 것은 "모욕적"이었다고 말한 뒤였다.[76] 이는 백악관 국가무역위원회(NTC) 위원장 피터 너바로가 트뤼도에 대해 한 말에 비하면 분명히 부드러운 것이었다. 너바로는 《폭스 뉴스》에서 이렇게 말했다.

"어떤 외국 지도자라도 도널드 J. 트럼프 대통령을 상대로 부정직한 외교를 일삼고 문을 나가면서 배신을 하려는 자에게는 지옥의 특석이 마련돼 있습니다."[77]

동맹국에 대한 신경질적인 타박과 함께 다른 나라들에 대한 난폭한 발언도 나왔다. 단지 난폭한 정도가 아니라, 한때 사람들에게 열심히 일하면 꿈을 이룰 수 있는 기회의 나라로 유명했던 미국의 명성에 크게 흠집을 내는 일이기도 했다.

"우리가 왜 그 '똥구덩이 같은 나라' 사람들을 다 이리 오게 해야 합니까?"

트럼프는 2018년 초 집무실에서 상원의원들을 만나 이렇게 반문했다. 아이티와 엘살바도르, 그리고 아프리카의 일부 나라들에 대한 이야기였다.[78] 동예루살렘병원연합에 대한 인도적 자금 지원 2500만 달러도 삭감했다. 이 조직은 주로 팔레스타인에 대한(물론 팔레스타인 이외의 다른 나라가 배제되는 것은 아니었다) 신생아 집중치료, 아동 투석치료, 심장병 및 안과수술 등 의료 서비스를 제공하고 있었다. 팔레스타인 원조를 감독하는 일을 맡았던 한 전직 미국 고위관리는 이 조치가 "매우 악의적인" 것이라고 말했다. 그는 또한 지원이 중단되면 병원 몇 곳이 문을 닫게 될 것이라고 경고했다.[79]

그 전해 여름에는 "유대인은 악마의 자식들이다"라고 쓰인 플래카드를 든 버지니아주 샬러츠빌 시위자들을 묵인했다. 자랑스럽게 나치스의 하켄크로이츠를 든 사람들도 있었고, 또 어떤 사람들은 19세기 내전 때의 남부연합 깃발이나 백인 우월주의자의 상징, 심지어 십자군 전사의 모습 등 아마도 더 나은 시절이라는 것을 떠올리게 하는 상징물들을 걸치기도 했다.[80] 트럼프는 시위자들을 비판하기는커녕 오히려 이렇게 말했다.

"저 사람들 가운데는 신新나치주의자나 백인 민족주의자들 외에도 많은 사람들이 있습니다. (…) 언론은 저들을 아주 불공평하게 다루고 있어요."

아무튼 그는 이렇게 덧붙였다.

"그리고 양쪽에 아주 괜찮은 사람들이 좀 있어요."[81]

이 모든 것은 몇 달 뒤 트럼프가 극우단체 브리튼퍼스트Britain First(반이민·반이슬람을 내건 영국의 극우정당 — 옮긴이)에서 올린 선동적인

동영상을 공유하면서 악화됐다.[82]

사람들의 생각을 우려하면서 흥분하는 것은 쉬운 일이다. 결국 오늘 신문은 내일 생선도 싸고 튀김도 싸는 포장지가 된다. 모든 것은 시간이 지나면 잊게 된다는 말이다. 더구나 그것이 IMF 총재나 유엔 대표들, 유럽연합 관리들, 캐나다 정치인들이나 외국인들이라면, 남들이 기분이 나빠 불평하느라 바쁜지 어떤지를 미국 대통령과 미국 관리들이 얼마나 신경 쓰고 있는지 의문을 품을 수밖에 없다.

그러나 일부에서는 한 발 더 나아간다. 한 익명의 국가안보 고위관리에 따르면, 혼돈은 그저 나쁜 소식이 아닐 뿐만 아니라 실제로 좋은 일이었다.

"항구적인 불안정은 미국에 이익이 됩니다."

그들은 《애틀랜틱The Atlantic》 편집장 제프리 골드버그Jeffrey Goldberg 에게 말했다. 필요에 따라 모든 상대가 균형을 잡지 못하게 하는 것은 미국에 도움이 된다. 다시 말해서 남들과 친하게 지내는 것보다는 일이 되는 것이 중요하다.[83]

또 다른 "대통령과 그의 생각에 정통한 백악관의 고위관리"는 '트럼프의 신조'를 어떻게 요약할 수 있느냐고 묻자, 물론 요약할 수 있는 말이 있다면서 이를 더 직접적으로 표현했다.

"트럼프의 신조는 '우린 미국이다, 새꺄!We're America, Bitch'죠. 그게 트럼프의 신조입니다."[84]

*

그것은 계획이라기보다는 슬로건처럼 들린다. 그것은 또한 손뼉을 마주치고 무례한 손짓을 하는 것이 결국은 효과를 거둘 수 있다는 자신감을 시사하는 것이기도 하다. 이는 생각과 접근의 일관성을 암시한다. 분명히 제임스 매티스 당시 국방부 장관이 미국전략사령부(USSTRATCOM) 사령관에게 내린 지시와 어긋나는 것이었다. 매티스는 사령관에게, 대통령에게 핵 경보를 울리게 될 일들은 빠짐없이 직접 보고할 것이며 심지어 "자신에게 알리지 않고는 커피 한 잔도 끓이지 말라"고 했었다. 미국 대통령이 핵무기 사용을 명령할 독점적인 재량권(그리고 지휘권)을 가지고 있다는 사실은 몇몇 사람들의 등골을 오싹하게 하기에 충분했다.[85]

예측 불가능성은 통제가 된다면 좋은 결과를 낳을 수 있다. 그러나 충동적이고 억제되지 않은 결정은 매우 큰 위험을 가져온다. 그리고 그 결과는 아무도 모른다. 익명을 요구한 한 고위 정보 관계자는 트럼프가 "결과나 위험에 대해서는 보고서를 읽거나 논의를 하거나 심지어 생각조차 하지 않고 기분에 따라 생사가 걸린 결정을 내리는" 대통령이라고 말했다. 그는 이렇게 덧붙였다.

"다행인 것은, 대통령이 아직 큰 국가 안보위기에 직면해본 적이 없다는 것입니다. 그러나 그런 일이 닥치면, 그렇게 된다면, 우린 박살나는 거죠."[86]

깡패처럼 '우린 미국이다, 새꺄!' 하고 으스대는 것은 또한 그것이 '미국 우선주의'를 관철시키고자 하는 욕망과 합치되기가 어렵다는 사실을 숨기고 있다. 서로 연결돼 있는 지구촌 경제는 더 복잡하기 때문이다. 예를 들어 애플 수익의 20퍼센트는 중국, 홍콩, 타이완에서 오는 것인데, 이는 관세(또는 미국의 경제정책으로 촉발된 강제적인 실적 악화)가 이 회사의 손익과 그 주주 및 종업원들에게 충격을 줄 것이라는 얘기다.[87] 세계 최대의 알루미늄 생산업체인 알코아Alcoa도 마찬가지다. 피츠버그에 본사를 둔 이 회사는 2018년 여름, 관세 도입으로 매달 1400만 달러의 손실을 보게 될 것이라고 시장에 공시했다. 그러자 이 회사 주가는 15퍼센트 가까이 떨어졌다.[88]

상하이 미국상공회의소 에릭 정Eric Zheng 회장이 말했듯이, 미국 기업들은 트럼프 대통령이 중국과의 무역관계를 재정립하기 위해 노력하며 "오랜 불평등을 해소하고 공정한 경쟁의 장을 만들고자" 추구한다는 사실을 환영했다. 문제는 이를 위해 미국 행정부가 시작하려는 방식이 "그들이 도와야 할 기업들을 해치고 있다"는 것이라고 그는 말했다. 관세 부과의 결과였다.[89]

세계의 다른 여러 큰 기업들이나 연륜이 짧고 유망한 신생 기업들은 모두 중국에 진출할 계획을 세우고 있거나 이미 진출해 있다. 무역전쟁은 그들의 사업 구상이나 그들의 주가, 그들의 미래에 투자한 주주들에게 압박을 가한다. 기록적인 저금리와 두둑한 기업 세금 감면이 겹쳐 2018년 상반기의 위험은 가려졌지만, 그 뒤 급격한 주가 하락으로 수조 달러의 기업 가치가 날아갔고 주식시장에서는 금융위기 이래 최악의 연간 실적을 기록했다.[90] 즉각적인 효과는 예컨대 GM(제너럴모터스)과 피아트크라이슬러가 실적 전망치를 낮춘 뒤 주가가 단 하루 만에 각기 8퍼센트와 16퍼센트 떨어진 데서 느낄 수 있었다. 이들이 전망치를 낮춘 것은 금속 비용 상승과 중국에서의 실적 감소, 또는 그 둘 모두에 근거한 것이었다.[91] "우린 미국이다, 새꺄!"는 북아메리카의 주식시장에서보다, 또는 이 과정에서 저축의 가치가 줄어든 연금 생활자들에게보다 워싱턴의 정가에서 더 크게 들린다.

이는 미국 대기업 보잉의 사례를 통해서도 볼 수 있다. 보잉의 자체 연구는 중국 항공사들이 앞으로 20년 동안 7000대 이상의 제트 여객기를 구매할 것으로 보고 있다. 가액으로 따지면 1조 1000억 달러다.[92] 외국에서 오는 수출품에 대해 미국의 문을 닫는다는 것은 당연히 미국 기업들이 세계의 다른 곳으로 나가는 문도 닫는다는 얘기다. 기회는 다른 나라들에 갈 것이다. 그렇게 되면 미국 밖의 기업들의 발전이 둔화되는 것이 아니라 가속되고, 그들로 하여금 혁신과 투자를 촉진하게 해서 사업에서 승리하도록 만든다.

사실 미국 기업들은 중국의 세계 진출 확대 과정에서 돈을 벌어들였다. 일대일로는 GE(제너럴일렉트릭)에게 "매우 큰 장사"라고, 이 회사 최고경영자 가운데 한 사람인 레이철 두안Rachel Duan은 말했다. 이 기업은 2016년 한 해에만 23억 달러어치의 관련 사업을 따냈으니 당연한 얘기였다. 이 새로운 실크로드는 계속될 것이다. 새로운 실크로드에서 더 많은 계약을 "따내는 데 우리는 온 관심을 쏟고 있다"라고 그는 인정했다. 캐터필러나 하니웰 같은 다른 미국 기업들도 비슷한 생각이었다.[93] 관세로 중국을 겨냥하면 경기가 둔화되고, 지구촌 시장에서 지구촌 고객들을 놓고 경쟁하는 거대 기업들을 덜 어렵게 하는 것이 아니라 더 어렵게 할 수 있다.

"우린 미국이다, 새꺄!"가 역효과를 낳을 수 있다는 것은 2018년 봄 미국이 다섯 개 조직과 19명의 개인에게 가한 제재를 통해 현실로 드러났다. 미국 재무부가 밝힌 제재의 이유는 이러했다.

정부는 러시아의 악의적인 사이버 공격에 맞서 대응하고 있습니다. 그들은 미국의 선거에 개입하고 파괴적인 사이버 공격을 감행하며 중요한 기반시설을 노려 침입을 시도했습니다.[94]

이 조치는 금속 가격을 급등시키는 부작용을 낳았다. 알루미늄을 생산하는 핵심 원료인 알루미나(산화알루미늄)의 가격이 80퍼센트 이상 오른 것이다. 그리고 아일랜드의 오기니시Aughinish 알루미나정련소 종업원 450명은 직장을 잃을지 모른다는 두려움에 휩싸였다. 이 회사는 제재 대상 기업 가운데 하나인 러시아의 루살RUSAL이 소유한 회사다.[95] 이는 세계적으로 알루미늄 가격이 오른다는 얘기고, 물론 미국도 예외는 아니다. 미국은 국내 제조업에서 사용하는 알루미늄의 90퍼센트를 수입에 의존하고 있다.[96]

러시아에 대한 조치는 또한 러시아의 행동 평가에 관한 미국의 정보 역량을 저하시켰다. 특히 미국에서 치러지는 선거에 대한 개입 가능성에 관해서다. 나중에 알려졌지만, 2016년 대통령 선거에 영향을 미치려는 노력으로 보이는 일들에 관한 상세한 보고가 러시아의 여러 정보원들로부터 들어온 바 있었다. 이는 곧 조용해졌다. 아마도 두 나라 사이의 적대감이 높아져 러시아 쪽에서 수준 높은 역정보 활동을 펼쳤기 때문일 것이다. 또한 2016년 러시아의 개입을 무시하고 변명하고 부정하려는 트럼프 대통령의 의지도 한몫했을 것이다.[97]

2017년 러시아에 대해 가해지고 2018년 또 한 차례 추가된 제재의 아이러니 가운데 하나는 석유 가격의 급등이었다. 유가는 12개월 사이에 30퍼센트나 올랐다. 이는 기름 값 부담으로 미국인들의 가계에 추가적인 부담을 안겼을 뿐만 아니라, 러시아 정부의 석유·천연가스 판매 수입을 늘리는 데 기여했다. 수입의 50퍼센트를 화석연료 개발과 수출에서 얻는 러시아 경제에 고유가는 혜택으로 작용했다. 2018년 봄의 이란 제재는 러시아나 이란 같은 석유 수출국에 횡재나 다름없었다. 그 수혜국의 한 고위인사는 트럼프가 "자주 저질의 트윗을 올리는 바람에” 석유 가격이 배럴당 10달러 이상 올랐다고 그를 조롱했다.[98] 이 모든 것의 결과는 물론 주유소의 석유 가격이 오르고 전 세계의 에너지 가격이 오른다는 얘기다. 당연히 미국도 예외는 아니다.[99]

이는 철강 가격의 급등에 이은 것이었다. 미국의 열간압연강 기준 가격은 12개월 사이에 두 배 가까이 뛰었다. 이에 따라 미국 상무부는 미국 내의 생산업체들이 관세와 가격 상승을 빌미로 자기네 이익을 챙기려 했는지의 여부를 살피는 조사에 착수했다. 새로운 가격을 소비자들에게 떠넘겨 피해를 주었는지를 살폈다. ‘미국 우선주의’를 관철시키는 것이 말처럼 쉽지는 않은 것이다.[100]

*

중국의 일대일로 계획에 대한 대응책을 마련하고자 애쓸 때도 마찬가지였다. 매티스 국방부 장관은 2017년 10월 상원 군사위원회에서 일대일로에 관한 질문을 받고 이렇게 말했다.

“세계화된 이 지구촌에는 많은 지대와 길이 있습니다. 그리고 어느 나라도 ‘한 지대와 한 길(일대일로)’을 지정할 위치에 있지 않습니다.”[101]

그것은 사실일지도 모르겠다. 그러나 훈센 캄보디아 총리는 이보다 몇 달 전 일대일로에 대해 묻자 이렇게 대답했다.

“다른 나라들은 아이디어는 많아도 돈이 없습니다. 그러나 중국의 경우에는 아이디어를 가져오면 돈도 함께 가져옵니다.”[102]

이런 정서는 다른 나라에서도 마찬가지다. 예를 들어 파키스탄에서는 후르람 다스트기르 한Khurram Dastgir Khan 상무부 장관이 중국에 대한 질문을 받고는 단도직입적으로 대답했다.

"중국밖엔 없습니다." [103]

미국의 고위인사들도 이를 인정했다. 렉스 틸러슨 당시 국무부 장관은 이렇게 지적했다.

우리는 이 지역의 다른 나라들, 특히 중국의 움직임과 행동을, 그들이 이곳의 많은 나라들에 제공하는 자금 지원의 방식을 주시해왔습니다. 그들에게 엄청난 수준의 부채를 떠안지 않을 수 없게 하는 방식입니다. (…) 우리가 그에 맞설 수 있는 수단을 개발하는 것이 중요합니다. 새로운 자금 조달 수단과 금융 시스템으로 말입니다. [104]

빠르게 변화하는 세계에서 대처가 느리다는 것은 그저 불리한 입장에 처한다는 것만을 의미하지 않는다. 그것은 주도적이지 못하다는 얘기이고, 결국 지도력이 없다는 얘기다.

이것은 월드하우저 장군이 아프리카에 대해 이야기하면서 주장했던 것이다. 그가 만난 모든 아프리카 국가 지도자들은 "미국의 관여를 원한다"라고 그는 말했다.

"그들 모두는 미국의 지도력을 원합니다. 그것은 클 필요가 없고, 거창할 필요도 없습니다. 그러나 그들은 자기네가 우리의 지지를 받고 있는지를 알고 싶어 합니다. 그들은 우리의 지도를 받기를 원합니다. 그들은 우리와 관계 맺기를 원합니다. 그들은 정말로 원합니다." [105]

대처가 느리다는 것은 또한 기정사실fait accompli을 처리해야 한다는 말이다. 그것을 뒤집기는 어렵고, 경우에 따라서는 불가능하다. CIA(중앙정보국) 동아시아태평양미션센터(EAPMC) 부국장보 마이클 콜린스Michael Collins는 중국의 남중국해 확장을 저지하지 못하면 미국은 사실상 '동방의 크림반도' 문제를 처리해야 한다는 얘기라고 말했다. 2014년 러시아가 흑해의 크림반도를 병합한 일을 이야기한 것이었다. 출항한 배를 멈춰 세우기란 어려운 법이다.[106]

그러나 또 다른 문제는 '항구적인 불안정'이 어떤 경우, 어떤 상황에서는 정말로 '미국의 이익'을 가져올 것이라는 사실이다. 그러나 그것이 친구를 얻게 하지는 못한다. 더 분명하게 말하자면 그것은 또한 처리하기 벅차고 힘든 것으로 드러나게 될 새로운 동맹과 새로운 블록들을 구체화하는 데 도움을 줄 수 있을 것이다. 다른 나라들로 하여금 서로에게 도움이 되는 공통의 입장과 해법을 찾도록 압박한 결과다.

*

새로운 세계인 신흥국의 경우, 특히 떠오르고 있는 중국과 관련해서 미국은 인도에 모든 것을 걸기로 결정했다. 이는 심지어 트럼프가 당선되기도 전에 결정됐던 듯하다. 대통령 후보 시절 트럼프는 중국이 미국 경제에 얼마나 큰 손해를 끼치고 있는지 이야기하면서, 자신이 인도는 매우 다르게 보고 있음을 또한 분명히 했다.

"나는 인도인들을 엄청 좋아합니다. 나는 인도를 엄청 좋아합니다. 엄청, 엄청 좋아합니다."

그는 선거 유세 여행 도중 이렇게 말했다. 그러고는 또 덧붙였다.

"내가 대통령에 당선되면 인도인들과 힌두교 사회는 백악관에 진정한 친구를 두게 될 것입니다. 내가 그걸 보장할 수 있습니다."[107]

아시아에 새로운 방벽을 만들고 싶다는 욕망은 2017년 여름 마이클 펜스 부통령도 똑같이 강력하게 표명했다. 아프가니스탄과 그 너머에 대한 미국의 전략은 "인도와의 강력한 전략적 동반자 관계"에 바탕을 두어야 한다고 펜스는 썼다. 인도는 "세계 최대의 민주주의 국가이자 핵심적인 안보 및 경제 동반자"였다.[108] 매티스 장관은 더욱 노골적이었다. 그는 상원의 한 청문회에서 이렇게 말했다.

"지금 우리가 맞고 있는 것은 세계 양대 민주주의 국가인 미국과 인도 사이의 전략의 수렴 현상입니다. 수십 년 만에 갖게 된 기회입니다. 평화에 대한, 번영에 대한, 지역 안정에 대한 공통의 이익을 바탕으로 함께 노력해야 합니다."

인도는 "세계에서 더 큰 역할"을 하고 있다고 그는 말했다.

"우리 입장에서 볼 때 그 역할은 당장 전적으로 긍정적입니다."

그에게 이것은 분명한 사실이었다.

"인도와 미국, 우리는 자연스러운 동반자입니다."[109]

역사는 이 그럴듯한 견해의 편이 아니었다. 인도는 냉전 기간 동안 비동맹운동의 주역이었다. 그리고 소련과 가까운 관계였다. 소련은 인도의 3군 모두에 많은 무기를, 그것도 매우 후한 조건으로 공급했다. 심지어 그들은 미그제트 전투기를 인도에서 공동 생산할 수 있도록 허용하기까지 했다.[110] 1980년대에 소련은 4년 동안에 75억 달러어치 이상의 무기를 인도에 넘겨주었다. 당시로서는 엄청난 양이었다.[111]

심지어 지금도 러시아는 인도에 대한 무기 공급에서 단연 가장 큰 손이다. 스톡홀름국제평화연구소(SIPRI)에 따르면, 러시아는 2013년부터 2017년까지 인도의 무기 구매 총량의 3분의 2 가까이를 차지했다.[112] 러시아 자본이 2017년 인도 에사르석유의 지배 지분을 129억 달러에 사들인 것은 인도가 러시아의 생산자 및 유전에 투자하고 액화천연가스를 처음으로 수입한 일과 견줄 수 있으며, 두 나라는 다른 중요한 협력관계도 맺고 있다.[113] 인도는 러시아에 지원과 제휴를 기대하고 있다. 미국이 아닌 것이다. 그것도 최근 몇 년 사이의 일이 아니라 반세기 넘게 이어진 관계다.

인도의 비위를 맞추려는 미국의 시도는 매티스 장관이 의회에서 답변을 요구받았을 때 왜 일대일로 계획의 옳고 그름에 대해 철저하게 따졌는지를 설명해준다. 그는 이렇게 말했다.

"일대일로는 또한 분쟁 지역을 통과합니다. 나는 그것 자체가 그런 식의 규정을 굳히려는 시도의 취약성을 보여준다고 생각합니다."[114]

다시 말해서 미국과 인도는 협력해 나가는 것이 이치에 맞는다는 얘기다. 그들은 공통된 적수를 갖고 있기 때문이다.

국무부의 브리핑도 비슷한 식으로 이야기하고 있다. 중국을 직접 언급하지는 않지만, 미국의 목표가 중국의 영향력과 세력을 억제해 균형을 회복하려는 것임은 금세 알 수 있다. 한 고위관리는 이렇게 말했다.

"인도가 (…) 시간이 흐른 뒤 인도양-태평양 지역에서 더 영향력 있는 나라가 되도록 확실히 하는 것이 우리의 정책입니다."

이러한 목표는 세계 문제에 대한 미국의 이상적인 비전과 분명하게 연결돼 있었다.

"인도가 이 지역에서 점차 중요한 역할을 하는 것은 우리의 이익, 미국의 이익과 아울러 이 지역의 이익과도 관계가 있습니다."[115]

미국과 인도의 자연스러운 협력이라는 가정은 당시 미국 인도양태평양사령부 사령관 해리 해리스 제독의 말에서 분명하게 드러난다. 그는 뉴델리에서 열린 연례 라이시나Raisina 회의에서 이렇게 말했다.

"미국과 인도 해군 함정들이 나란히 나아가는 모습은 인도양과 아시아-태평양 바다에서 일상적이고 반가운 모습이 될 것입니다. 우리가 모든 나라를 위해 바다의 자유를 지키며 함께 노력하는 모습입니다."[116]

이는 인도로 하여금 선택의 여지를 갖도록 도움을 주는 한 분명히 상호 이익에 부합한다. 인도의 군사 전략가들은 타이완과 협력하는 것 역시 상당히 중시한다. 인도는 타이완이 중국의 군대 배치를 예의 주시하고 있음을 열심히 추적하고 있다.

"우리는 타이완에 의존하고 있습니다. 그들이 중국을 감시하고 있기 때문이죠."

한 고위 소식통은 이렇게 말하고, 인도 장교들이 "연구차" 타이완을 자주 찾는다고 덧붙였다.[117]

여기서의 문제는 인도가 아시아에서 미국의 완벽한 파트너인 것으로 보이지만 인도 정부도 그렇게 생각하는지는 분명치 않다는 점이다. 우선 그들은 러시아와 긴밀한 관계를 맺고 있다. 러시아는 기회 있을 때마다 나렌드라 모디 인도 총리에게 잘 보이려고 세심한 관심을 기울여왔다. 그것은 효과적이었던 듯하다. 군사 장비 판매에서 2016년 10월 고아의 원자로에 이르기까지 여러 가지 협정이 발표된 것으로 보자면 말이다. 모디 총리는 러시아가 "인도의 오랜 친구"라고 말했다. 그리고 옛 친구는 새 친구 둘보다 낫다고 덧붙였다.[118]

인도의 일각에서는 또한 중국의 부상에 맞서기 위한 파트너로서 러시아가 더 나은 선택지라고 보고 있다. 한 평론가는 이렇게 말했다.

"중국의 패권을 저지하고 힘의 균형을 회복하기 위해 인도와 러시아가 유라시아 대륙에서 협력할 여지는 충분하다."

IT기술이나 재생에너지 분야에서 협력하는 것이 그 사례로 꼽혔다.[119]

인도 육군 참모총장 비핀 라바트는 러시아로부터 무기를 조달하는 일과 이 때문에 미국이 인도 및 인도군에 대해 조치를 취할 가능성이 없느냐는 질문을 받고 퉁명스럽게 대답했다.

"네, 우리도 우리에게 제재가 가해질 수 있음을 알고 있습니다. 그러나 우리는 자주적인 정책을 추구합니다."[120]

이는 해리스 제독의 언급이 있은 후 인도에서 왜 격한 비판의 목소리가 나왔는지를 설명하는 데 도움을 준다. 그중 하나가 마노하르 파르리카르Manohar Parrikar 국방부 장관이 한 말이다.

"해군 합동 순찰에 관해 미국과 어떤 이야기도 한 적이 없습니다. 더구나 인도 해군은 다른 나라와 합동 순찰을 한 적이 한 번도 없습니다."[121]

미국이 자연스러운 동맹자로 생각했던 사람들은 자기네의 독립을 조심스럽게 지키고 있다. 그리고 미국의 예상보다 더 엉뚱하게 움직일 수도 있다.

인도와 미국 사이에는 까다로운 경제적 관계라는 문제도 있다. 한편으로 인도는 이상적인 동반자로 보이지만, 다른 한편으로는 경쟁자이기도 하고 멸시의 대상이기도 하다. 이제 인도로 하여금 미국을 "아무나 털어가는 돼지저금통"으로 쓰지 못하게 해야 할 때라고 트럼프 대통령은 2018년 여름에 말했다. 모디 총리를 "멋진 사람"이라고 부른 것은 이 인도 지도자의 자존심을 세워주려는 것이었겠지만, 이런 얘기와 "셀 수도 없이 많은" 인도 상품들에 세금을 때리겠다고 위협하는 트럼프의 말을 듣는 대부분의 인도인들은 미국에 대해 공감하는 마음을 가졌을 것 같지는 않다. 차라리 트럼프가 아무 말도 하지 않는 편이 나았을 것이다. 특히 그가 미국에 대해 어떻게 이야기하고 세계의 나머지 나라들에 대해 어떻게 이야기하는지의 측면에서 그렇다.[122]

인도가 계속 미국의 기분을 맞춰주려 애썼던 이유 가운데 하나는 대가를 지불하든지 미국 시장에서 나가든지 하라는 위협 때문이었다. 예컨대 인도는 미국에 항공기 구매를 제안하고 석유와 천연가스의 수입을 늘리겠다고 했다. 미국이 인도에 대한 철강과 알루미늄 관세 면제 허용을 거부하자 인도 정부는 호두와 아몬드에 대한 새로운 관세를 부과했다. 미국의 전체 아몬드 수출의 절반가량이 인도에서 사가는 것이었으니 대수롭지 않은 조치는 아니었지만, 대응의 제스처이면서도 적대적인 것은 아니라고 평가됐다.[123] 미국의 경제적인 힘은 너무 세기 때문에 거기에 맞서 싸우는 것은 조심스럽고 신중해야 했다.

그럼에도 불구하고 미국과 함께할 중요한 이익이 있다. 역사적인 통신호환보안협정(COMCASA) 체결에서 분명히 드러나듯이 말이다. 이 협정은 여러 가지 방위와 관련된 문제에서 더욱 긴밀한 협력을 도모하고, 인도가 민감한 설비에 접근할 수 있게 하며, 인도를 일본·오스트레일리아와 함께 '아시아의 NATO'에 참여할 수 있도록 유도하는 것이다. 모두가 긴밀한 관계로부터 이득을 얻기 위한 것이다. 특히 중국 문제와 관련해서라면 말이다.[124]

그러나 인도는 중국과 경쟁관계임에도 불구하고 강력한 이웃에 대해 불필요한 적대 행위는 피하고 있다. 적대를 위한 적대를 심화하는 대신에 건설적인 언사를 발전시키려 하고 있는 것이다. 더구나 인도로서는 중국과의 (나아가 다른 나라들과의) 관계를 가능한 한 실용적으로 유지하려 노력하는 데에 분명한 이점이 있다.

2018년 봄 우한에서 열린 정상회담에서 시진핑 주석과 모디 총리는 중요한 연대 성명을 발표했고, 외교 의전에서 모디 총리는 특별한 예우를 받았다. 놀라운 것은 모디 총리가 특히 도클람 국경 분쟁과 해상의 문제 등 차이를 두드러지게 하기보다는 두 나라가 세계 역사에서 중요한 역할을 했음을 강조하려 애썼다는 점이다. 두 나라는 공통점이 많다고 그는 말했다. 그 말이 놀랍지 않은 이유가 있었다.

"인도와 중국은 지난 2000년 가운데 1600년 동안 세계 경제의 견인차 노릇을 해왔습니다."[125]

정상회담에서 두 지도자는 또한 더 긴밀하게 협력하는 방안에 대해 논의했다. 그 첫 번째 계획으로 아프가니스탄에서의 사업을 제기하기도 했다.[126]

협력은 우한 회담 이후 계속됐다. 예를 들어 2018년 6월 칭다오青島에서 열린 상하이협력기구(SCO) 회담 동안에 중국이 홍수철에 티베트에서 발원하는 브라마푸트라강의 유량 정보를 인도에 제공한다는데 동의했다는 발표가 나왔다. 홍수를 예측하는 한편 물 부족도 미리 예측하는 데 도움을 주는 조처였다. 중국이 바스마티 쌀(길쭉하고 향기가 나는 인도 특유의 벼 품종—옮긴이) 이외 품종의 쌀을 수입하기로 약속한 협정과 군사 협력을 위한 잠정 협정은 세계에서 가장 인구가 많은 두 나라 사이의 초기 합작의 또 다른 사례가 되고 있다.[127]

미국이 인도에 대해 기대를 걸고 있는 한 그것이 상황을 혼란스럽게 하는 원인이 되고 있지만, 이란에 관한 핵협정에서 발을 빼기로 한 트럼프 대통령의 결정 역시 마찬가지다. 트럼프가 이런 조치를 취한다고 발표했을 때 놀란 사람은 거의 없었다. 국제 문제든 국내 문제든, 백악관의 전 주인 버락 오바마가 취했던 거의 모든 정책을 모조리 펼

하하고 훼손하고 없애버리는 것이 습관이 돼버렸기 때문이다. 이란 국민을 해방시키고 정권 교체를 가져오는 일에 관해 이야기하겠다는 결의는 백악관 내부 또는 가까운 거리에 있는 사람들이 최근의 역사마저도 더 공부할 필요가 있음을 보여주었다.[128]

트럼프는 2018년 5월 이란핵협정에서 탈퇴하면서 이렇게 말했다.

"당시 건설적인 협정이 쉽게 도출될 수 있었지만 그러지 않았습니다. 이란 협상의 핵심에는 거대한 허구가 있었습니다. 흉악한 정권이 오직 평화로운 원자력 프로그램만을 원한다는 허구입니다."

IAEA(국제원자력기구)가 정반대의 조사 결과를 제시했음에도 불구하고 트럼프는 자신이 "이란의 이 약속은 거짓말이었다는 결정적 증거"를 가지고 있다고 말했다. 협정은 "형편없는 협상"이었다고 깎아내렸다.

"그 협정은 평온을 가져오지 않았고, 평화도 가져오지 않았습니다. 결코 그럴 일이 없을 것입니다."

그는 이어 협정을 폐기하는 것이 중요하다고 말했다. 다름 아닌 이란인들을 돕기 위한 것이었다. 그는 이렇게 말했다.

"그러나 이란의 미래는 이란 국민의 것입니다. 그들은 풍요로운 문화와 오래된 나라의 정당한 상속자입니다. 그들은 자기네 바람이 공정하게 다루어지고 자기네 역사가 존중을 받으며 신을 자랑스럽게 여기는 나라를 가질 자격이 있습니다."[129]

2주 뒤 마이클 폼페이오 국무부 장관은 그런 일이 일어날 수 있도록 하기 위한 방법을 제시했다.

"우리는 이란 정권에 대해 전례 없는 재정 압박을 가할 것입니다."[130]

그 효과는 거의 즉각적으로 나타났다. 테헤란의 시장은 사실상

문을 닫았다. 상인들이 팔 물건을 수입할 수 없었기 때문이다. 걷잡을 수 없는 인플레이션과 경제의 불확실성에 직면한 상태에서, 구할 수 있는 상품도 적정 가격을 매기기가 어려웠던 것도 이유 가운데 하나였다.[131] 이란 리알화의 가치 폭락은 미국이 편 정책의 즉각적인 결과 중 하나였다. 또 하나는 2018년 여름 이란의 여러 도시에서 일어난 가두 시위였다.[132]

제재가 가해지자 의사들은 이란 전역에서 의료 서비스에 차질이 빚어질 것이라고 경고했다. 약품 공급이 끊기고, 이란의 은행 시스템이 마비돼 사실상 의료비 지불도 불가능할 것이라는 지적이었다. 폼페이오는 거래를 위한 "안전한 채널을 찾는 것은 미국의 몫이 아니"라고 말했다. 그는 이어 "이란의 은행 시스템에서" 은행이 신뢰를 받지 못한다면 그것은 "이란의 문제"라고 말했다.[133]

1990년대에 이라크에 대한 비슷한 제재는 가난하고 배고프고 아픈 사람들에게 심각한 영향을 미쳤다.[134] BBC 텔레비전에 출연한 폼페이오는 무고한 사람들이 고통을 받는 사실에 대한 질문을 받고는 이렇게 말했다.

"이란 지도부는 자기네 국민의 배를 채워줄 생각이 있는지에 관해 결정을 내려야 합니다."

미국이 취한 조치에 대해서는 이렇게 변명했다.

"우리의 노력은 이란 국민을 처벌하려는 것이 아닙니다. 사실은 정반대입니다."[135]

미국의 조치가 이란에 부담을 안겼다는 또 다른 증거는 경제부 장관의 해임과 수십 명의 경제 파괴자 체포, 그리고 텔레비전으로 방영된 로하니 대통령의 추궁에서 분명해졌다.[136] 모함마드 자리프 외교부 장관이 이란의 부패 근절에 관해 언급한 뒤 날조 혐의로 고발당한 것은 이란 정권을 뒤흔들려는 시도들이 온건파를 침묵시키거나 심지어 몰아내고 강경파의 입지를 강화해줄 가능성이 더 크다는 사실을 보여준다. 다시 말해서 미국의 의도와는 정반대인 것이다.[137]

*

시간을 벌기 위한 노력의 하나로 이란은 헤이그 국제사법재판소(ICJ)에 미국의 제재 중지를 위한 소송을 제기했다. 이 제재가 "노골적인 침략"이며, 그 목표는 이란의 "경제적 교살"이나 다름없다는 것이다.[138] 이에 대해 미국은 국제사법재판소가 어떤 결정을 내리든 상관하지 않겠다는 반응을 보였다. 국제사법재판소는 분쟁에 대해 판결할 권한이 없다는 것이었다.[139] 이란이 미국과 새로운 협정을 맺길 원한다면 열두 가지 요구를 충족시켜야 한다고 했다. 이란이 그렇게 한다면 미국은 "우리의 제재 모두"를 중단하며, "이란과의 완전한 외교적·상업적 관계를 재개"하고, 심지어 이란이 "첨단기술"에 접근하는 것도 허용하겠다고 밝혔다.[140]

문제는 요구 목록이 1914년 1차 세계대전으로 치달아가던 시기에 세르비아에게 제시됐던 최후통첩에 포함된 내용을 떠올리게 한다는 점이다. 다시 말해 해내기 불가능할 만큼 굴욕적이지만 않을 정도로 광범위한 요구 목록이었다. 어쨌든 이런 접근법이 이란의 파괴를 초래한다면 그것이 이 나라 국민에게나 이 지역에, 그리고 미국에 긍정적인 결과를 가져올지는 미지수다.

리커창李克强 중국 총리가 경고했듯이, 이 조치의 가장 큰 위험성은 바로 이란이나 이 지역, 그리고 어쩌면 세계 전체에도 전대미문의 결과를 초래하리라는 것이다.[141] 따라서 일부 이라크 정치가들이 주장했듯이 이라크 당국이 이란의 에너지 공급에 대한 대금 15억 달러를 지불하지 않기로 한 결정의 배후에 미국이 있겠지만, 그 결과(이란이 전력 공급을 중지한 뒤 바스라와 이라크 남부 지역에서 가두시위와 폭동이 일어났다)는 한 나라의 삶만 어렵게 만드는 것이 아니라 또 다른 나라의 내부 파열과 붕괴를 가져오게 될 것이다.[142]

사실 미국의 접근법은 이란 내부를 결집시키는 촉진제가 되었다. 이슬람혁명수비군(IRGC) 간부인 카셈 솔레이마니Qasem Soleimani 소장은 로하니 대통령이 트럼프의 행동에 대해 격렬한 언사를 쏟아낸 뒤 로하니에게 이런 편지를 썼다.

"저는 대통령께서 시기적절하고 신중하며 올바른 발언을 하신 데 대해 경의를 표하기 위해 당신의 손에 키스를 올리겠습니다."

이런 정서는 강경파 신문인 《바탄이엠루스Vatan-e-Emrooz》도 공유하고 있었다. 이 신문 역시 로하니 대통령의 성난 표현을 칭송했다.[143] 외부에서 압력이 들어오면 분열되기보다는 단합하는 것이 상례다.

그러나 이란에 가해진 압력은 또한 한 나라에만 초점을 맞춘 채 큰 그림을 보지 않고, 한 곳에서 이루어진 결정이 다른 곳에 어떤 영향을 미칠지에 대한 인식이나 이해의 결핍이 불러오는 위험성을 보여준다. 미국의 이란핵협정 탈퇴 결정 이후 도입된 이란에 대한 제재는 이란과 러시아가 가까워질 수 있는 기회를 제공했다. 그것이 2018년 여름 카스피해의 법적 지위에 관한 화해가 이루어질 수 있었던 배경의 하나였다. 레반 자가리얀Levan Dzagaryan 이란 주재 러시아 대사는 이렇게 말했다.

"이란은 따돌림을 할 수 있는 나라가 아닙니다."

이란과 함께 일할 수 있는 것은 외교와 관여와 설득을 통한 것뿐이라고 그는 덧붙였다. 이어, 러시아의 입장에서는 미국의 이란 제재가 "불법적"이라고 말했다. 미국의 위협은 러시아와 이란의 관계에 아무런 영향도 미치지 못할 것이라고 그는 말했다.[144]

러시아와 이란 사이의 연대는 미래의 협력 사업에 대한 제안으로 이어졌다. 2014년 러시아에 병합된 크림반도를 새로운 철로를 통해 이란과 연결하는 계획과 볼가-돈 운하 같은 사업들이다. 특히 볼가-돈 운하는 현실적인 것이라기보다는 희망의 표현에 더 가깝다. 비용이 많이 들고 경제적 타당성은 제한적이기 때문이다.[145] 이들은 협력과 보장을 위한 더 광범위한 열정의 한 부분이며, 여기에는 러시아과학원 동양학연구소 같은 기관들의 열정적인 보고 활동이 또 한 요소가 된다. 이란은 언제나 러시아에게 "뒷문"이었다. 이란이 미국에게 공격당하면 어떻게 될지를 분석하는 한 기사에 나온 얘기다.

"이란과의 전쟁은 미국이 세계의 강국 노릇을 끝내게 하기에 충분하다." 그 결과로 사우디아라비아는 "영원히" 석유 공급을 하지 못하게 될 것이고, 덤으로 이스라엘은 파멸의 길로 들어설 것이다.[146]

얼마 뒤에 로하니 대통령은 이렇게 말했다.

"미국은 이란과의 평화가 모든 평화의 근원이고, 이란과의 전쟁이 모든 전쟁의 근원임을 알아야 합니다."

적대 정책은 오직 후회만 가져올 것이라고 그는 덧붙였다.[147] 이는 트럼프 대통령의 즉각적인 반응을 불러왔다. 그는 강조의 표시로, 대문자(굵은 글자로 표시했다 — 옮긴이)로 트윗을 날렸다.

다시는 절대로 미국을 위협하지 마시오. 그러지 않으면 역사상 소수의 사람들이 이전에 당했던 것과 같은 일을 감수해야 할 거요.[148]

아마도 핵 공격을 염두에 둔 듯한 이 경고는 조금 뒤 미국 국가안보보좌관 존 볼턴John Bolton에 의해 다시 강조됐다. 그가 옮긴 트럼프의 말은 이랬다.

"이란이 조금이라도 허튼짓을 하면, 이전에 소수의 나라들이 치렀던 것처럼 대가를 치러야 할 거요."[149]

이것은 나이트클럽 주인의 위협이라고, 솔레이마니 소장은 말했다. 트럼프가 카지노에 사업적 관심을 가지고 있음을 빗댄 것이었다. 트럼프는 아마도 이란이 물러서기를 바라기 전에 아프가니스탄과 다른 곳에 남겼던 미국의 과거 발자국을 되돌아보는 게 나을 것이다.[150]

적대감과 가시 돋친 말들, 그리고 위협이 가속화되리라는 전망은 현실적인 것이지만, 그러는 사이에 말의 전쟁은 인도에 큰 골칫거리가 될 가능성이 있다. 인도는 이란과 좋은 관계를 맺기 위해 열심히 노력해왔다. 무역관계(특히 에너지 분야의)를 구축하는 것이기도 하지만, 파키스탄과의 해묵은 경쟁관계를 상쇄하려는 것이기도 하다.

이란과 거래를 하는 모든 기업은 제재를 받을 것이라는 선언은 인도에서 상당한 불안의 근원이었다. 인도는 성장하는 경제에 에너지를 원활히 공급하기 위해, 이란 남부에서부터 새로운 심해 송유관을 부설하고 천연가스와 석유의 수입을 늘리는 문제를 논의하고 있었다. 인도가 현재 석유의 약 3분의 1을 이란으로부터 공급받고 있음을 감안하면, 미국의 제재는 인도에 사는 수억 명의 국민에게 상당한 영향을 미칠 수밖에 없다. 인도는 미국이 남아시아, 더 나아가 아시아 전체에서 주요 동맹국으로 생각하고 있는 나라다. 볼턴 미국 국가안보보좌관은 제재의 목적에 대한 질문을 받고 이렇게 반문했다.

"어떤 기업이, 어떤 기업의 주주가 국제 테러리즘의 세계 중앙은행장과 거래를 하고 싶겠습니까?"[151]

인도 뭄바이에서 난로에 불을 붙이거나 불을 켜려고 하는 사람들은 이 질문에 대답할 수 있을 것이다.

미국은 이란에 대해 단호한 입장을 취했다. 예외가 없었다. 미국 국무부의 고위관리는 제재가 인도에 어떤 영향을 미칠 것인지를 묻자 이렇게 말했다.

"우리는 의무 면제를 허용하지 않습니다."

미국은 인도가 이란으로부터 석유를 수입하는 일이 "의문의 여지없이 완전히 없어질"[152] 것을 기대하고 또 요구하고 있다. 인도가 석유 공급을 어떻게 대체할 것인지나 현지 물가가 경제 성장에 어떤 영향을 미칠지에 대해서는 눈곱만큼도 생각지 않은 듯했다. 조그만 물가 상승 압력에도 대처하기 어려운 수백만 명의 가난한 사람들에 대해서도 마찬가지다.

공교롭게도 예외는 없을 것이라고 했지만 미국은 곧 인도의 예외를 인정해주었다. 이란 석유 수입국 대부분에 대해서도 마찬가지였다.[153] 문제가 된 것은 인도의 석유 공급만이 아니었다. 당초 이란핵협정이 체결된 뒤인 2016년, 인도는 이란 차바하르항의 확장에 5억 달러를 투자하기로 약속했다. 중국이 자금을 대고 건설하는 파키스탄 과다르항에 대한 대응책의 일환이었다. 또한 이란 아야톨라 하메네이가 말한 대로, 인도와 이란 사이의 "깊숙하고도 장기적이며 유용한 협력 기반을 마련"할 수 있는 합작사업이라는 의미도 있었다.[154] 항구에 이어 자유무역지대에 대한 160억 달러의 투자 제안이 있었다. 이는 그 자체로 인도를 이란과 아프가니스탄으로 가는 철도 및 도로망과 연결해 미래를 위한 기회를 여는 더 광범위한 계획의 일환이었다.[155] 이 새로운 연결망 가운데 일부 공사는 시작됐고, 일부 단계는 이미 끝나 있었다.[156] 다시 한 번 이란의 동맹자와 동반자들을 응징하겠다던 위협은 공허한 이야기임이 입증됐다. 차바하르 문제 역시 마지막 순간에 응징 조치에 관한 위협에서 면제됐다.[157]

인도의 투자를 위험에 빠뜨렸던 것과 마찬가지로, 이란과 (또는 이란 내에서) 사업을 하는 주체들 역시 위험에 빠질 수 있다는 경고를 받았다. 차바하르는 이미 아프가니스탄에서 오는 상품과 물자를 거래하는 통로로서 가능할 뿐만 아니라 매우 경쟁력 있는 곳으로 입증됐다. 카라치를 대신할 수 있는 새로운 대안을 여는 것이다.[158] 미국이 궁극적으로 이 불가능에 가까운 일을 어떻게 해낼 것인지는 예측하기 어렵다. 님라타 헤일리는 2018년 여름 인도를 방문해 이렇게 말했다.

"우리는 이 항구가 개발되어야 한다는 것을 알고 있고, 미국은 이를 위해 인도와 함께 노력할 것입니다. (…) 인도는 아프가니스탄에서 우리와 중요한 동반자였고, 정말로 미국을 돕기 위해 노력하고 있습니다."

그것이 차바하르와 인도에 대해 의미하는 바는 분명하지 않다. 헤일리는 조심스러운 표현으로 이렇게 말했다.

"우리는 바늘귀에 실을 꿰고 있음을 알고 있습니다."[159]

*

이란에 대한 조치는 복잡한 문제를 더욱 복잡하게 만들었다. 차바하르 개발은 우즈베키스탄 등 자원이 풍부한 중앙아시아 국가들에 기회를 제공한다. 자원을 빠르고 값싸게 수출할 수 있는 것이다. 이 문제는 복잡한 것이었지만 이란에 대한 제재로 좀 단출해진 측면이 있다.[160] 그리고 터키 문제가 있다. 이 나라는 미국의 오랜 동맹국이었지만, 지금은 다른 방향으로 표류하고 있다. 터키 외교부 장관 메블뤗 차부쇼을루는 이렇게 말했다.

"이란은 좋은 이웃이고, 우리는 경제적 유대관계가 있습니다. 우리는 다른 나라가 이야기했다는 이유로 이란과의 교역관계를 단절하지 않을 것입니다."[161]

니하트 제이베크지Nihat Zeybekci 터키 경제부 장관은 한 발 더 나아갔다. 그는 이렇게 말했다.

"이란이 이 지역에서 더욱 강해지면 터키 역시 더욱 강해집니다. 터키가 더욱 강해지면 이란 역시 더욱 강해집니다."[162]

이에 따라 이란을 약화하려는 노력은 다른 나라에서도 역시 역효과를 낳았다. 에르도안 터키 대통령은 마지막 제재가 가해졌을 때 오바마 미국 대통령에게 이렇게 말했다.

"미안합니다만, 우리는 이란에서 천연가스를 사고 있습니다. 거기서 살 수 없다면 달리 어떻게 천연가스를 구할 수 있겠습니까?"[163]

에르도안은 이란에 대한 제재 참여를 거부하며, 이란은 "우리의 가장 중요한 전략적 동반자 가운데 하나"라고 말했다.[164]

미국 정부에 밉보일 위험성 때문에 일부에서는 사소한 일에도 세심하게 신경 쓸 수밖에 없었다. 나이키는 2018년 6월 FIFA 월드컵 개막 사흘 전에 이런 발표를 하지 않을 수 없었다.

"나이키는 미국 회사로서, 미국의 제재 조치에 따라 이번에 이란 국가대표 팀 선수들에게 운동화를 공급할 수 없습니다."

스포츠의류 회사가 이란 축구팀에 22켤레의 신발을 공급하는 것을 이렇게 두려워했다면, 그 밖의 사람들도 똑같은 우려를 했다고 해서 놀랄 일은 아닐 것이다.[165]

프랑스의 석유 탐사 회사 토탈Total 역시 마찬가지였다. 이 회사는 세계 최대의 천연가스 매장지인 이란의 남파르스(페르시아만 해저에 있다 — 옮긴이) 개발 계약에 서명한 바 있었다. 개발 비용은 50억 달러로 추정됐다.[166] 2018년 겨울, 토탈의 자리는 중국의 대형 석유회사 중국석유그룹(CNPC)으로 대체됐다. 공교롭게도 이란을 약화시키기 위해 취한 조치가 에너지 분야에서 중국의 영향력 강화로 귀결됐다. 다만 적어도 현재로서는 중국석유그룹이 거시적인 판단에 따라 가스전 개발을 하지 않기로 동의했다.[167]

세계 양대 항공기 회사인 보잉과 에어버스의 경우도 있다. 이들은 2016년 말 이란에 총액 390억 달러에 달하는 상업용 항공기를 공급하는 업무 협약에 서명했다. 이 계약들 역시 아마도 이행되지 않을 것으로 보인다. 두 기업 모두의 노동자들과 주주들에게도 영향을 미칠 것이다.[168]

다시 한 번 공교롭게도, 분명한 수혜자는 물론 중국이다. 중국 상무부 대변인 가오펑高峰에 따르면, 중국은 미국의 제재에 개의치 않는다고 했다. 미국의 위협과 조치에 관계없이 평소와 마찬가지로 이란과 계속 거래하겠다는 것이다.[169] 이는 두 가지 맥락에서 놀랍지 않다. 중국은 지리정치학적으로 미국의 대안이 되고 있으며, 또한 중국 기업들에 기회가 되고 있기 때문이다. 스위스 슈타들러철도가 따냈던 1000량의 지하철 객차 공급 계약은 이란과 (또는 이란 내에서) 사업을 하는 모든 기업에 제재를 가한다는 미국의 방침 때문에 진행될 수 없게 됐다. 슈타들러의 판매 책임자는 이렇게 말했다.

"지하철 주문은 아마도 중국이 낚아챌 것 같습니다."

필리프 벨티Philippe Welti 전 테헤란 주재 스위스 대사는 이것이 놀라운 일이 아니라고 말했다.

"중국은 빈 곳이 생기면 무조건 뛰어듭니다."[170]

제재(또는 제재의 공포)는 엑슨이 러시아 로스네프트Rosnéft와의 합작사업에서 철수한 이유 가운데 하나였다. 푸틴 대통령과 가까우면 골치가 아파진다는 사실이 미국 및 유럽연합 당국자들에 의해 분명해진 뒤였다. 이런 결정은 "2017년 하반기에 미국이 러시아에 대한 제재를 체계화하고 확대했다"[171]는 사실과 직접 연결돼 있었다. 평가에 따르면 이는 러시아 북극해 지역 탐사 사업에서 5000억 달러의 투자 계획이 사라져버렸다는 얘기였다.[172]

이런 조치들이 미국의 일자리와 미국 경제에 미친 영향과는 별도로, 미국의 강압전술과 위협은 오랜 친구들을 화나게 했다. 독일에서는 리처드 그레널Richard Grenell 미국 대사가 베를린에 부임한 첫날 "이란에서 사업하고 있는 독일 기업들은 당장 가동을 멈춰야 한다"라고 경고하자 충격에 빠졌다.[173] 그렇게 하지 않을 경우 후과를 각오해야 하며, 그것이 독일 기업들을 어려움에 빠뜨릴 것이라고 그는 말했다.[174] 이에 따라 페터 알트마이어Peter Altmaier 경제에너지부 장관은 "독일 기업들을 미국 정부의 결정으로부터 보호하기 위한" 법적 조치로서 자신

이 할 수 있는 것은 아무것도 없다는 잔인한 고백을 해야 했다.[175]

이는 다시 이례적인 연쇄 사건들을 불러왔고, 여기에는 장-클로드 융커 유럽위원회(EC) 위원장도 휘말렸다. 그는 유럽 기업들이 미국의 이란 제재 조치에 따르는 것을 금지하는 이른바 대항입법을 가동시키고자 했다. 그는 이렇게 말했다.

"우리, 유럽위원회와 유럽연합에게는 우리 유럽 기업들을 보호할 의무가 있습니다. 우리는 지금 법을 만들어야 하고, 지금 법을 만들 겁니다."[176]

2018년 8월 7일 발효된 대항입법은 유럽연합에 근거지를 둔 기업이 징벌의 위협 때문에 이란과의 사업 관계를 취소하는 것을 공식적으로 금지했다. 초현실주의적 정치학과 경제학이라고밖에 묘사할 수 없는 상황이었다. 유럽 기업들은 이란과 사업을 하면 미국에 벌금을 내야 하고, 그러지 않으면 유럽연합에 벌금을 내야 하는 상황에 직면했다. 서방 세계가 길을 잃었음을 이보다 더 잘 보여줄 방법은 생각하기 어렵다. 2018년 6월 퀘벡에서 열린 G7 정상회담 뒤에 마크롱 프랑스 대통령은 트럼프가 역사적으로 언제나 하나로 뭉쳤던 나라들의 무리 속에서 격리되고 고립된 스스로를 발견했다는 트윗을 올렸는데, 이는 지난 300년 동안 세계를 이끌었던 나라들이 변화하는 21세기 세계에 적응할 길을 찾는 것이 얼마나 어려운지를 보여준다.[177]

*

우리가 보는 것이 이례적이고 단호한 원칙을 가진 미국 대통령 한 사람의 성미와 괴팍함 때문에 일어난다고 생각하는 것은 흥미로운 일이다. 그는 또한 대단한 자신감의 소유자다. 북한 김정일과의 정상회담에 관해, 회담이 어떤 방향으로 진전될지 어떻게 알아내겠느냐는 질문을 받고 그는 이렇게 대답했다.

"내 생각에, 1분이면 알 수 있어요. 그저 내 촉감, 내 느낌만으로요. 그게 내 방식이오."[178]

그러나 사실 더 깊숙한 문제가 걸려 있다. 트럼프는 그 원인이라기보다는 증상이다. 현재의 백악관 재직자는 한편에 제쳐두더라도, 세계에 미국의 진정한 동맹자가 얼마나 적은지, 그리고 심지어 오랜 동반자들도 그 기본적인 신뢰성에 얼마나 의문을 품고 있는지를 지적하는 것은 놀라운 일이다. 미국의 고립은 전 국무부 부장관 스트로브 탤벗Strobe Talbott 같은 경험 많은 베테랑들도 깊이 우려하고 있는 문제다. 그는 미국의 고립주의가 단지 어리석은 일일 뿐만 아니라 미국의 국익에 반하는 것이라고 경고했다.[179]

이는 바로 제임스 매티스가 2018년 크리스마스 직전 국방부 장관에서 물러날 때 지적했던 바다. 매티스는 미국의 "국가로서의 힘이 우리의 독특하고 포괄적인 동맹 및 동반자 시스템과 뗄 수 없이 연결돼 있다"라고 굳게 믿었다. 그것이 약화되고 망가지도록 내버려두는 것은 미국을 약화시키는 일일 뿐만 아니라 "전략적 이해가 점점 더 우리의 이해와 긴장 상태에 있는 나라들"에게 기회를 주는 것이기도 했다.

동맹을 맺는 것은 하나의 기술이며, 장기적인 보상을 가져다주는 길고 완만한 과정이다. 그러나 그런 관계를 만들고 유지하고 키워가는 데는 시간이 걸리고 투자가 필요하다. 오스카 와일드(1854~1900)의 말을 흉내 내자면, 하나를 버리는 것은 불행으로 보일 테지만 그 모든 것을 동시에 없애버리는 것은 부주의로 보인다.

5

미래로 가는 길

미래를 준비하는 능력은 미심쩍어 보인다. 유럽에서는 정치가와 정책 담당자와 관료들의 에너지·자원·관심이 거의 전적으로 한 가지 문제에 집중돼 있다. 유럽 그 자체. 세계의 다른 모든 곳에서 관계가 구축되고 있는 시기에 안으로 파고드는 시간이 길다는 것은 이만저만한 아이러니가 아니다. 강 건너 불구경의 전형적인 사례다.

　　2017년 한 해 동안에 미국 국무부의 해외 근무 관료집단은 그 경력대사의 60퍼센트를 잃었다. 국무부에서 경험과 지식이 가장 풍부하고 연줄이 좋은 지역 전문가들이다.[1] 이 공백은 곧장 최상층까지 이어졌다. 2018년 초 틸러슨 국무부 장관이 면직되기 전에 국무부의 최고위직 열 자리 가운데 여덟 자리가 공식적으로 비어 있었고, 대사 자리도 38개나 비어 있었다.[2] 미국 행정부의 최상위직 626개 가운데 40퍼센트 정도가 트럼프 취임 1년 뒤에도 채워지지 않았을 뿐만 아니라, 임명 절차에 참여하는 후보자조차 없었다.[3]

　　이에 따라 트럼프는 미국 역사상 가장 강력한 대통령이 됐다. 특히 미국의 군사적 능력을 감안하면 그렇다. 윗자리가 그렇게 많이 비었다는 것은 결정권자의 수가 적다는 것이고, 이는 곧 권한이 소수집단의 손에 들어가 있다는 얘기다. 그런 상황에서 대통령과 그 측근 집단이 중세 지배자들을 닮아 있다는 것은 어떤 의미에서는 놀라울 것이 없다. 어쨌든 엉뚱하고 충동적인 트럼프가 국무부 장관과 법무부 장관 등 고위관료들을 잇달아 내칠 능력과 의사가 있다는 것은 그의 손에 권력이 집중돼 있음을 드러낸다.

가족이 하는 역할 역시 마찬가지다. 딸 이방카와 사위 재러드 쿠슈너는 트럼프 행정부에서 중요한 역할을 맡고 있다. 딸은 선임고문이고, 사위는 서아시아 정책을 총괄하고 있다. 그러나 아마도 대통령과 그의 직계가족의 힘을 가장 잘 드러낸 것은 2018년 하반기의 미라 리카델Mira Ricardel 국가안보 부보좌관을 해임한 일일 것이다. 리카델은 분명히 대통령 부인 멜라니아의 눈밖에 났다. 그 직전에 있었던 아프리카 여행 때 문제가 생긴 것이었다.

"리카델은 더 이상 백악관 일을 하는 영예를 누릴 자격이 없습니다."

해임 직전 멜라니아 트럼프의 대변인이 한 말이었다.[4]

아마도 이런 상황에서는 당연한 일이겠지만, 국제 문제에서 따르게 되는 가장 자연스러운 길은 저항이 가장 적은 길일 것이다. 이에 따라 사우디아라비아가 미국의 서아시아 정책의 기둥이 됐다. 이 나라 정부가 현재 9·11 테러 희생자 가족에 의해 고소돼 있지만 말이다.[5] 그 이유 중 하나는 사우디아라비아가 많은 석유 자산을 가지고 있기 때문이기도 하지만, 또 하나는 이 나라가 무기 구매에 엄청난 돈을 쏟아붓는다는 데 있다. 그중 상당 부분이 미국 차지다. 오바마 대통령 재임 기간에 미국은 사우디아라비아에 8년에 걸쳐 무려 1120억 달러어치의 무기를 팔았다. 그 가운데 2009년에 있었던 한 거래는 600억 달러가 넘었다.[6]

사우디아라비아가 무기 구매에 엄청난 돈을 쓴다는 점과 또한 미국 외교정책의 사고에서 이란이 중요시된다는 점은 트럼프가 대통령 취임 후 첫 해외 여행지로 리야드를 선택한 이유를 설명해준다. 이것은 이란을 어떻게 다룰 것인지에 대한 의사 표시이자 중대한 사고의 방향 전환 신호였다.

현재로서는 트럼프가 무기 판매에서 전임자의 성공을 뒤따른다는 것은 환상에 불과함이 입증됐다. 그의 기업 경력과 거래에 대한 안목이 귀가 따갑게 홍보되고 리야드 방문 동안 1100억 달러어치의 무기 일괄 판매가 발표됐지만, 이 장비 판매건은 마무리된 것이 아니다. 2018년 봄 모함마드 빈살만 사우디아라비아 왕세자가 워싱턴을 방문했을 때 트럼프가 그를 힐난했던 이유 가운데 하나도 그것이었다. 트럼프는 모함마드가 지출을 늘렸어야 했다고 말하고, 수억 달러는 "당신에게 껌 값에 불과"하다고 말했다.[7]

트럼프는 왕세자를 맞으면서 사우디아라비아가 "매우 중요한 우방"이라고 말했다. "장비와 기타 많은 물건들의 대량 구매자"[8]이기 때문이었다. 이는 사우디아라비아가 왜 특별 대우의 대상으로 선정됐는지를 설명해준다. 마이클 폼페이오 역시 2017년 CIA 국장에 임명되자 곧바로 자신의 첫 외국 방문국은 사우디아라비아가 될 것이라고 리야드의 초청자에게 말했다. 그도 트럼프 대통령을 따랐던 것이다.[9]

트럼프의 2017년 리야드 방문은 분명히 인상적이었다. 그는 나중에 이렇게 말했다.

"그 이틀간의 만남은 내가 경험한 가장 놀라운 일이었습니다. 누가 경험했더라도 그랬겠죠."

트럼프와 틸러슨 국무부 장관, 그리고 당시 그의 수석 전략가였던 스티븐 배넌Stephen Bannon이 칼춤 공연에 참석하고 경축 행사에 참석해 사우디아라비아의 주최자들과 함께 불안스럽게 뛰어다니던 모습을 본 사람들은 동의할 것이다.[10]

트럼프가 사우디아라비아와 손을 맞잡은 것은 이 지역의 다른 나라들에 대한 무기 판매 제안에도 영향을 미쳤다. 그는 2017년 페르시아만 연안국인 카타르를 방문하고 타밈 빈하마드 알사니Tamim Bin Hamad Al-Thani 국왕에게 이렇게 말했다(국왕에게 한 말이지만 같이 있는 기자들을 동시에 염두에 둔 것이어서 표현이 어정쩡하다 ― 옮긴이).

"우리는 친구입니다. 우린 지금 오랫동안 뜸했습니다. 그렇죠? 그리고 우리 관계는 매우 좋습니다. 우리는 지금 매우 진지한 논의 몇 가지를 진행하고 있습니다. 우리가 논의할 것 가운데 하나는 훌륭한 군용 장비를 잔뜩 사는 일입니다. 어떤 나라도 미국만큼 만들 수 없기 때문이죠. 그렇게 되면 우리에겐 일자리가 생기고요. 솔직히, 여기서는 안보가 튼튼해지죠. 그게 우리가 바라는 겁니다."[11]

그것은 카타르와 사우디아라비아 등 몇 나라 사이에 심각한 불화가 있는 상황에서 문제가 된다. 사우디아라비아와 그 이웃 나라들은 천연가스가 풍부한 카타르에 대해 육상 봉쇄를 하고 있다. 관계가 너무 악화돼 사우디아라비아는 "이 지역의 지형을 변화"시킬 계획을 세우고 있다고 사우디아라비아의 한 고위관료는 말했다. 수로를 파서 카타르를 육지에서 떼어낸다는 것이다. 그리고 수로를 따라 군사시설을 세울 뿐만 아니라, 그곳을 핵폐기물 처리장으로 사용한다는 계획이

다.[12]

이는 카타르로 하여금 이 지역에 독자적인 열망을 갖고 있는 터키와 정치적·군사적·경제적 유대를 강화하도록 촉발했으며, 또한 이란과의 놀라운 화해를 이끌었다. 이란과는 외교관계를 회복하고 통상관계도 크게 확충했다.[13] 이 때문에 미국은 문제가 복잡해졌다. 미국의 여러 행정부가 경험했듯이 중립을 지키는 것은 매우 어려운 일이었다.

"당신네는 미국의 중요한 우방이었습니다."

스티븐 므누신 미국 재무부 장관은 2018년 여름 모함마드 빈압둘라흐만 알사니Mohammed bin Abdulrahman Al-Thani 카타르 외교부 장관에게 이렇게 말했다.[14]

따라서 트럼프가 2018년 3월 백악관에서 사우디아라비아 왕세자를 맞으면서 이 나라를 "매우 중요한 우방"이라고 부를 때 서아시아 일대의 많은 나라들은 이를 주의 깊게 들으며 점을 쳐보고자 했다. 트럼프는 자신이 가장 잘 아는 길을 계속 갔다. 장사였다. 사우디아라비아는 막대한 양의 무기를 살 것이라고 믿을 수 있고, 그 무기를 반드시 미국으로부터 살 것이라고 했다. 그는 이렇게 말했다.

"우리는 세계에서 가장 좋은 무기를 만듭니다. 비슷하게 만드는 나라도 없어요."[15]

트럼프 대통령이 자말 카슈끄지 살해 이후 사우디아라비아에 대한 굳건한 지지를 표명한 이유 가운데 하나는 이 나라에 대한 무기 판매를 확보하기 위한 것이었다.

"세상은 매우 위험한 곳입니다!"

그는 사우디아라비아를 지지한다는 것을 보여주기 위해 마련된 기자회견에서 이렇게 선언했다. 미국의 군수업체들은 사우디아라비아로부터 많은 계약을 따냈다. 미국은 사우디아라비아에 제재 조치를 취하거나 응징하거나 비판할 수 없었다.

"우리가 어리석게도 이 계약들을 취소한다면 러시아와 중국이 엄청난 수혜자가 될 것입니다. 그리고 이 새로 발견한 사업 기회를 얻고 희희낙락할 것입니다."

뿐만 아니라 카슈끄지는 "국가의 적"으로 규정됐고, 어쨌든 "우리는 살해를 둘러싼 모든 사실을 절대로 알 수 없다"라고 그는 덧붙였다. 카슈끄지가 이스탄불의 사우디아라비아 영사관에서 피살됐을 때 이 언론인에게 무슨 일이 일어났는지를 알려주는 녹음 기록을 통보받았다고 트럼프 스스로가 인정했음을 생각하면 이상한 이야기였다.

사우디아라비아는 막대한 양의 석유를 생산하고 많은 양의 무기를 구입한다고 트럼프는 말했다. 이 나라는 급진적인 이슬람 테러리즘에 맞서기 위해 "수십억 달러를 지출하기로 동의한" 미국의 좋은 동맹자라고 덧붙였다. 그는 심지어 예멘에서의 군사작전에도 지원을 제공했는데, 이것이 많은 사람들을 생존의 위기로 내몰았다. 사우디아라비아가 절실하게 필요로 하는 지원을 "즉각 제공할 것"이라고 트럼프는 말했다. 그들이 그렇게 할 수 있었더라면 좋았을 텐데 말이다.[16]

이 같은 지지는 카슈끄지 피살 직후의 시기에도 아델 알주베이르Adel al-Jubeir 사우디아라비아 외교부 장관이 사우디아라비아와 미국의 관계는 "철석같다"고 말할 수 있다고 생각한 까닭을 설명해준다. 미국은 정말로 세계에 중요한 게 무엇인지에 관해서는 "이성적, 현실적"이라고 그는 말했다. 이 지역에서 그것은 이란에 대한, 그리고 그들의 "엉큼한 상상"에 대한 큰 그림을 의미한다.[17]

반면에 세계 최대 석유 생산국의 미움을 산다는 것은 후과를 각

오해야 한다. 2018년 초 독일 정치인이 사우디아라비아에 비판적인 발언을 하자 곧바로 독일 기업들은 이 왕국의 입찰에서 배제됐다. 다임러, 지멘스, 도이체방크, 바이엘 같은 회사들에 타격을 입힌 것이다.[18] 카슈끄지가 살해된 뒤 메르켈 총리와 하이코 마스Heiko Maas 외교부 장관이 사우디아라비아를 비판하자 사우디아라비아는 또 다른 조치를 취했다. 그중 하나가 티센크루프가 건조하기로 한 네 척의 코르벳함에 대한 자금 지원을 철회한 것이었다. 이 배들은 이집트 해군에 공급할 예정이었으며, 그 가치는 20억 유로를 넘었다.[19]

이는 사우디아라비아의 인권에 관해 캐나다가 한 논평에 대한 대응에서도 되풀이됐다. 사우디아라비아의 교육부 장관은 즉각 훈련 프로그램을 동결하고 장학금 지급을 중단했으며, 캐나다에 유학 중인 학생들에게 학업을 중단하고 한 달 안에 귀국 비행기 표를 신청하라고 명령했다. 평가에 따르면 이는 캐나다 교육계에 연간 10억 달러 가까운 손실을 끼치게 될 것이라고 한다. 온타리오나 브리티시컬럼비아에서 교수들이 직장을 잃는 것은 곧 세계의 다른 지역 교수들의 기대치와 도전 의욕 상승으로 곧바로 연결된다.[20]

*

미국은 사우디아라비아와의 관계가 친밀함을 과시하고 그 동반자들의 문제들에 눈감으려 하지만, 그들만이 이 왕국 지배자들의 호의를 얻고 그것을 유지하는 일에 나선 것은 아니라는 사실은 지적할 필요가 있다.

예를 들어 러시아는 2017년 말 사우디아라비아에 최첨단 군사

장비를 판매하는 대형 계약에 서명했다. 이 수십억 달러짜리 협정에는 러시아의 가공할 S-400 지대공미사일 시스템뿐만 아니라 코르넷-EM 대전차 유도미사일 시스템, 비유도 열기압 로켓 시스템, 자동 유탄발사기, 칼라시니코프 AK-103 돌격소총 등의 판매가 포함돼 있었다.[21] 푸틴 대통령이 러시아 텔레비전과 라디오의 연례 '질의-응답' 코너에 출연해 말했듯이, 러시아 무기를 파는 데 전쟁터보다 더 나은 전시장은 없었다. "군사훈련을 아무리 많이 해도 전쟁 상황에서 군대를 운용하는 것에 비교될 수 없"듯이 말이다. 따라서 시리아 내전에 끼어든 것은 새로운 무기를 시험하고 그것을 잠재 고객들 앞에서 입증하는 "더할 나위 없는" 기회가 되었다.[22]

미국은 사우디아라비아가 이란에 반감을 갖고 있고 미국 무기를 어지간히 사줬기 때문에 이 나라가 미국만 쳐다보고 있다고 생각하지만, 이런 추정은 또한 장기적인 유가 동맹에 관한 러시아와 사우디아라비아 사이의 고위급 논의도 고려할 필요가 있다. 그런 동맹이 이루어진다면 석유 생산을 잘 관리할 경우 두 석유 부국들은 유가를 올려 수입을 늘릴 수 있다. 빈살만 왕세자는 러시아와 "10~20년짜리 협정을 맺기" 위한 작업을 하고 있다고 말했다. 논의는 잘 진전되고 있다고 그는 덧붙였다.

"우리는 큰 틀에서는 합의를 했지만, 세부적인 문제는 아직 이야기가 진행 중입니다."[23]

그것이 아직은 이루어지지 않았다.

＊

사우디아라비아가 러시아와 공통의 이익이 있는데 그 나라에 걸고 있다는 것은 미국이 안고 있는 위험 가운데 일부일 뿐이다. 미국은 다른 곳에서도 러시아의 잠식에 맞서 싸워야 한다. 예를 들어 터키는 한때 NATO 냉전전략의 주춧돌이었다. 러시아, 서아시아, 중앙아시아로 가는 길목에 있는 그 위치 때문이었다. 터키의 에르도안 대통령은 미국과 유럽을 열심히 쫓아다녔지만 이제 떠나버렸다. 그것은 시리아에서의 협력과 경제관계 개선 등을 통해 이루어졌다.[24] 그러나 러시아는 또한 터키에 첨단 S-400 지대공미사일 시스템을 제공하기도 했다. 미국에 반항적인 에르도안 대통령에게는 즐거운 일이었다. 그는 이렇게 말했다.

"그 누구도 우리 공화국의 자주 원칙이나 방위산업에 관한 자주적인 결정에 가타부타할 권리가 없습니다."[25]

이것이 미국에서 경종을 울렸다. 미국에서는 합동참모본부 의장 조지프 던포드Joseph Dunford 장군이 "잘못된 언론 보도"를 반박하는 성명을 발표해야 했다. 억측이 있었지만 그와 반대로 터키는 "러시아로부터 S-400 지대공미사일 시스템을 구매하지 않았다"고 그는 말했다.

"그들이 구매를 했다면 우려할 일이겠지만, 그들은 구매하지 않았습니다."

이 발언의 중요성은 그것이 중국 언론에서 취재한 것이었다는 사실로 알 수 있다.[26]

5개월 뒤 터키는 S-400 시스템을 구매하는 데 동의했다. 가격은 25억 달러에 이르는 것으로 알려졌다. 이것은 터키의 NATO 회원국

자격에 의문을 제기했고, NATO 자체에 관한 의문도 제기했다.[27] 마이클 폼페이오 미국 국무부 장관은 메블뤳 차부쇼을루 터키 외교부 장관에게 그 의미를 주지시키려 애썼다. 그 몇 시간 전에 미국 상원이 록히드마틴의 F-35 합동타격전투기 판매를 금지하는 법안을 발의했지만, 사태를 가라앉힐 수는 없었다. 터키를 압박하려는 시도는 용납될 수 없다고 차부쇼을루는 말했다.[28] 러시아에게는 반가운 소리였다. 러시아 쪽에서는 터키가 그 대신 Su(수호이)-57 제트 전투기를 구매한다면 대환영이라고 말했다.[29]

마찬가지로 미국이 미국인 목사 구금 문제로 터키 정부 고위인사들에게 제재 조치를 발동하고 추가적인 징벌을 가하겠다고 위협하자, 중국은 재빨리 터키에 관계를 개선하고 협력을 늘려 "유익한 결과"를 내자고 제안했다.[30] 이것은 2018년 7월 브릭스 회담에서 시진핑 주석과 에르도안 대통령이 만났을 때 분명하게 드러났다. 두 정상은 관계를 개선하고 "서로의 핵심 이익을 헤아리기"로 다짐했다. 시진핑 주석이 중국과 터키는 "일대일로를 함께 이루어나가는 데서 자연스러운 동반자"라고 한 것도 놀라운 일은 아닐 것이다.[31]

에르도안은 중국과의 관계를 긴밀히 하는 데 열심이었다. 그는 "새로운 실크로드" 덕분에 "이 지역에 새로운 시대가 예고"되고 있다고 말했을 뿐만 아니라, 이스탄불 해협의 마르마라이 해저 터널 철로를 가장 중요한 기반시설 사업 가운데 하나로 꼽았다. 이 사업은 일본, 유럽연합, 터키의 컨소시엄이 자금을 대기는 하지만 중국이 추진하는 사업 가운데 하나였다.[32]

그들은 또한 "터키와 미국 사이의 극심한 분쟁이 완화될 기미를 보이지 않는" 상황에서 자연스러운 동반자였다. 중국의 《글로벌 타임스》에 실린 장문의 사설은 중국과 터키가 바야흐로 "협력을 강화할 새로운 기회"를 맞았음을 설명했다. 토대를 마련하는 것이 중요하다고 이 기사는 말했다. 중국에서 터키에 대한 인식은 빈약하고 많은 사람들은 지금 내밀어진 "친선의 손길"에 무관심하다는 지적이었다. 한국전쟁 때 미국을 지원하고 중국산 HQ(홍치紅旗)-9 미사일 구매에도 일관성이 없어 터키가 "중국을 상대로 장난을 치고" 있다는 인상을 주었다고 했다. 그러나 "가장 용납할 수 없는" 것은 신장의 분리주의자들을 지원하고 이 지역의 "민족정책에 대해 무책임한 발언"을 하는 것이었다. 중국은 이미 경제적 어려움을 겪고 있는 터키가 미국의 정책으로 추가적인 압력을 받고 있는 때에 새로운 협력의 가능성을 제시했다.[33] 터키의 문제가 중국에게 기회를 제공한 것이다.

무기 판매보다 더 중요한 것이 걸려 있다. 기회가 있을 때 그것을 붙잡고자 하는 경쟁이 있다는 단순한 사실보다 더 중요한 함의가 있다. 지금 지중해 동안에서 태평양으로 이어지는 실크로드를 따라, 그리고 아프리카와 그 밖의 곳에서 벌어지고 있는 경쟁과 자리다툼의 상황 속에서, 선택을 해야 하는 것이다. 미국적대국가제재법(CAATSA)에 따라 미국의 무기는 러시아로부터 무기를 구입하는 나라에는 팔 수 없도록 돼 있다. 사우디아라비아나 터키, 그 밖의 어떤 나라라도 러시아의 설득에 넘어가 동맹을 바꾼다면 미국의 궤도에서 완전히 이탈함을 의미하는 것이다.

이는 중대한 문제라고, 당시 미국 국방부 장관이던 제임스 매티스는 말했다. 미국은 스스로를 무력화하는 과정에 있다고 그는 의회에서 말했다. 그는 이렇게 말했다.

"오늘날처럼 급변하는 시대에 이슈는 아주, 아주 빨리 이 나라에서 저 나라로 옮겨갈 수 있습니다."

미국이 스스로의 원칙에 갇혀 있는 것은 너무도 좋지 않은 일이
었다.

"매일매일 러시아가 어떤 입장을 취하면 기본적으로 그들이 하
는 일로 인해 우리는 궁지에 몰립니다."

그래서 일은 더욱 꼬여간다.

"사태가 급박합니다."[34]

러시아는 경제적 능력에는 한계가 있을지 모르지만, 세계가 변
하고 있음을 인식할 만한 (그리고 거기에 적응할 만한) 외교적 상식과 정
치적 판단력은 가지고 있다. 그것이 푸틴 대통령이 시리아 평화 회담
에서 역할을 하기 위해 선수를 치는 이유 가운데 하나다. 이 회담에서
러시아는 이란 및 터키와 함께 스스로를 안정을 위한 세력으로 내세
우고 있다. 미국과는 반대로 말이다. 미국이 주도한 이라크와 아프가
니스탄에 대한 개입은 오로지 "파괴와 극단주의의 확산"으로 끝나고
말았다고 모함마드 자리프 이란 외교부 장관은 말했다.[35] 미국, 프랑스,
영국 군대의 공습은 국제법 위반이라고 세르게이 라브로프 러시아 외
교부 장관은 말했다.[36] 서방은 그들이 아직도 "우리 세계의 모든 문제
를 결정"하는 것처럼 행동하고 있다고 그는 덧붙였다.

"그러나 다행스럽게도 그들의 시대는 지나갔습니다."[37]

이것이 러시아가 스스로를 믿을 수 있는 평화 세력이자 독자적인
국제 중재자로 내세우려 하는 일반적인 방식 가운데 하나다.[38]

러시아, 터키, 이란이 평화를 사랑하고 분쟁을 해결하기 위해 평
화적인 방법을 모색하는 것처럼 내세우는 것은 크림반도 합병과 러시
아군의 우크라이나 진주, 영국에서의 전직 정보요원 암살 시도 등을

지켜본 사람들에게는 어안이 벙벙할 일이다. 로버트 실리Robert Seely 영국 하원의원은 러시아가 영국 정치 시스템의 안정을 해치기 위해 "냉전 기간 동안 소련의 KGB(국가보안위원회)가 실행한 적극적인 수단"을 사용했다고 주장하기도 했다.[39] 영국 하원 외교위원회가 2018년 초여름에 발표한 한 보고서는 "크렘린과 관련된 사람들이 런던을 부정한 자산의 은신처로 사용"한 것은 매우 중대해서 "우리의 국가 안보에 영향을 미쳤을" 뿐만 아니라, "이 문제에 대처하는 것이 영국 외교정책의 주요 우선 과제가 돼야 한다"[40]라고 밝혔다.

그리고 미국 등 여러 곳에서 선거에 개입하려는 지속적이고 진행 중인 시도들이 있다. 러시아는 "민주주의 절차를 뒤엎으려는 끊임없는 노력"을 기울이고 있다고 제임스 매티스는 지적했다. 그는 푸틴이 2018년 중간선거 기간 동안 "다시 장난을 치려 노력"했다고 덧붙였다. 그는 또 이렇게 말했다.

"우리는 필요한 일은 모두 할 것입니다."

미국과 민주주의를 해치려 하는 자들에 맞서 민주주의 절차를 지키기 위해서 말이다.[41]

터키는 그 목표나 행동 어느 것에서도 결코 조용하지 않았다. 오스만제국에 대한 향수를 넘어서서 그 영광스러운 과거를 재현하겠다는 생각에 사로잡혔다. 사라예보에서 다마스쿠스까지, 리비아 벵가지에서 터키 동부 에르주룸에 이르는 도시들이 하나의 다문화·다민족 국가 아래 통합돼 있던 시절이었다. 그때의 성공이 최근 역사로 인해 빛을 잃었다.[42] 에르도안 대통령은 2017년에 한 연설에서 이렇게 말했다.

"터키공화국 역시 (⋯) 오스만제국의 연장입니다."

비록 영토는 줄어들었지만 말이다.[43] 오스만제국을 배경으로 한 텔레비전 드라마의 광적인 인기가 보여주듯이, 과거를 재조명하는 것은 세계 안에서의 터키의 역할이라는 현재 이야기에서 매우 중요한 부분이다.[44] 시리아와 이라크에서의 군사적 개입이나, 이웃 그리스와의 관계에서 취한 갈수록 강경해지는 입장 표현 역시 마찬가지다. 미국에 대해 반항적인 언사를 택하는 것도 그렇다. 다섯 개 친정부 신문의 같은 날 1면 머리기사 제목은 '우리 밥줄은 미국에 매인 게 아니다'였다. 미국의 압박이 터키를 괴롭히고 있다는 분명한 증거다.[45]

이란도 문제다. 이라크와 시리아에 대해 위험스러운 행동을 하고, 예멘의 반군 후티를 지지하고 서아시아의 하마스와 헤즈볼라를 지원하는 것은 스스로를 국제질서를 지키려 애쓰는 나라임을 내세우고자 하는 그들에게 꼭 필요한 자격증은 아니다. 이란은 무엇보다도 협상에 의한 해결을 추구하고 무력은 마지막 수단으로만 사용한다고 주장하고 있다. 그러나 그들이 다른 나라에 군대를 투입해 군사행동을 취하고 또한 대리전에 뛰어드는 것은 말이 아니라 행동에 초점을 맞추는 것이 얼마나 중요한지를 잘 보여준다.

*

그럼에도 불구하고 세계가 변하고 있다는 사실에 대해 중국, 러시아, 터키, 이란이 한목소리를 내고 있는 것은 의미심장하다. 얼마나 많은 아시아의 나라들이 이를 알고 있을 뿐만 아니라 미래를 어떻게 준비해야 하는지 파악하려고 적극적으로 노력해왔는지를 지적하는 것 또한 놀라운 일이다. 거의 모든 나라는 단기 및 중기적인 기회와 도전에 대해 정리하고 이에 대처할 최선의 방법을 분석한 청사진을 만들었다.

일대일로 구상도 이 범주에 들어간다. 그러나 사우디아라비아의 '비전 2030' 계획, 러시아·벨라루스·카자흐스탄·아르메니아·키르기스스탄의 유라시아경제연합(EAEU), 카자흐스탄의 누를리졸Nurly Jol('밝은 길') 계획, 베트남의 하이한랑 못반다이Hai hành lang, Một vành dai('두 회랑, 하나의 경제권') 계획, 터키의 '중앙경제회랑' 계획, 몽골의 '발전의 길' 계획, 라오스·캄보디아·미얀마의 개발 계획들도 마찬가지다. 인도에서도 여러 가지 계획이 만들어졌다. 액트이스트Act East 정책(동아시아 국가들을 우선시하는 외교정책 — 옮긴이), '삼국 고속도로'(인도 동부 국경 모레에서 미얀마를 통과해 태국 서부 국경 매솟까지 연결되는 도로 — 옮긴이) 계획, '고웨스트Go West' 전략, '이웃 우선Neighbourhood First' 계획 같은 것들이다.[46]

특이하게도 유럽연합은 이 대열에서 빠져 있다. 시진핑 주석은 영국의 '북부동력실Northern Powerhouse' 계획을 세계 각국이 기반시설 투자를 통해 연결망을 강화하고자 하는 사례로 꼽았지만, 현실은 아주 다르다.[47] 일대일로가 시작된 지 불과 몇 달 뒤에 발표된 '북부동력실'은 진척이 매우 느리다. 중국의 일대일로 전략은 상상력을 자극하고 도로·철도·항만·발전소에 수천억 달러를 들여 그 상당수가 현재 운영되고 있지만, '북부동력실'의 주요 성과는 아직까지 리즈 철도역의 새 남문 개통 정도에 그치고 있다.[48]

실크로드 및 아시아와 비교해볼 때, 유럽은 움직이는 속도에 차이가 있다기보다는 방향 자체가 달라 보인다. 아시아에서는 연결망을 늘리고 합작을 확대하며 협력을 강화하자는 이야기를 하는데, 유럽에서는 분리를 말하고 장벽을 다시 세우며 "통제를 부활"시키자는 이야기가 나오고 있다. 브렉시트는 그 대표적인 사례지만, 이탈리아, 독일, 폴란드, 헝가리 등에서 유럽연합에 반대하는 운동이 일어나고 있는 것 역시 마찬가지다. 그리고 스코틀랜드와 카탈루냐에서는 수십만 명의 사람들이 독립을 지지하고 있다.

이러한 압박은 어떤 부분에서 슬픔으로 이어졌다. 우리 눈앞에서 녹아내리고 있는 것처럼 보이는 세계에 대한 슬픔이다. 저스틴 웰비Justin Welby 캔터베리 대주교는 2018년 여름 이렇게 말했다.

"유럽연합은 가난하고 약한 사람들에게 평화와 번영과 연민을, 열망이 있는 사람들에게 목적의식을, 그리고 모든 사람들에게 희망을 가져왔습니다."

그것은 "서로마제국 멸망 이래 인류를 위해 실현한 가장 큰 꿈"이었다고 그는 말했다. 이는 심각한 유럽 중심주의뿐만이 아니라 세계사와 유럽연합 모두에 대한 역사관의 부족을 드러내는 발언이었다.[49] 다만 이것은 수백 년 동안 따스한 햇살을 받으며 이익을 누려온 세계의 한 부분에서 지는 해에 동반되는 우울감의 징후로 볼 만하다.

*

유럽이 주춤거리자 다른 이들에게 기회가 왔다. 예를 들어 중국은 경제적 투자가 정치적 이익을 낳는다는 사실을 재빨리 알아차렸다. 많은 사람들은 유럽연합이 남중국해 분쟁에 대해 강력한 입장을 취할 것으로 예상했다. 특히 상설중재재판소의 판결이 나오기 직전 일본에서 열린 G7 회담에서 도날트 투스크 유럽이사회 의장이 "우리가 공유하는 공통의 가치를 보호"하기 위해서뿐만 아니라 중국의 영해 주장

에 대해 "분명하고 단호한 입장"을 취할 필요가 있다고 발언한 이후에는 말이다.[50]

실제로 중국은 유럽연합이 그렇게 하지 않도록 확실히 하기 위해 막후에서 부지런히 움직였다. 그리스, 헝가리, 크로아티아와의 연줄을 이용해 유럽연합에서 발표하는 성명에 재판소의 결정을 "지지"한다거나 "환영"한다고 하는 대신 그저 "그것을 인정"한다고 하도록 확실히 하려 했다.[51] 이는 중국이 아시아와 아프리카뿐만 아니라 유럽에서도 새로운 우방을 만들려 노력했다는 증거였다. 유럽에서는 '16+1 이니셔티브'가 중국과 유럽 국가들 사이에 토론의 장을 마련했다. 그 16개 국가는 유럽연합 회원국인 발트 3국과 불가리아·크로아티아·헝가리·폴란드 등을 포함하는 중·동유럽의 11개국과 알바니아·보스니아헤르체고비나·몬테네그로·북마케도니아·세르비아 등 발칸반도의 5개국이다.

여기에 참여한 나라들은 중국 쪽으로 돌아서고 있다. 중국의 투자를 받을 가능성 때문이다. 또 다른 이유는 오르반 빅토르 헝가리 총리가 2016년 10월에 한 연설에 나타나 있다.

"세계 경제의 무게중심은 서방에서 동방으로 옮겨가고 있습니다. 서방 세계에서는 아직도 이를 부정하는 사람들이 일부 있지만, 그런 부정은 합리적인 것 같지 않습니다."

세계는 변하고 있다고 그는 말했다.

"세계 경제의 무게중심은 대서양 지역에서 태평양 지역으로 옮겨가고 있습니다. 이것은 내 의견이 아닙니다. 팩트입니다."[52]

그렇지만 다른 이들에게 동방으로의 이동은 또한 유럽과 유럽연합의 무기력으로 인한 것이기도 했다. 유고슬라비아의 해체로 독립한 북마케도니아의 조르게 이바노프 대통령은 이렇게 말했다.

"유럽이 발을 빼고 있습니다. 다시 말해서 발칸반도 국가들을 유럽연합의 일원으로 받아들이겠다는 약속을 지키지 않고 있습니다. 그것은 누군가에게 와서 빈자리를 채우라고 유럽연합이 부르는 격입니다."

그것이 중국에 기회를 제공했다. 러시아에게도 마찬가지다. 유럽연합이 역사의 중요한 교훈을 잊은 것 같아 유감이라고 이바노프는 말했다.[53]

그런 애절한 호소는 유럽연합과 더구나 미국이 발칸반도 국가들에 쏟았던 상당한 관심과 자원을 가리고 있다. 그러나 선거에 영향을 미치고 고위 성직자에게 압력을 가하며 심지어 현지 정부들을 전복시키기 위한 여러 차례의 시도가 러시아로 귀책되는 듯하다는 사실은 이 지역 사람들의 감정과 생각과 돈지갑을 얻기 위한 경쟁에 관해 또 다른 이야기를 들려준다.[54] 마찬가지로 유럽연합 위원(유럽 인접국 및 확대 담당)인 요하네스 한Johannes Hahn이 발칸반도 국가들에 대한 중국의 커지는 관심을 경고했다는 사실은 세계가 더 복잡해지고 있다는 현실에 관해 많은 것을 이야기하고 있다.[55]

일부에서는 행동계획을 세워놓지 않으면 좋지 않은 결과가 올 수 있음을 인식하고 있다. 지그마르 가브리엘Sigmar Gabriel 독일 외교부 장관은 2017년에 이렇게 말했다.

"우리가 예컨대 중국에 대한 단일한 전략을 만드는 데 실패한다면, 그때 중국은 유럽을 분할하는 데 성공할 것입니다."[56]

이에 대해 중국 외교부는 신랄한 반응을 보였다. 화춘잉 외교부 대변인은 이렇게 말했다.

"우리는 이 발언에 충격을 받았습니다. 우리는 그가 말한 '하나의 유럽'이 무슨 의미인지, 그리고 유럽연합 회원국들 사이에 '하나의 유럽'에 대한 의견 일치가 있는지 분명히 해줄 것을 희망합니다."

유럽 내에서도 나아가야 할 방향을 두고 의견 일치를 보지 못하고 분열되고 있는 모습을 정확히 꼬집은 말이었다.[57]

이에 대해서는 가브리엘이 그 뒤의 연설에서 잘 설명했다. 세계가 변하고 있고 유럽은 적응하는 데 실패하고 있다는 내용의 2018년 2월 연설에서였다.

"중국은 현재 세계에서 어떤 식으로든 정말로 세계적이고 지리전략학적인 개념을 갖고 있는 유일한 나라인 것으로 보입니다."

그는 이것이 사실의 문제라고 덧붙인 뒤 "중국이 그런 개념을 개발할 자격이 있다"고 지적했다. 문제는 유럽과 서방이 아무런 조리 있는 생각도, 아무런 계획도, 아무런 대응책도, 그리고 아마도 아무런 아이디어도 없는 것이라고 가브리엘은 말했다. 그는 또 말했다.

"우리가 반성해야 할 것은 '서방'인 우리가 전 세계의 이해관계들 사이에서 새로운 균형을 찾기 위한 독자적인 전략을 갖고 있지 않다는 점입니다. 일방적인 이익 추구인 제로섬 게임에 바탕을 둔 것이 아니라 화해와 공통의 부가가치에 바탕을 둔 전략 말입니다."[58]

가브리엘의 후임 장관인 하이코 마스는 고립주의의 위험성을 알리기 위해 노력했다. 그는 독일처럼 "지구촌 무대에서 스스로 상황을 통제하기에는 너무 작은" 나라들에게 함께 일할 방법을 찾자고 호소했다. 2018년 7월 도쿄 연설에서 그는 "수십 년 동안에 걸쳐 발전해온 동맹"을 해치기 위해 "280자 트윗"을 사용하려는 트럼프 대통령의 의지가 가져올 결과에 대해 경고했다. 이는 러시아 및 중국의 도전과 맞물려, "새로운 길에 대해 생각"하는 것을 불가피하게 만들었다. 일본은 마침 실크로드 지역에서 매우 적극적인 독자의 지원 및 기반시설 프로그램을 가지고 있는 나라인데, 독일은 이런 일본과 "다자간주의多者間主義(multilateralism) 동맹의 핵심"을 형성하기 위해 함께 노력해야 한다고 그는 말했다. 안정을 촉진하기 위해 함께 노력하고, "세계 여러 곳에서 다른 나라들이 빠져나간 뒤 계속해서 생겨나고 있는 공백"을 채우기 위한 것이다.[59]

중국은 그런 요구들에 동조하고 있으며, 그런 것들을 예측할 뿐만 아니라 심지어 거기에 맞추기 위해 애쓰고 있다. 리커창 총리는 중·동유럽과 발칸반도에서 온 '16+1' 회원국들의 모임에서 이렇게 말했다.

"우리는 다자간주의를 유지할 필요가 있습니다. 우리는 자유무역을 유지할 필요가 있습니다. (…) 그리고 세계 경제 회복세의 둔화를 막기 위해 함께 노력해야 합니다. (…) 유럽연합은 평화와 안정과 번영을 위해 매우 중요한 세력입니다. 세계에 없어서는 안 될 세력입니다."[60]

*

중국의 부상은 이 나라가 현재와 미래에 무엇을 원하고 무엇을 필요로 하는지에 대한 분명한 이해와 맞물려, 예컨대 서아시아 같은 다른 곳의 문호 개방으로 이어졌다. 서아시아에서 중국은 사우디아라비아와 교제를 트는 데 열심이었고 또한 성공을 거두고 있다. 사우디아라비아 석유회사 아람코Aramco의 지분 매각 가능성이 중국의 관심을 끌었다. 국가가 전적으로 소유하고 있지만 공개시장에 상장한다면 세계 최대의 기업이 될 것으로 보인다. 물류시설과 기반시설 사업, 그리고 이 나라의 작은 제조업체들도 소유하고 있다. 왕이 중국 외교부장의 말 속에서 실크로드라는 주문呪文은 모든 구분을 무력화한다.

일대일로 협력에서 자연스러운 동반자인 중국과 아랍 국가들은 평화와 협력, 개방성과 포괄성, 상호 학습과 상호 이익이라는 실크로드 정신을 따를 필요가 있습니다. 그리고 각자 국가 혁신을 추구하는 과정에서 더 큰 시너지 효과를 모색해야 합니다.[61]

이는 광범위한 매력공세의 일환이었다.

"중국은 (…) 언제나 아랍 국가들 편이며, 그들의 정당한 권리와 이익은 물론 서아시아 지역의 평화와 안정을 보호할 것입니다."

왕이 외교부장의 이런 발언은 사우디아라비아에게 듣기 좋은 소리였다. 물론 이것은 중국의 이 지역에 대한 차관과 투자 대부분이 아직까지는 사우디아라비아의 숙적 이란에게 갔다는 사실을 숨기고 있는 것이긴 하지만 말이다.[62]

중국이 사우디아라비아와 가까이 지낸다고 해서 이란과의 유대 강화에 지장이 생기는 것은 아니다. 예를 들어 미국이 이란핵협정에서 탈퇴한다고 발표했을 때, 중국 기업들은 이미 서방의 주요 석유회사들을 대신할 계획을 만들어놓고 있었다. 예컨대 제재가 다시 도입돼 서방 기업들이 이란을 떠날 수밖에 없게 되는 경우 프랑스 석유회사 토탈 같은 데서 보유하고 있는 지분을 인수하는 옵션에 서명한 일 같은 것이다.[63]

그러나 중국은 다른 곳에서도 분열이 아니라 통합을 추구하는 발언을 하고 이를 반복하는 데 기민했다. 시진핑 주석은 사우디아라비아의 살만 왕을 초청한 지 불과 일주일 뒤에 이스라엘 총리 네타냐후의 방문을 받았다. 또 얼마 뒤에는 팔레스타인 대통령 마흐무드 압바스를 맞았다. "팔레스타인과 이스라엘이 가급적 빨리 평화를 이루고 평화롭게 살며 일하는"[64] 것이 중국의 희망이라고 그는 말했다. 그런 말들은 언제든 환영이다. 그러나 그들은 서아시아에 평화를 가져오는 데 역할을 맡지는 않을 것이다.

이 지역의 모든 사람들은 함께, 그리고 "지역 분쟁을 피하기 위해 정당한 방법으로" 노력해야 한다. 시진핑 주석은 그 전제조건에 대해 이렇게 말했다.

"우리는 서로를 솔직하게 대하고, 차이를 두려워하지 않으며, 문제를 피하지 않고, 외교정책과 발전 전략의 모든 측면에 관해 충분히 논의해야 합니다."

중국은 그런 말을 실천할 태세가 돼 있음을 보여주기 위해 재빨리 "재건 수요가 있는 아랍 국가들에서 좋은 고용 기회와 긍정적인 사회적 영향을 창출할 사업들"[65]에 200억 달러의 융자를 약속했다. "경제 성장을 되살리기 위해"[66]서는 1억 달러의 원조를 추가로 약속했다.

이는 일대일로 기본계획에 속하는 "여러 진취적이고 혁신적이며 선구적인 수단들이 포함된" 일련의 계획 가운데 일부라고 중국 외교부의 한 관리는 말했다.[67] 이러한 말과 행동은 미국의 그것과는 정반대였다. 미국은 어딘가를 편드는 쪽을 택했고, 매우 다른 방향을 향했다.[68] 중국은 어느 때 어느 곳에서든 동반자를 찾기 위해 동분서주했다. 반면에 미국과 서방은 실크로드 지역에서 우방을 별로 갖지 못했다는 것이 놀라울 따름이다.

*

중국의 일관된 메시지는 미국의 경우와 뚜렷한 대조를 보인다. 미국의 메시지는 제멋대로이고 쉽게 바뀌며 앞뒤가 맞지 않는다. 마이클 폼페이오는 2018년 여름에 이렇게 말했다.

"우리는 모든 나라, 모든 국민이 다른 나라의 강압을 받지 않고 자기네 주권을 보호할 수 있기를 바라고 있습니다. (…) 우리는 영토 분쟁과 해상 분쟁의 평화로운 해결을 원합니다. (…) 미국은 어느 곳을 가더라도 지배가 아닌 동반자 관계를 추구합니다."

이 말은 분명히 중국을 지목한 것이었다. 그러나 그는 나라 이름을 직접 언급하지는 않았다.

"우리는 전략적 동반자 관계를 믿습니다. 전략적 의존이 아니라 말입니다."[69]

그것은 전 세계 대부분의 사람들에게 뉴스였다. 미국은 명성을 얻었지만 때로는 공정하지 못하게 얻은 것이었다. 물어보기 전에 총부터 쏘았기 때문이다. 그러나 역사가들이 깨달았듯이, 말을 통제하는 것은 그것 자체로 중요하다. 다시 말해서 협력의 이득을 전시하고 입증할 수 있도록 하는 것, '상생'이 어떻게 가능하고 왜 모두에게 이득인지를 보여줄 수 있는 것, 국제 문제에서 말과 행동이 일치하도록 주의를 기울이는 것, 그리고 물론 경쟁자들의 비판과 주장에 반박할 태세와 능력을 갖추는 것이다. 이런 측면에서 미국은 매우 경쟁적인 현장에서 멀리 뒤처졌다.

*

적절한 사례가 파키스탄의 경우다. 파키스탄은 미국에 찍혀서 공개적으로 굴욕을 당했다. 중국과 너무 가까운 데 대한 징벌이기도 했고, 미국이 이상적이라고 생각하는 인도와의 대동맹 제단에 바쳐진 희생이기도 했으며, 아프가니스탄 사태가 악화된 결과이기도 했다. 트럼프는 2018년 첫 트윗에서 이렇게 말했다.

미국은 어리석게도 지난 15년 동안 파키스탄에 330억 달러 이상의 원조를 해주었습니다. 그리고 그들이 우리에게 준 것이라곤 거짓말과 속임수뿐입니다. 우리 지도자들을 바보라고 생각하면서 말이죠.[70]

이제 아프가니스탄 문제에서 방향을 바꿀 때라고, 뒤에 국가안보보좌관이 된 존 볼턴은 말했다.
"중요한 문제는 지상전 전술이 아닙니다. 중요한 문제는 파키스탄입니다."[71]
미국이 아프가니스탄이나 다른 곳에서 겪은 실패에 대응하기보다 파키스탄을 '대신 매 맞는 아이'로 삼으려는 것은 수치스러운 일이라고 당시 파키스탄 외교부 장관 하와자 아시프Khawaja Asif는 말했다.[72]
10억 달러 이상의 안보 원조를 유예한다는 등의 미국의 말과 행동은 당연히 파키스탄과 중국이 서로 가까워지도록 등을 떠미는 역할을 했다. 중국은 이때 미래를 위한 공통의 비전과 저금리 융자, 기술적 능력과 지원을 홍보하느라 동분서주하고 있었다.[73]
관계는 깊어질 것으로 보인다. 파키스탄이 급증하는 공공부채 때문에 IMF에 120억 달러의 긴급구제를 요청할 필요가 있다는 우려가 널리 퍼져 있기는 하지만 말이다. 이 부채 가운데 적어도 일부는 중국이 자금을 댄 기반시설 지출과 관련이 있지만, 통화가치 하락 등 다른 요인들 때문이기도 했다. 마이클 폼페이오는 이렇게 말했다.

"실수하면 안 됩니다. 우리는 IMF가 어떻게 하는지 지켜볼 겁니다. IMF의 돈이, IMF 자금의 일부인 미국과 관련된 돈이 긴급구제로 중국의 채권자들이나 중국에 넘어가는 것은 근거가 없습니다."[74]

이것은 파키스탄에서 좋지 않게 돌아갔다. 긴급구제 가능성에 대한 반대는 미국이 파키스탄의 성장을 막고 그 미래를 망치려고 하는 또 다른 사례로 비쳐졌다.[75] 2018년 선거에서 가장 많은 의석을 차지한 파키스탄정의운동(PTI) 당수 임란 한 니아지Imran Khan Niazi는 중국의 반대쪽으로 떠밀리기는커녕 오히려 그 반대라고 말했다. 그는 야오징姚敬 중국 대사에게 이렇게 말했다.

"PTI 정부가 들어서면 우리는 중국과 전면적으로 협조해 지속적인 발전을 촉진하고 양국의 관계를 심화시킬 것입니다."[76]

마침 중국은 즉각 20억 달러의 신용 한도를 제공했다. 당근을 흔드는 것이 채찍을 휘두르는 것보다 매력적이고 그만큼 효과적일 수 있음을 보여준 것이었다.[77]

가능성을 열어놓기 위해 파키스탄은 다른 나라로부터도 재정 지원을 모색했다. 총리가 된 임란 한은 사우디아라비아로부터 60억 달러를 받아들였다. 서로 엮여 돌아가고 있는 새로운 세계에 대한 또 하나의 징표다.[78] 그는 이렇게 말했다.

"알라의 뜻에 따라 나는 앞으로 여러분에게 더 좋은 소식을 드리겠습니다. 우리는 다른 두 나라와도 이야기를 하고 있습니다. 알라의 뜻에 따라 우리는 그들로부터 비슷한 거래를 기대합니다."[79]

미국의 정책은 단순히 이 나라들을 서로 껴안게 했을 뿐만 아니라 그들의 경제적·종교적 유대를 강화하게 만들었다.

파키스탄뿐 아니라 다른 곳에서도 일대일로 사업에 붙어 있는 가장 중요한 물음표는 바로 중국이 주요 사업들에 문제가 생기거나 대출의 재조정이 필요할 때 상황을 어떻게 처리할 것인가이다. 그런 상황에서 어떻게 결정이 내려지는지를 이해하고 중국이 미국이나 더 투명할 것으로 보이는(그러나 재협상이나 부채 탕감이라는 면에서는 또한 유연성이 부족할 수 있는) 기관들이 제안한 처방과는 다른 처방을 내놓도록 요구받거나 기대될 때 어떻게 행동하는지, 그리고 그 이유를 가늠하는 것은 일대일로 전체에 대한 반응과 그 진전 및 성공을 좌우하게 될 것이다.

적어도 파키스탄의 경우 미국의 정책 변화는 이 나라를 중국과 더 가깝게(마지막 방편이라는 측면이 있었다) 만들었을 뿐만 아니라 이 지역에서의 러시아의 입지 또한 강화해주었다. 러시아는 이미 인도와 긴밀한 관계인데, 인도 정부는 러시아의 S-400 구매를 추가로 고려하고 있는 것으로 알려졌다.[80] 하지만 러시아와 파키스탄의 관계 역시 개선되기 시작한 듯하다. 파키스탄이 러시아로부터 Su-35 전투기와 T-90 전차를 구매한다는 거래가 발표됐다. 합동 군사훈련과 정보 공유, 그리고 아프가니스탄에 대한 미국의 정책 비판은 공통의 기반을 더 넓혔다. 역시 양쪽에 모두 도움이 되는 100억 달러짜리 국외 천연가스관 거래 제안 또한 마찬가지다.[81]

"항구적인 불안정은 미국을 유리하게 한다"는 생각은 미국 정책 담당자들에게 그럴듯하게 들릴지 모르지만, 그것은 후과가 있었다. 불법 이민자의 자녀들을 부모와 떼어 텍사스 군부대 천막촌의 '별도 난민시설'에 수용한다는 발표는 미국을 단호하고 용감하게 보이도록 하기보다는 불친절하고 잔인하게 보이도록 했다.[82] 아이들을 씻긴다며 데려간 뒤 돌려보내지 않아 눈물을 뿌리고 있는 어머니들의 이야기가 보도되자 세계는 충격에 빠졌다.[83]

아이들이 부모와 다시 살려면 유전자 검사를 받아야 했다는 폭로가 나왔다. 아이들이 강제로 약물 주사를 맞아 걷지도 못하고 사람을 두려워하며 계속 자고 싶다고 말한다는 보도가 나온 지 얼마 지나지 않아서 나온 얘기라, 외국에서 미국의 이미지는 크게 손상되었다.[84] 그런 폭로는 도무지 믿을 수 없었다. 오랫동안 희망의 등불, 품위의 보루, 자유와 정의의 수호자로 생각됐던 나라이기 때문이다.

이 가운데 일부는 두뇌 유출과 미국의 구조적인 문제 때문에 생겨났을 것이다. 국무부 예산을 줄인다는 결정은 전문지식과 공감능력의 감소를 초래했다. 미국이 세계의 안전과 교역에서 한 긍정적인 역할을 강조하며, 친선관계를 수립하고 희망에 차고 포괄적이며 협조적인 미래의 비전을 제시하기 위해 가능한 모든 일을 할 수 있고 해야 하는 시기에, 이것은 역사에 등을 돌리는 것이었다. 관세는 경쟁자와 적수를 위한 것이 아니다. 또한 가장 큰 고통을 당해야 하는 이전의 친구나 동맹자를 위한 것도 아니다.[85] 프랑스 재무부 장관 브뤼노 르메르Bruno Le Maire는 2018년 여름 이렇게 말했다.

"문제는 더 이상 무역전쟁이 일어날지 말지의 여부가 아닙니다. 전쟁은 이미 시작됐습니다."[86]

미국의 러시아에 대한 정책 역시 혼란스러운 것으로 드러났다. 어쩌면 역효과를 낳은 것인지도 모른다. 미국의 국가안보전략(NSS) 문서에 따르면, 러시아는 중국과 마찬가지로 공식적으로 "미국의 가치관과 이익에 상반되는 세계를 만들기를 원하"며 "스스로의 강대국 지위를 회복"하는 데 결연한 것으로 비쳐졌다.

"러시아는 세계에서 미국의 영향력을 약화시키고 우리를 우리 동맹국과 동반자들로부터 떼어놓는 것을 목표로 하고 있습니다."[87]

2018년 봄, 몇몇 굵직한 올리가르히(신흥 재벌)들과 러시아 정부 고위관료들을 대상으로 하는 일련의 제재 조치가 발표됐다. 우크라이나, 시리아 개입과 함께 "서방 민주주의를 전복시키려 시도하고 악의적인 사이버 활동을 하는" 등의 "유해한 행위"가 지적됐다. 이런 강경 노선은 푸틴 대통령과 그 핵심 집단에게 강력한 메시지를 보내려는 의도였다.[88] 트럼프는 제재를 발표하는 기자회견에서 이렇게 말했다.

"러시아에 대해 나보다 더 강경했던 사람은 없습니다."[89]

실제로는 다른 곳에서와 마찬가지로 미국의 조치가 의도했던 것과는 반대의 효과를 가져왔다. 러시아에 대한 외교적·정치적 압박은 이미 러시아를 중국에 더 가깝게 밀어 넣는 역할을 했다. 아마도 러시아가 오히려 불안할 정도로 가까워졌을 것이다. 중국의 에너지 자원 수입이 러시아 경제에서 지나치게 중요해진 것이다.[90] 예를 들어 2017년에 러시아의 전체 석유 수출은 미미하게 증가했지만 중국에 대해서만은 40퍼센트나 늘었다.[91] 같은 해 중국의 러시아에 대한 투자는 4분의 3 가까이 늘어, 두 나라 사이의 상업적 관계가 긴밀해졌음을 보여주었다.[92]

긴밀한 관계는 2018년 4월 미국의 시리아 공습 이후 보상을 받았다. 공습은 아사드 정권과 관계가 있는 자산을 목표로 한 것이기도 했지만, 동시에 러시아에 대한 무력시위이자 경고를 의도한 것이기도 했다. 러시아는 현지에 군대를 보내 추악한 시리아 지도자를 지원하고 있었다. 중국은 재빨리 공습을 규탄하고 나섰다. 중국 외교부의 화춘잉 대변인은 중국 정부는 미국의 공습이 "국제법의 원칙과 기본 규범을 어긴"[93] 것으로 생각하고 있다고 말했다.

더욱 놀라운 것은 새로 국방부장에 임명된 웨이펑허魏鳳和 장군의 말이었다. 그는 양국의 결속을 과시하기 위해 모스크바를 방문했는데, 매우 솔직한 어조로 이렇게 말했다.

"나는 (…) 우리 양국 관계가 높은 수준으로 발전했다는 것과 양국 군대의 전략적 협력에 관한 굳은 결의를 세계에 보여주기 위해 러시아를 방문하고 있습니다."

그러나 그의 방문은 보다 직접적인 목적이 있었다.

"중국 측은 미국에게 중국과 러시아 양국 군대 사이의 긴밀한 관계를 보여주기 위해 모스크바에 왔습니다. (…) 우리는 당신들을 지원하기 위해 왔습니다."[94]

이는 우호와 공통의 이익을 강조하는 화법의 하나다. 시진핑 주석은 2017년 7월 러시아를 공식 방문하기 직전에 이렇게 말했다.

"푸틴 대통령과 나는 업무상 좋은 관계를 구축했고, 개인적으로도 가까운 사이입니다."

중국과 러시아가 "서로에게 가장 신뢰할 수 있는 전략적 동반자"임을 지적하는 것만으로는 충분하지 않다고 그는 말했다. 중국-러시아 관계가 "역사상 가장 좋은 시기"임을 지적하는 것 역시 가치가 있었다.[95]

이는 2018년 여름에 있었던 '보스토크-18'이라는 거창한 군사훈련에서 볼 수 있었다. 1981년 이래 러시아가 조직한 가장 큰 기동훈련이었다. 중국군과 러시아군은 과거에도 자주 합동훈련에 참여했지만, 보스토크-18 훈련은 완전히 차원이 다른 것이었다. 중국은 여기에 전투기와 헬리콥터 30대, 군사 장비 900정, 그리고 3000명 이상의 인원을 참여시켰다. 이것만 해도 놀라운 일이지만, 이 훈련이 외국의 침략에 대비한 훈련으로 설계됐다는 사실도 마찬가지다. 핵무기 사용 훈련도 했다. 미국 관리들이 이 작전에 불쾌감을 표시하고 어떤 식이든 "오해 가능성"을 피하기 위해 "정보를 공유하는 조치"를 취해주도록 러시아에 요구한 것도 당연한 일이었을 것이다.[96] 미국의 주요 경쟁국 두 나라가 점점 더 긴밀하게 협력하고 있는 것이다.

미국에게 이것은 악몽 같은 사태 전개다. 2018년 트럼프 대통령과 푸틴 대통령의 헬싱키 회담에 관계했던 한 관리는 이렇게 말했다.

"러시아와 중국은 서로 친해지려 하고 있고, 그들이 함께한다면 그것은 치명적인 조합입니다."

헨리 키신저는 중국을 "꼼짝 못하게" 만들기 위해 러시아와 협력하라고 트럼프에게 조언하는 사람 가운데 하나였다. 이런 구상에 대해 리처드 하스Richard Haase 국제관계협회(CFR) 의장은, 이론상으로는 분명히 장점이 있지만 러시아의 현재 행보를 감안하면 실용적이지 않거나 실제로는 불가능한 것이라고 밝혔다.[97] 미국에게 이 방안은 비현실적이거나, 이용할 수 없거나, 구미에 맞지 않는 것이다.

최근에 발표된 한 우울한 보고서는 이를 분명히 제시하고 있다.

"중국과 러시아의 동반자 관계는 무르익었고 확대되고 있다. (…) 그것은 미국의 이익에 심각한 부정적 영향을 미치고 있다."

그것은 최근 들어 상당히 강화되고 있다. 작성자는 이렇게 지적한다.

"현재의 전망은 암울하다. 미국에게 손쉬운 해결책은 전혀 보이지 않는다."[98]

일대일로 정책에 대한 대응책도 실망스럽다. 이 대응책은 몇 달 동안 공을 들인 끝에, "진정으로 전全정부적인 임무로서의 인도양-태평양권에 대한 경제적 접근"을 위한 의향서 격으로 기획된 연설에서 마이클 폼페이오 국무부 장관이 발표한 것이다. 그는 이렇게 말했다.

"미국의 서해안에서부터 인도의 서해안까지 뻗어 있는 인도양-태평양 지역은 미국의 대외정책에 대단히 중요한 곳입니다."

이곳은 세계 경제의 "가장 큰 원동력 가운데 하나"라고 그는 덧붙였다.[99]

그렇기 때문에, 그리고 미국도 이 지역에서 한 역할을 하고자 한다는 것을 보여주기 위해 그는 즐거운 마음으로 "1억 1300만 달러어치의 새 사업 계획"을 발표했다. 중국의 새로운 실크로드 지역에 대한 투자 및 융자의 정확한 규모는 전문가들 사이에서 상당한 논란이 있는 문제지만, 모두가 동의할 수 있는 것은 폼페이오가 약속한 규모는 무의미하다고 할 만큼 미미하다는 점이다. 자세히 살펴보자면 미국이 약속한 액수는 트럼프 대통령의 딸 이방카와 사위 재러드 쿠슈너가 2017년 가외소득으로 벌어들인 액수를 약간 웃도는 정도였다.[100] 젊은 부부에게는 꽤 많은 돈이지만, 국제관계의 규모나 지각변동을 일으킬 대형 기반시설 사업에서는 거의 무의미한 액수다.

*

2018년 말이 되자 마침내 새로운 긴박감이 떠오르기 시작했다.

구체적인 계획에 대한 첫 조짐과 함께였다. 미국은 정력의 상당 부분을, 전체적으로 중국과 특히 일대일로 정책을 큰 목소리로 계속해서 비판하는 데 쏟았다. 예를 들어 파푸아뉴기니에서 열린 APEC(아시아태평양경제협력회의) 정상회담에서 마이클 펜스 미국 부통령은 중국의 계획이 지닌 문제점에 관해 길게 이야기했다.

"우리 모두 알고 있다시피, 일부에서는 인도양-태평양 일대와 전 세계의 국가들에게 기반시설 융자를 제공하고 있습니다."

여기에는 보통 부대조건이 달려 있고, 때로는 지속가능한 것도 아니라고 했다. 그는 이어 말했다.

"미국은 더 나은 선택지를 제공한다는 사실을 알아야 합니다. 우리는 동반자들을 빚의 바다에 빠뜨리지 않습니다. 우리는 강제하거나 여러분의 자주권을 손상시키지 않습니다. (…) 우리는 옥죄는 허리띠나 일방통행로를 제공하지 않습니다."[101]

펜스는 정상회담 전에 이렇게 말했다.

"미국 기업들은 정말로 이 지역에 일자리를 제공하고 이 지역에 와서 여기에 번영을 가져다줍니다."

"위험스러운 부채 외교"를 제공하는 중국과 달리 미국은 협력할 좋은 파트너였다.[102] 중국을 비판하고 손쉬운 대안을 약속한 것이 좋기는 하다. 문제는 미국이 실제로 멀리 떨어진 나라에서 대형 기반시설 사업을 주도하거나 참여한다는 약속을 어떻게 이행하느냐였다. 그런 나라들에서는 때로 불투명한 계약으로 확실한 이득을 챙길 수 있는 견고한 지배층을 상대하고 거래해야 했다. 더구나 과도한 부채의 위험성과 현실을 상기시켜주는 것은 거의 논쟁의 여지가 없기 때문에, 건설적이고 실용적으로 나가는 것이 언제나 유용한 것으로 드러났다.

예를 들어 필리핀에서는 허상 속의 적과 싸우고 미국의 투자와 지원이 오기를 기다리기보다는 중국과 관계를 맺는 것이 낫다는 결정이 내려졌다. 남중국해의 핵심 부분은 "중국이 이미 장악"하고 있다고 두테르테 대통령은 말했다. 필리핀이 중국의 "대응을 촉발할 군사행동"에 관해 생각하는 것은 비현실적이었다.[103] 그보다는 타협을 보는 것이 더 유익할 듯했다. 어떤 사업에서 협력할 것인지에 대해서만이 아니라 좋은 조건을 얻는 일에 대해서도 꼼꼼하게 생각함으로써 말이다.[104]

한 가지 해법은 미국의 발전유도투자촉진법(BUILD Act)을 둘러싼 토론에서 나올 수 있을 것이다. 이는 "여러 나라에, 권위주의 정권에 의한 국가 주도 투자에 대한 확실한 대안을 제공"하는 것을 미국의 정책으로 만들었다. 분명히 중국과 일대일로 계획을 언급한 것이었다.[105] 이 제안이 정확하게 어떤 자원을, 어떤 조건으로 약속할 것인지, 그리고 어떻게 민간 부문의 투자자와 도급업자들을 아시아와 실크로드 일대의 (그리고 그런 측면에서는 다른 곳에 대해서도) 사업에 투자하도록 설득할 수 있는지는 두고 볼 일이다. 먼 나라에 대한 투자 지원이 어떻게 '미국 우선주의'에 대한 요구와 합치되는지는 알기가 쉽지 않다.

*

적어도 지금은 미국이 정력의 상당 부분을 중국과 그들의 방법, 그들의 계획을 비판하는 데 쏟고 있다. 존 볼턴 국가안보보좌관은 이렇게 말했다.

"중국은 아프리카 국가들을 중국이 바라고 요구하는 대로 움직이도록 하기 위해 뇌물을 주고 불투명한 계약을 체결하며 부채를 전략적으로 사용하고 있습니다."

아프리카에서 활동을 늘려가고 있는 러시아와 마찬가지로, 볼턴은 아프리카 국가들 자체에 대해서는 걱정하지 않지만 중국과 러시아의 "약탈적 관행"이 "미국의 국가 안보 이익"에 미치는 영향에 대해서는 우려하고 있다. 이제는 새로운 접근을 해야 할 때라고 그는 말했다. "우리가 내리는 모든 결정, 우리가 추구하는 모든 정책, 우리가 지출하는 모든 지원금이 이 지역에서 미국의 우선권을 확대"할 수 있도록 하는 접근이다.[106]

액면 그대로 볼 때, 미국의 지원을 미국의 우선권과 부합시킨다는 원칙은 충분히 공정해 보인다. 문제는 미국의 우선권이 반드시 현지의 필요를 무시하는 것은 아니라는 점과, 미국이 독자적인 접근법을 개발하기보다는 중국 및 러시아와 정면으로 대결하고 있다는 것이다. 다시 말해서 미국의 정책은 지속적이고 실용적인 지원을 제공하는 독립적이고 자주적인 비전을 제시하기보다는 중국 및 러시아의 계획에 대한 반응으로 개발되고 있다.

우선, 이것은 미국이 이길 것 같지 않은 게임이다. 제한적인 투명성과 의사결정 과정의 속도, 그리고 아프리카 일대에서 각국 정부와 함께 일하고 현지에서 개발한 계획에 지원을 제공할 능력과 의지라는 측면에서 경쟁자들이 상당한 전략적 이점을 가지고 있기 때문이다. 또하나, 아프리카와 세계의 다른 지역에서 더 많은 일을 할 필요가 있지만, 이는 반복적이고 계속적인 트럼프 행정부의 목표와 뚜렷한 차이를 보이고 있다. 이런 인식은 국제 개발 자금의 대폭적인 감축과 미국아프리카발전재단(USADF) 같은 기구의 감축 제안으로 이어졌다.[107]

미국의 외교정책은 점점 더 중국 및 러시아와의 경쟁에 의해 좌우되고 있다. 아프리카에서만 그런 것이 아니다. 2018년 12월 미국이 아프가니스탄에서 철수할 것이라는 보도가 나왔다. 미군의 안전한 철수를 위해 미국의 협상자들이 탈레반에 6개월 동안 휴전을 요구했다고도 했다. 그러나 미국은 철수 이후에도 이 나라에 군대를 더 두기를 원했고, 아프가니스탄에 세 개의 기지를 유지했다. 믿을 만한 소식통에 따르면, 미국은 "아프가니스탄의 국내 문제에 간섭하지 않고" 안보 문제에 역할을 하지 않을 것이라고 확약했다.

"기지는 오직 이 지역에서의 (미국의) 이익을 보호하는 데만 쓰일 것입니다. 특히 러시아와 중국을 상대로 말입니다."[108]

따라서 철수와 교조적인 간여라는 서로 대립하는 충동이 혼돈과 혼란으로 이어졌다는 것은 놀랄 일이 아니다. 2018년 12월 '확고한 결의' 작전(OIR: 2014년 이후 미군이 ISIS를 상대로 벌인 군사작전 — 옮긴이)이 발표한 성명에는 이런 구절이 있다.

우리는 ISIS의 영구적인 타도를 보장하기 위해 (…) 계속 헌신할 것입니다. 이런 노력과 관련해서 미국의 입장 변화를 시사하는 어떤 보도도 거짓이며, 혼란과 혼돈을 초래하기 위한 것입니다.[109]

이는 'ISIS를 물리치기 위한 지구연합'(Global Coalition)에 보낸 대통령 특사 브렛 매거크Brett McGurk의 발언이 있은 지 며칠 뒤에 나온 것이었다. 매거크는 ISIS를 물리친 뒤 "우리는 그저 치우고 떠날 수 없다"고 말하고 이렇게 덧붙였다.

아무도 그들이 사라질 것이라고 말하지 않고 있습니다. 아무도 그렇게 순진하지 않습니다. 그래서 우리는 현지에 머물러, 이 지역에서 확실하게 안정이 유지될 수 있도록 하고자 합니다.[110]

미국 정책이 혼란스럽다는 인상은 며칠 뒤 분명해졌다. 트럼프는 이런 트윗을 날려 미군 내 대부분의 사람들을 놀라게 했다.

우리는 시리아에서 ISIS를 물리쳤습니다. 트럼프 정권 동안에 군대가 그곳에 있었던 유일한 이유입니다.

그러고는 미군이 시리아에서 완전히 철수한다고 발표했다.[111] 제임스 매티스 국방부 장관이 이튿날 퇴임 편지에서 밝혔듯이, '세계의 경찰'이 되지 않으려는 데는 당연히 합당한 이유가 있었다. 미국 군인들을 위험에 노출시키지 않고, 미국 납세자들이 비싼 해외 전쟁 비용을 대지 않게 하려는 것이었다. 그러나 이런 식의 반사적인 결정은 분명히 트럼프가 에르도안 터키 대통령과 전화 통화를 하던 도중 순간적인 자극에 따라 내린 것이었고, 많은 사람들에게 놀라움을 안겼다. 특히 에르도안 자신과 매티스, 브렛 매거크(그는 거의 즉시 사임했다), 그리고 이 지역에서 몇 년 동안 미군과 함께 싸웠던 쿠르드족 무장단체들이 그랬다.[112]

이는 또한 다른 이들에게 기회를 제공했다. 한동안 러시아와 이란은 미국을 서아시아에서 밀어내는 문제를 의논해왔다. 러시아 외교부 장관 세르게이 라브로프는 2018년 9월, "시리아의 영토 보전에 가장 큰 위협"은 미국이 추구하는 "불법행위"에서 온다고 말했다. 유프라테스강 동쪽에 "독립 자치체들"을 세운 일 같은 것들이다.[113] 에르도안 대통령은 그 얼마 전 푸틴 대통령에게, 미국이 시리아에서 내린 결정들이 시리아의 미래에 가장 큰 위협이라고 말했다.[114] 로하니 이란 대통령은 그것은 간단한 문제라고 말했다. 이란, 터키, 러시아가 "상황을 해결하고 미국을 몰아낼" 필요가 있다고 했다. 시리아 밖으로 말이다.[115]

많은 평론가들은 미국이 시리아를 떠남으로써 러시아, 터키, 이란이 서아시아를 개별적으로든 집단적으로든 재편할 기회가 생겼다고 보고 있다.[116] 정말로 그렇게 될지는 지켜봐야 한다. 러시아, 터키, 이란이 ISIS와 그 후계자들을 처리하는 데서 미국보다 효율적인 것으로 드러나리라는 생각은 몇 가지 비약이 필요했다. 미국이 철수하면 이 지역에 이해관계가 있는 다른 나라들이 서로 의견의 일치를 이룰 방법을 찾게 될 것이라는 생각 역시 마찬가지다. 생산적으로 협력하기 위한 방법은 제쳐두더라도 말이다. 그럼에도 불구하고 이런 방향 전환은 놀라운 일이다. 존 볼턴은 트럼프의 철수 명령이 있기 불과 석 달 전에 이렇게 말했기 때문이다.

"우리는 이란 군대가 이란 국경 밖에 있는 한 떠나지 않을 것입니다."[117]

*

이 변화하는 일련의 사건들에서 분명한 것은 중국과 기타 전 세계 나라들의 전략 계획에 대한 미국의 대응이 새로 태어나고 있는 세계에 대한 반응이라는 점이다. 이 세계는 연결망이 늘어나고 협력이 많아지며 합작이 확대되는 세계다. 이 중 어느 것도 올바르게 얻기가 쉽거나 간단하지 않다. 그리고 적대, 경쟁, 긴장은 친선의 화려한 말잔치에 가려질 수 있음을 인식해야 한다. 러시아, 중국, 카자흐스탄, 우즈베키스탄, 타지키스탄, 키르기스스탄, 인도의 지도자들이 만들어낸 합의 성명이 대표적이다. 이 성명은 2018년 러시아 월드컵 축구대회와 충칭重慶 국제무술대회, 국제 요가의 날 같은 행사들이 "친목과 상호 이해와 평화를 증진시키는 데 기여할 것"[118]이라고 강조했다. 조심스럽게 말하자면, 그것은 낙관적인 듯하다.

나라 사이의 협력은 때로 간단하지가 않다. 전략적 대립과 자원 경쟁, 지도자들 사이의 개인적인 충돌 때문이다. 지도자라는 사람들은 지지자들로부터는 카리스마가 있는 선지자로, 비판 세력으로부터는 독재 본능이 있다고 묘사된다. 한 가지 눈에 띄는 사례가 카자흐족인 한 중국 국민의 경우다. 이 여성은 불법적으로 중국에서 카자흐스탄으로 넘어가 가족과 합류했는데, 이에 대한 재판은 중국의 요구에 따라 국외 추방을 할지 아니면 망명을 받아들여 중국을 화나게 할지를 결정해야 했다. 사실상 덜 나쁜 쪽을 선택하는 문제였다.[119]

지금 떠오르고 있는 새로운 세계에서 협력하는 일이 현실적으로 얼마나 어려운지를 보여주는 비슷한 사례는 러시아의 터키에 대한 관계다. 한편으로 두 나라는 모두 유럽연합 및 미국과의 관계에서 순탄치 않은 과정을 겪었기에 서방에 대한 성향이 비슷하다. 2016년 에르도안을 실각시키려는 시도가 벌어지고 있을 때 푸틴이 그를 지원한 것이 두 사람의 유대관계를 돈독히 하는 데 도움이 됐다. 특히 푸틴이 쿠데타를 사전에 귀띔해주고 뒤에 자신이 그렇게 했음을 언론매체들을 통해 퍼뜨린 이후다.[120] 양자 간 무역의 중요성 역시 두 나라 사이에 상당한 공통 기반을 제공한다.[121]

그러나 러시아와 터키가 다르지 않은 목표를 가진 중요한 부분들이 있다. 분명하게 사이가 틀어질 정도는 아니지만 말이다. 러시아가 크림반도를 합병한 뒤 에르도안은 NATO에 행동을 취하라고 요구했다. 그는 옌스 스톨텐베르그_{Jens Stoltenberg} NATO 사무총장에게 이렇게 말했다.

"흑해는 거의 러시아의 호수가 됐습니다. 지금 행동하지 않으면 역사는 우리를 용서하지 않을 겁니다." [122]

그의 경고는 놀라울 것이 없다. 푸틴은 오래전부터 러시아가 크림반도를 결코 함락되지 않을 "육·해 양면으로 보호되는 요새"로 바꿔놓았다는 사실을 자랑스럽게 떠벌려왔기 때문이다. [123] 에르도안은 그렇게 보지 않았다. 그는 2017년 10월 키예프를 방문하는 동안 이렇게 말했다.

"우리는 러시아의 크림반도 합병을 승인하지도 않았고, 앞으로도 승인하지 않을 것입니다." [124]

한편 러시아의 야심에 대한 우려는 가장 최근에 수정한 카자흐스탄의 군사 교리에서 변화를 불러왔다. 여기서는 러시아가 자기네 나라의 영토 보전과 주권에 대해 제기하는 위협을 명시적으로 이야기하고 있다. 두 나라의 관계가 앞으로 매끄럽고 편안할 것이라고 기대할 수 있는 징표라고 보기는 어려운 것이다. [125]

당연한 일이지만, 카자흐스탄은 공개적으로는 그 이웃과의 협력에 관해 기꺼이 이야기하면서도, 가능성을 열어놓고 러시아(또는 중국)의 관심이 주체할 수 없는 지경이 되지 않도록 신경을 곤두세우고 있다. 이는 카자흐스탄이 아프가니스탄에서 펼쳐진 미국의 작전에 지원을 제공하기로 동의한 이유 중 하나다. 미국과 좋은 관계를 유지하려는 것이다. [126]

이는 이미 러시아의 눈에 띄었다. 이에 따라 2018년 6월 누르술탄 나자르바예프 정부가 미군에게 물자 수송을 위해 카스피해의 두 항구를 이용하도록 허락하자, 러시아의 세르게이 라브로프 외교부 장관은 당시 카자흐스탄 외교부 장관이던 카이라트 압드라흐마노프Kairat Abdrakhmanov에게 핀잔을 주었다. 보도에 따르면 라브로프는 미국에 그렇게 협조적인 결정이 어떻게, 왜 내려졌는지에 대해 압드라흐마노프를 엄청나게 몰아세웠다고 한다.

미국과 이런 합의에 도달한 것이 상업이나 수송을 의식한 것은 아니었다. 카자흐스탄은 분명히 무슨 꿍꿍이가 있었다. 특히 그 내용에 대해 러시아에 알려주지 않았던 것이 그렇다.[127] 카스피해 연안에 미국의 군사기지를 건설하는 문제는 없었다고 압드라흐마노프는 항변했다. 그는 상황을 누그러뜨리기 위해 인터뷰를 하고, 다른 이야기를 하는 사람들은 그들이 어떤 문제에 대해 논의됐는지 알지 못하고 있다고 말했다.[128]

멋진 신세계를 만들려는 중국의 노력 역시 당초 기대했던 만큼 인기를 끌지는 못했다. 시베리아 토지 구매는 현지 언론에 대서특필됐다. 가격 상승과 외부인 유입의 효과에 대해서뿐만 아니라, 중국이 바이칼호와 인근 지역에 대해 영토적 야욕이 있다는 경고까지 나왔다.[129] 그런 불안감은 중국의 관광 웹사이트에 이 지역이 한때 중국이 지배하던 곳이라는 말까지 나오면서 좀처럼 가라앉지 않았다.[130]

변화하는 세계는 또한 헤쳐 나아가기가 쉽지 않았다. 2016년 여름 카자흐스탄에서 토지개혁이 보류된 것은 이례적인 돌변이었다. 중국인 구매자들이 방대한 지역의 농지 임차권을 사들여 소요가 일어나고 지번地番 변경이 예고된 뒤였다. 현지 농민들은 재력 있는 경쟁자들을 당해낼 수가 없다고 우려했고, 또 어떤 사람들은 이 나라의 일등지들이 장기적인 영향에 대한 고려 없이 팔려나가고 있다며 불안감을 표출했다.[131]

미국의 이란에 대한 강경한 태도로 인한 복잡성은 변화하고 있는 세계와 동반하는 현실을 상기시켜주는 또 하나의 유용한 자료다. 로하니 이란 대통령은 이렇게 말했다.

"트럼프가 이란의 석유 수출을 조이겠다는 위협을 실행에 옮긴다면 우리는 미국에 대한 대응 수위를 높일 것입니다. 세계 석유 시장에 직접적인 비용 부담을 지울 것입니다."[132]

모함마드 바게리Mohammad Bagheri 이란군 참모총장은 이란이 페르시아만을 통해 석유를 수출할 수 없게 된다면 "다른 누구의 안전도 보장되지 못할 것이고, 이 지역에서 원유가 수출되지 못할 것"이라고 경고했다.[133]

페르시아만에서의 수송을 방해하겠다는 위협에 미국은 다시 반격했다. 이 지역에서 대규모 해군 훈련을 실시한 것이다. "언제, 어느 곳에서라도" 안정과 안전을 보장하기 위한 것이었다. 미국 해군의 제5함대는 "세계 최첨단 전투기"인 F-35B 제트기의 지원 아래 "항해의 자유와 교역의 자유로운 흐름을 보장"할 것이라고 했다.[134]

그것이 결코 쉬운 일은 아닐 것이다. 어쨌든 전문가들은 오래전부터 이란과 북한 사이의 군사 협조와 그들의 탄도미사일 프로그램의 놀라운 유사성에 대해 우려해왔다. 특히 이란이 김정은 정권이 개발한 기술에 의존하고 있는 것에 대해서 그렇다. 물론 이란이 발전시킨 기술을 북한과 공유한 경우도 있지만 말이다. 특히 우려스러운 것은 가디르급 잠수함의 능력이다. 이 잠수함은 수상의 선박뿐만이 아니라

육상의 목표물에도 순항미사일을 발사할 수 있는 능력을 갖추었다.[135]

2018년 말 항공모함 존C스테니스John C. Stennis호의 배치는 제해권 및 제공권을 확보하기 위한 것이었다. 새로운 전술을 채택한 것도 마찬가지다. 제5함대 대변인 클로위 모건Chloe Morgan 중위는 이렇게 말했다.

"우리는 작전에서 적이 예측할 수 없게 되기를 원하지만, 전략적으로는 우리 동반자들에게 예측할 수 있게 되기를 바랍니다."[136]

이란의 하비볼라 사이야리Habibollah Sayyari 해군 소장은 미국의 항공모함이 이 지역에 도착한 뒤 이렇게 말했다.

"우리는 미국 항공모함이 페르시아만에 오는 것을 큰 위협으로 생각하지 않습니다. (…) 그들은 우리를 상대로 무슨 일을 할 용기도 능력도 없습니다."[137]

이란에 대한 외교적·경제적·군사적 압박이 커지고 있는 가운데, 그러한 희망적 사고가 가까운 미래에 전쟁이 터질 것이라는 아주 현실적인 위험성을 가릴 수는 없다. 이란과의 갈등이 고조되고 심지어 페르시아만을 통한 석유·천연가스 수송이 제한될 것이라는 두려움은 영국과 여러 곳에서 경보를 울릴 것이다. 해상으로 수송되는 모든 원유와 액화천연가스의 30퍼센트가 호르무즈해협을 지나기 때문에 그것이 중단된다면 상당한 양을 페르시아만 지역에서 구입하는 영국에게는 직격탄이 될 수밖에 없고, 그 결과 관련국들의 경기가 둔화되는 중대한 간접적 충격이 뒤따를 것이다.[138] 일부에서는 많은 나라들이 분쟁을 가급적 빨리 해결하려고 신경을 곤두세우고 있다고 주장하지만, 과거의 수많은 사례들은 다툼이 빠르게 종식될 것이라는 낙관론이 흔히(어쩌면 항상) 빗나간다는 사실을 가리키는 것일 수 있다.[139]

로하니의 봉쇄 가능성에 대한 언급은 또한 강한 어조의 반응을 불러왔다. 중국의 반응이 그랬다. 천샤오둥陳曉東 외교부 부장조리는 이렇게 말했다.

"이란은 이 지역의 평화와 안정에 도움을 주기 위해 더 많은 일을 해야 하며, 그곳에서 함께 평화와 안정을 보호해야 합니다."

이란은 위협을 가하는 데 쓰는 시간을 줄이고 "좋은 이웃이 되고 평화롭게 공존하는" 데 더 많은 시간을 들여야 한다고 했다. 이런 이야기가 나온 배경을 이해하기는 어렵지 않다. 중국 역시 서아시아와 북아프리카산 석유에 크게 의존하고 있다. 수입 물량의 50퍼센트 가까이에 이른다.[140] 이란이 미국의 제재에 대응하다가 그 결과로 석유 공급에 조금이라도 차질이 생긴다면 중국에도 즉각적인 영향이 미치게 된다. 그래서 천샤오둥은 "모든 당사자"가 "중간에서 서로 만나 상대방의 관심사를 고려하는" 데 동의하라고 조언했다.[141]

*

이러한 사례들은 이해가 일치하지 않는 곳에서 상황을 관리하기가 어려움을 보여준다. 크렘린과 긴밀한 관계에 있는 석유회사 로스네프트가 남중국해의 한 구역에서 시추를 하겠다고 한 결정 역시 마찬가지다. 이곳은 베트남이 자기네 영해라고 주장하지만, 중국이 민감하게 여기는 수로 안에 있다. 로스네프트의 행동에 중국은 호된 비난을 쏟아냈다. 어떤 국가나 기업도 중국으로부터 사전 허락을 받지 않는 한 "중국의 주권이 미치는 해역에서 시추 활동을 수행"해서는 안 된다고 했다.[142]

러시아와 중국은 자주 의견의 일치를 보았다고 주장하고, 사실 이익이 일치되는 경우도 있다. 그러나 공통의 목표는 한결같지 않다. 러시아 동쪽 중국과의 국경 가까이에 주둔하고 있는 제29군의 제3미사일여단이 핵탄두를 장착할 수 있는 이동식 미사일 시스템 9K720 이스칸데르-M을 제공받았다는 사실은 러시아와 중국 사이의 우의를 과시하는 잘 선택된 말들 너머를 보는 것이 중요함을 보여준다.[143] 어쨌든 그러한 화력은 굳건하고 믿을 수 있는 우방을 공격할 수 있는 범위 내에 배치하기보다는 적국이나 가상 적국 근처에 배치하는 것이 정상이다.[144]

물론 중국이 급속한 성장과 변화를 겪고 있지만, 그 경제의 탄탄함에 대해서는 우려가 있다. 잉글랜드은행의 최근 보고서(금융시장의 격변 가능성이 영국에 미치는 영향을 평가하기 위한 것이었다)에 따르면 이는 부분적으로 "예외적인 수준의 신용 증가에 의해 유지"돼왔다. 보고서는 중국의 신용 팽창이 "사상 최고 수준"이라고 지적하고, "다른 나라들에서 비슷한 신용 팽창이 보통 위기에 앞서 있었다"라고 덧붙였다.

대출에 의해 가속화된 급속한 팽창에서 생겨나는 문제의 징후가 있었다. 하이항海航, HNA그룹 같은 큰 회사들은 급하게 자산을 처분하려 했고, 중국궈추國儲에너지화공그룹은 3억 5000만 달러의 채권을 부도냈으며, 2018년 7월 미국의 투자회사 엘리엇매니지먼트는 이탈리아 축구팀 AC밀란의 소유주 리융훙李勇鴻이 상환 일정을 지키지 못하자 그 지배권을 인수했다.[145]

문제는 중국의 정책 담당자들도 비껴가지 않았다. 저우샤오촨周小川 중국인민은행 행장은 개혁의 필요성뿐만 아니라 경제에 닥친 위험에 대해서도 언급했다. 이는 "숨겨지고 복잡하고 돌발적이고 전염성이 있고 위험"할 수 있다고 중국인민은행 홈페이지에 올린 글에서 썼다. 그는 시진핑 총서기가 거듭 강조한 말을 독자들에게 상기시켰다.

"금융 안전은 국가 안전의 중요한 요소입니다."[146]

그리고 일대일로 계획을 둘러싼 몇몇 문제들이 있다. 말레이시아에서는 총 200억 달러 이상에 달하는 세 건의 대형 기반시설 사업이 중단됐다. 비용에 대한 우려와 국영 투자기금의 부패 의혹 때문이었다. 약 30억 달러에 달하는 세 건의 송유관 계획도 중단됐다.[147]

시에라리온 프리타운의 새 공항 사업이 보류됐고, 케냐에서는 몸바사 항구가 중국에 넘어갈 것이라는 우려가 일었다. 실적이 좋지 않아 대출 담보로 인수 제안이 있었다는 보도가 나온 뒤였다.[148] 중국의 자금 지원으로 건설돼 2018년 8월 "내일과 그 너머의 기회로 가는 관문"으로 개통한 몰디브의 한 다리는 불과 몇 달 뒤 몰디브 국민들이 "화형을 당하는"(한 고위관료의 말이다) 과정의 일부로 표현됐다.[149]

파키스탄 라호르의 오렌지선 지하철 사업에 대한 과잉투자는 정부 적자의 증가와 맞물려 파키스탄의 몇 달 혹은 몇 년 동안의 예산에 중대한 조정이 필요한지의 여부, 그리고 대출 재조정의 필요성과 시기·방법 등을 진지하게 평가하도록 만들었다.[150] 파키스탄의 고위 정치인 압둘 라자크 다우드Abdul Razak Dawood는 이렇게 말했다.

"이전 정부는 중국과 협상을 잘못 했습니다. 그들은 숙제를 제대로 하지 못했고, 올바르게 협상하지 못했습니다. 그래서 그들은 많은 것을 내주었습니다."

그는 모든 협정을 재검토하고, 필요하다면 재협상을 하겠다고 약속했다.[151]

통가에서는 상환에 대한 부담이 너무 커서, 아칼리시 포히바Akilisi

Pōhiva 총리가 자기네 나라는 '부채병負債病'을 앓고 있다고 고백하기에 이르렀다.[152] 미얀마의 경우도 마찬가지다. 벵골만의 한 항구에 73억 달러를 투자하려던 계획이 80퍼센트 이상 감축됐다. 비슷한 문제를 피하기 위해서였다.[153] 이런 사례들 때문에 일부에서는 일대일로의 문제가 확산되고 있다고 말하지만, 전체 사업의 85퍼센트가량이 어려움 없이 진행되고 있다는 사실을 허투루 볼 수는 없다.[154]

그럼에도 불구하고 이런 상황에서 중국이 일대일로 계획의 장점과 이득을 설명하기 위해 나섰다는 것은 놀라운 일이 아니다. 이 계획은 "중국에서 시작됐지만 세계의 것"이라고 중국 국영 통신사인 《신화통신》은 한 기사에서 말했다.

그것은 (…) 이상을 실제로 바꿔놓았으며, 이제 세계에서 가장 큰 국제 협력의 기반이 됐고 가장 인기 있는 국제적 공공 생산물이 됐다.

그것은 "수많은 사람들의 꿈"을 드러나게 하고 "모든 나라와 그 국민들"의 희망을 한결같이 하는 데 도움을 주었다.[155]

일대일로 계획은 "인류를 위한 미래를 공유"하는 공동체를 만들어 모두에게 이익이 된다고 시진핑 주석은 말했다. 이는 중국의 일대일로 국가들과의 무역이 이제 5조 달러를 넘고, 한편으로 "평화와 발전"에서 중요한 역할을 하는 데 도움을 주고 있다는 사실에서 분명했다. 시진핑은 일대일로에 대한 비판을 넌지시 인정하면서, 이 계획은 "지리정치학적 또는 군사적 동맹"이나 "중국 클럽"이 아니라 세계의 개발 방식과 세계의 통치 방식, 그리고 경제 협력을 개선하기 위해 마련된 공개적이고 포괄적인 과정이라고 지적했다.[156]

이런 말에 이어, 중국이 부채 부담의 문제를 인식하고 있으며 최소한 몇몇 사례에서라도 그것을 해결하는 데 도움을 줄 생각이 있고 준비가 돼 있다는 신호가 나왔다. 2018년 9월, "아프리카의 가장 발전이 덜 된 나라들"에 제공된 융자를 탕감할 것이라는 발표가 있었다.[157] 어떤 나라의 어떤 부채인지는 구체적으로 말하지 않았다. 그러나 며칠 뒤 에티오피아의 아비 아흐메드 알리Abiy Ahmed Ali 총리가, 중국이 에티오피아의 일부 부채를 재조정하는 데 동의했다고 발표한 것은 대출 쌍방이 서로 받아들일 수 있는 조건으로 재협상하는 것이 불가능하지만은 않다는 사례를 제공했다. 에티오피아의 경우 수도 아디스아바바와 해안을 연결하는 철도 건설 자금 40억 달러의 상환 기간을 10년에서 30년으로 늘리는 것 등이 포함됐다.[158]

시진핑은 아프리카 국가들에게 600억 달러 상당의 무상원조와 무이자 차관, 신용 한도, 개발자금 지원을 새로이 제공하겠다고 발표하면서, 부실하게 설계된 계획들에 너무 많은 자금이 지원됐다는 비난에 대해 항변했다. 그는 이렇게 말했다.

자원은 과시용 사업에는 전혀 사용돼선 안 되고, 가장 필요한 곳에 사용돼야 합니다. (…) 중국과 아프리카의 협력 사업은 중국과 아프리카 사람들에게 볼 수 있고 느낄 수 있는 실체적인 혜택과 성과를 제공해야 합니다.[159]

문제는 중국의 대출 원칙 쪽에 있다기보다는 그것을 뒷받침할 실행 쪽에 있다. 돈을 빌려주는 쪽이 겪는 문제 가운데 하나는 상대방이 상환을 하지 못하거나 부도를 냈을 경우 어떻게 해야 하는가이다. 적어도 일부 일대일로 사업의 경우에는 대출 양측이 서로 다른 생각에서 뛰어들었음이 분명하다. 중국 금융기관들은 사업들에 자금을 제공할 강력한 유인誘因이 있다. 일이 잘못될 경우 중국 정부가 보전해주게 돼 있는 것이다.

따라서 핵심적인 문제 가운데 하나는 기대치를 부풀린 (그리고 성과가 적을 것 같은) 부실한 사업이 어떻게 승인받았는지를 평가하고, 자금을 제공하는 큰 은행들이 대출 과정에서 고삐를 죄며 재량에 따라 대출 자금을 줄이고 사업이 계획대로 진행되지 않을 때 책임을 지는지의 여부와 그 방법 및 시기를 점검하는 것이다. 이것이 어떻게 진행되는지는 일대일로 계획과 여러 참여국들, 심지어 중국의 금융 부문에도 중요할 뿐만 아니라, 더 넓은 세계와 상대하고 있는 중국이라는 나라 전체에도 중요하다.

중국의 동기와 행동, 아프리카와 인도양 지역 및 아시아의 등뼈 지역에서 거둔 성과를 평가하는 것은 오늘날 전 세계 모든 나라의 정책 담당자들에게 주어진 가장 중요한 과제일 것이다. 일이 잘돼갈 때 '상생(win-win)'을 이야기할 수 있는 것과 똑같이, 잘되지 않을 때는 '공멸(lose-lose)'의 시나리오가 현실화되는 것 역시 당연하다.

*

중국 경제가 둔화되거나 하락하거나 붕괴할 경우 세계 경제에 미치는 위험성은 분명하다고 잉글랜드은행 보고서는 말한다. 중국이 "세계 공급 사슬에 깊숙이 들어와 있기" 때문이다. 그 경우 이득을 볼 가능성이 있을 것이다. 예를 들어 석탄, 철강, 구리 등 일부 상품 가격이

급락하고 유가도 떨어져 영국에서는 물가가 내려갈 것이다.[160]

아마도 이러한 평가를 배경으로 한 것이 미국이 중국 쪽에 취하고 있는 관세에 대한 공격적인 자세일 것이다. 중국을 약화하고 동시에 미국 소비자들을 강화하기 위한 중국 경제 압박 조치들도 마찬가지다. 이는 또한 중국이 경제적 대응 조치를 발동하고 결과를 예측하기 어려운 장난을 치는 것이 얼마나 위험한지를 경고하는 등 강력한 시도를 하는 이유를 설명해준다. 가오펑 중국 상무부 대변인은 추가적인 관세 조치의 도입에 대한 질문을 받고, 미국이 "지구촌 공급 사슬을 공격"하고 있다고 말했다.

"미국 정부는 세계 전체와 자신들을 향해서도 총질을 해대고 있습니다."[161]

잉글랜드은행 보고서가 분명하게 밝히고 있듯이, 중국이 큰 금융위기를 맞을 경우에 영국의 물가가 하락하리라는 전망은 단지 사태의 한 측면일 뿐이다. 실제로 영국은 특히 큰 타격을 받을 것이다. 유럽의 다른 나라들에 비해서도 훨씬 크다. 영국 은행들의 경제적 위험도는 "유로 지역과 미국, 일본, 한국을 모두 합친 것보다 더 크기" 때문이다. 영국 경제에 미칠 수 있는 영향을 모의실험한 결과 잉글랜드은행은 파급효과 가능성에 대한 전망치를 50퍼센트 끌어올렸다. 아마도 미국에서 내려진 결정으로 촉발되는 것이겠지만, 중국에서 큰 변동이 일어난다면 영국에 심각한 영향을 미칠 것이다.[162]

위험성이 매우 높음에도 이는 거의 간과되고 있다. 영국에서 주요 브렉시트 옹호자들의 경제에 대한 유일한 논의 주제가, 영국이 일부의 표현대로 유럽연합의 '식민지'에서 벗어날 때 구체화될 새로운 자유무역 협상에 관한 시기이기 때문이다.[163] 유럽연합을 떠나겠다는 "국민의 의지"는 2016년에 표출된 것이지만 그 이후 세계가 엄청나게 변했다는 사실에 대해서는 인식이 아예 없거나 미미한 듯하다. 국민투표 당시에는 그저 알지 못했을 뿐만 아니라 정말로 어떤 경우에는 존재조차 하지 않았던 문제들이 나타났다.

따라서 브렉시트에 관한 가장 큰 문제는 아마도 유럽연합을 떠나는 것이 영국에게 올바른 선택인지 하는 문제가 아닐 것이다. 문제는 지리정치적·경제적으로 이렇게 심각하게 취약한 시기에 그렇게 하는 것이 올바른 일인지 하는 것이다. 더 중요하고 벅찬 여러 가지 문제들에 관심을 기울여야 할 때 지역적인 중요성을 지닌 문제에만 집중하는 것이야말로 정말로 위험한 일이다.

*

새로운 기술의 급속한 발전 역시 대처하기 매우 어려운 일이다. 이런 기술들이 미래에 미치게 될 영향을 예측하려고 노력한다는 측면에서다. 그리고 인공지능(AI), 로봇공학, 기계학습, 블록체인, 이더리움과 그 밖의 것들이 우리가 살고 사랑하고 일하고 의사소통하는 방식을 바꿔놓을 세계를 준비할 적절한 방법을 찾아낸다는 측면에서다.

비트코인 같은 암호화폐도 있다. 디지털 선구자들에게도 흥미롭겠지만, 분명히 남의 눈을 피해 거래를 하려는 사람들이 가장 관심을 가질 분야다. 불법적인 물건이나 상품을 거래하는 사람, 세금을 내야 하는 수입을 당국에 들키고 싶어 하지 않는 사람들을 포함해서다. 역설적으로 분권화된 디지털 화폐의 영향은 국가 간 거래에서 달러·유로·엔화가 지배해 다른 통화로는 대규모 거래가 비현실적이고 불편하고 불가능한 곳에서 제재 같은 압박을 피하고 계속 거래를 해나가려는 나라들에서 더욱 중요한 것으로 드러날 것이다.

이것은 이란 같은 나라에게는 사리에 맞는 방책으로 보일 것이다. 이 나라는 모든 국제 교역이 전면 금지돼 이를 해결해야 하는 문제에 직면해 있다. 그리고 이 나라는 비非달러표시 통화로 거래하는 방법을 찾고 있다.[164] 실제로 하이코 마스 독일 외교부 장관은 유럽이 기존의 금융 결제 시스템을 극복하는 방법을 찾을 필요가 있다고 제안했다. 이란과 아마도 장래에 다른 나라들도 돕기 위한 것으로 보인다. 새로운 지불 수단이 만들어져야 한다고 그는 말했다. 유럽통화기금(EMF)과 은행 간 이체를 위한 독립적인 국제은행간통신협회(SWIFT) 시스템 같은 것들이다.[165] 불가피하게 새로운 기술이 이런 해법의 일부가 될 것이다. 반反기술 역시 마찬가지다. 그러나 유럽의 한 중견 정치인이 미국의 정책을 약화시키고 뒤엎는 방법을 찾기 위해 논의하는 것을 듣는 일은 거의 4차 산업혁명만큼이나 중대한 일이다.

이전의 혁명들에서도 그랬지만, 새로운 기술 개발(및 자금 제공)과의 연관성은 군사적 적용과, 전쟁터에서 결정적인 전술적 이점을 제공하려는 시도들과 밀접하게 연결돼 있다. 따라서 중국의 KFC(켄터키프라이드치킨) 매장에서 얼굴 인식 기술을 이용해 징거버거 값을 낼 수 있다는 것은 신나는 일이지만, 같은 도구가 국가 보안당국에 의해 감시와 보안에 사용될 수 있다는 사실은 틀림없이 보다 중대한 것이다.[166]

중국 정부는 인공지능에 돈과 자원을 쏟아붓고, 이 나라 곳곳에 새로운 기술단지를 건설하고 있다. 수도 베이징 먼터우거우구門頭溝區의 21억 달러짜리 새 캠퍼스나 옛 제국 수도 시안에 세운 것이 대표적이다.[167] 한 권위 있는 보고서에 따르면, 중국은 2016년에 전 세계 AI 신생 벤처기업 자금 지원의 고작 11.3퍼센트를 차지했다. 이 수치는 이 듬해 거의 50퍼센트로 올랐다. 보고서는 이렇게 지적한다.

중국은 빈틈없이 설계된 AI 비전을 공격적으로 실행에 옮기고 있다. AI의 일부 분야에서는 분명히 중국이 미국을 압도하고 있다.[168]

"미래를 내다보는 인공지능 계획"의 일부 요소는 AI 농업과 AI 물류, 그리고 새로운 고용 기회 등과 관련이 있지만, 다른 부분에서는 방위나 심지어 외교정책과 밀접하게 연관돼 있다. 시진핑 주석은 2018년 여름 베이징에서 열린 중앙외사공작회의中央外事工作會議에서, 중국은 "주요국 외교에서 신기원을 열어야" 한다고 말했다. 여기에는 "진화하는 세계에서 중국이 차지하는 위치와 역할에 대한 분명한 이해"를 돕고 "중국의 대외공작을 과학적인 방법으로, 국제적 현상에 대한 냉정한 분석을 통해 형성"하는 데 도움을 줄 방법을 마련하는 것이 들어 있다.[169] 여러 보고들에 따르면, 지구촌 지리정치학의 변화를 분석하고 대응하는 데 도움이 될 인공지능 시스템을 만드는 데 상당한 노력이 기울여지고 있다. 다른 나라들에 비해 경쟁우위를 제공하는 데도 마찬가지다. 중국과학원 자동화연구소(CASIA)의 한 연구원은 이렇게 말했다.

"AI는 사람보다 여러 발 앞서 생각할 수 있습니다. AI는 여러 가능한 시나리오를 깊이 생각하고 최선의 전략을 찾아냅니다."[170]

이는 자원이 투입되는 한 분야일 뿐이다. 다른 나라들에서도 마찬가지일 것이다. 그러나 다른 사례는 새로운 군사 기술을 개발하는 경우다. 2015년 11월 중국항공우주기체역학연구원中國航天空氣動力技術研究院(CAAA)은 그들이 개발한 CH(차이홍彩虹)급 신형 드론을 공개했다.[171] 이 무인항공기(UAV)의 이전 세대는 서아시아와 아프리카의 구매자들에게 인기 있는 것으로 드러난 미국의 상당 기종의 저가형이었다.[172]

그러나 신형 무인항공기는 노는 물이 달랐다. 목표물을 찾아내고 그것과 교전할 능력까지 갖추고 있기 때문이다.[173] 이것이 군사 전략가들에게 새로운 문제들을 제기했다. 그들은 무인 자동무기 시스템이 직접적인 지시 없이도 스스로 공격하는 경우, 또는 무인 자산이 무력해지거나 손상되거나 해킹을 당해 주인을 상대로 이용되는 경우 같은 검증되지 않은 새로운 상황에 직면하게 될 것이다. 말할 필요도 없이 그런 상황에 어떻게 대응할 것인지에 대한 불확실성은 당연히 주장과 반대 주장을 확인하기 어렵거나 심지어 불가능하게 되는 경우에 대비한 가능성 역시 제시한다.

영국군의 국방참모총장 니컬러스 카터Nicholas Carter 장군은 2018년 여름 한 강연에서 이렇게 말했다.

"나는 우리가 역사로부터 받은 70년 동안의 휴가가 끝나지 않을까 하는 두려움을 갖고 있습니다."

우리는 "진화하는 전쟁의 성격에 관한" 어려운 문제로 점철된 "끝없는 경쟁"의 시대를 살고 있다고 그는 말했다. 중요한 것은 "에너지, 현금, 부패한 사업 관행, 사이버 공격, 암살, 가짜 뉴스, 선전, 그리고 훌륭한 구식 무력 위협"이 무기로 사용되고 있음을 인식하는 것이다.

"국가를 기반으로 하는 우리의 경쟁자들은 평화와 전쟁 사이의 경계선을 이용하는 데 달인이 됐습니다. 이 음울한 곳에서 무기가 되는 것은 더 이상 '빵' 하는 소리를 낼 필요가 없습니다."[174]

　기술 혁신은 여러 가지 편익을 제공한다. 대규모 군대를 유지하지 않아 금융비용(장비에 들어가는 비용 등)을 줄일 수 있고, 실적을 개선하고 향상시킬 수 있으며, 그리고 물론 지도자들의 정치적 위험 수준을 낮출 수 있다. 그들은 전사한 장병들이 전쟁터에서 고국으로 돌아오는 사진을 싫어하며, 전쟁은 그 기간이 길어질수록 인기가 떨어진다. 기술 혁신은 또한 훈련에 필요한 시간과 비용도 줄인다. 중국 국영 언론 보도에 따르면, CH-5 드론은 항공술에 관한 기본 지식을 가진 대학생이 하루나 이틀만 훈련하면 조작할 수 있다.[175]

　러시아도 마찬가지로 군대를 변혁시키기 위해 새로운 기술에 많은 투자를 하고 있다. 전쟁터에서 다친 병사들을 후송하고 부상자를 진단·치료하는 등 많은 과업을 처리할 수 있는 로봇을 개발하고 있다. 연구자들은 또한 네 발 달린 '링크스Lynx' 같은 유기체 로봇에도 공을 들이고 있다. 이런 로봇은 기관총과 대전차 유도미사일을 장착하고, 빙판이나 모래밭 같은 인간 병사들을 힘들게 하고 부담을 주며 지치게 하는 상황에서 작전을 수행할 수 있을 것이다. 무인 지뢰 제거 차량, 극한極寒 지역에서 가동할 수 있는 로봇 간호사, 원격 조종할 수 있는 러시아 T-14 아르마타 전차도 개발 중이다.[176] 이 무시무시한 전차는 이미 러시아 바깥의 여러 나라들에게 선망의 대상이다. 영국 국방부의 한 보고서는 이렇게 말한다.

　　과장할 필요도 없이, 아르마타는 지난 반세기 사이의 전차 설계에서 가장 혁명적인 변화를 보여주고 있다.[177]

정확하게 어떤 것이 개발되고 있고, 새로운 무인 무기 시스템이 얼마나 효율적이고 효과적인지, 그리고 그것을 개발하는 데 얼마나 많은 돈이 드는지에 대한 주장들을 확인하는 것은 어려운 일이다. 당연하다. 그러나 이것이 러시아 같은 나라들에게 특별한 관심을 받는 분야라는 데는 의문의 여지가 없다. 러시아는 2018년 5월 '러시아연방 군대의 로봇화'에 관한 세 번째 '군사과학회의'를 개최했다.[178]

군사적 경쟁의 격화는 빠르게 진행되고 있고, 상당한 우려의 원천이다. 예를 들어 미국 공군은 중국 또는 러시아(또는 둘 다)가 오랫동안 미국으로 하여금 공군력에서 상당한 우위를 누릴 수 있도록 했던 '스텔스' 기술을 깨뜨리는 데 필요한 소프트웨어 및 하드웨어를 개발하는 것이 시간문제임을 알고 있다.[179] 그리고 '항공모함 요격' 미사일 개발에 대한 우려도 있다. 이는 항공모함을 무시무시한 첨단 전투 기반 시설에서 가격만 비싼 먹잇감으로 바꿔버릴 능력이 있다.[180]

이 경쟁의 연장선상에 있는 것이 빠르게 확대되고 있는 새로운 우주경쟁의 시대다. 인도 과학자들은 탄도학彈道學에서 진전을 이루어, 2022년까지 유인 우주선을 띄울 것이라고 발표했다.[181] 중국의 유인 및 무인 우주선 발사 프로그램의 진전도 이와 어깨를 나란히 하고 있다. 그중 하나가 아르헨티나 남부 파타고니아에 건설하고 있는 새 대형 발사 시설이다. 이것이 달 뒷면의 탐사를 돕게 된다.[182] 이런 움직임들이 미국의 대응을 촉발했다. 트럼프 대통령은 최근 우주 프로그램에 상당한 자금을 투입할 것이라고 발표했다. 여기서 결과를 낼 필요가 있다. 그는 이렇게 말했다.

"미국이 그저 우주로 나가는 것으로는 충분치 않습니다. 우리는 우주에서 미국의 지배를 실현해야 합니다."[183]

중국과 러시아가 (그리고 이란도) IT 기술을 발전시키지 못하도록 하는 것은 미국이 새롭고도 빠르게 변화하는 경쟁에 직면해 있다는 사실에 대응하기 위한 시도에서 중요한 요소다. 중싱통신中興通訊(ZTE) 같은 중국의 이동통신 및 IT 기술 회사들에 대한 징벌적 조치는 미국의 국가 안보에 점점 더 위협이 되고 있는 듯한 혁신의 속도를 늦추거나 제한하려는 노력의 시작을 알리는 발포였다. 중싱통신에게는 10억 달러의 벌금(그리고 추가로 4억 달러의 제3자 예탁)과 10년간 미국산 부품 구매 금지 조치가 부과됐다.[184]

그러나 얽히고설킨 세계에서 사태는 그렇게 간단치 않다. 예를 들어 미국의 군사 위성을 전개하는 스페이스-X는 러시아의 에네르고마시Energomash가 만드는 RD-180 로켓을 사용한다. 만약 예상대로 러시아에 대한 제재 확대의 일환으로 이런 것들의 구매가 막힌다면 미국은 그 공백을 어떻게 메울 것인가 하는 의문이 생겨난다.[185] 그리고 어떻든 미국 의회의 한 최근 보고서가 지적하듯이 러시아의 기술과 전문지식을 사줄 고객이 다른 곳에도 있다. 특히 중국이 그렇다. 만약 예상대로 필요가 발명의 어머니라면 다른 나라들에 대한 부품과 지식의 공급을 막아 기술 개발을 옥죄려는 시도는 그것을 가속화하는 데 이바지할 뿐임을 입증하게 될 것이다.

어떤 이들은 재앙의 조짐을 알아차릴 수 있다. 중국이 급속하게 발전시키고 있는 여러 산업들이 있다는 것을, 로버트 라이트하이저 미국 무역대표는 말했다. 항공술과 고속철도, 신에너지 자동차(NEVs) 같은 분야들이다. 이런 산업들이 무역 관세의 목표가 돼야 한다고 그는 말했다.

"중국이 세계를 지배한다면 그것은 미국에 나쁜 일입니다."[186]

이를 알기 위해 천재성(또는 스파이)이 필요한 것은 아니다. 미국이 계속 번영을 누리려면 중국이 떠오르는 것을 막을 필요가 있다.

이는 2018년 초여름 리자 포터Lisa Porter 미국 국방부 연구·기술 담당 부차관 임명을 위한 인준 청문회에서 강력하게 표현됐다. 포터는 말을 돌리지 않고 이렇게 이야기했다.

"우리는 국방부의 문화를 바꿀 필요가 있습니다."

미국이 직면하고 있는 도전의 크기에 대해서는 의문이 있을 수 없다. 국방부는 "너무 크고 너무 느리다"라고 포터는 말했다.[187]

미국의 모든 경제·군사·정치계의 상층부에서는 긴박감이 뚜렷하다. 미국은 "국가 안보 및 국가 방위에 심각한 위기"를 맞고 있다고, 이 나라에 닥친 도전에 관한 최근의 한 보고서는 말했다. 미국이 이 도전에 대응하는 데서 "더 큰 절박감과 진지함"을 보여주지 않는다면 미국은 그 안전과 그 영향력에 "괴멸적인" 손상을 입을 것이라고 보고서는 덧붙였다.[188]

모든 길은 로마로 통하듯이, 중국 역시 이 모든 위협과 도전의 한가운데에 자리 잡고 있다. 댄 코츠 미국 국가정보국장은 이렇게 말했다.

"중국 정부는 미국 정치에 영향을 미치기 위해 자기네가 할 수 있는 모든 능력을 쏟아붓고 있습니다. 선전활동을 하고, 언론을 조작하며, 학생이나 중국 정치에 비판적인 사람들을 억압합니다."[189]

마이클 펜스 부통령은 이렇게 말했다.

"러시아가 하고 있는 것은 중국이 이 나라에서 하고 있는 것에 비하면 아무것도 아닙니다."[190]

이것이 유발한 공포는 단순히 널리 퍼져 있는 정도가 아니다. 그것들은 미국의 대응과 움직임과 정책을 평가하는 데 핵심적인 역할을 한다. 심지어, 어쨌든 겉으로는 중국과 거의 관련이 없는 일조차도 말이다. 북미자유무역협정(NAFTA)을 미국-캐나다-멕시코 협정으로 대체함으로써 미국은 미미하게 나은 조건을 확보했다. 하지만 트럼프가 재협상 전과 도중과 후에 주장했던 것처럼 극적인 변화를 가져오지는 못했다. 그러나 협정문에 광범위한 세계 일반의 맥락에서나 구체적으로 중국의 맥락에서도 매우 중요한 한 구절이 숨겨져 있다는 것은 놀라운 일이었다. 합의된 조건에는 본래의 북미자유무역협정 협상에서는 없던 새로운 조항들이 들어가 있다. 대표적인 것이 '비非시장경제 국가'와 무역 협상을 하는 경우 미국에 통지해야 한다는 조항이다. 중국을 말하는 것이다. 미국으로부터 좋은 무역 조건을 얻고자 하는 나라들에게 미국 우선주의를 안겨 그들을 예속 상태에 가두고 그들의 활동을 제한한 것이다.

이 모든 것은 많은 사람들을 놀라움 속에 빠뜨린 것으로 보이는 근본적인 세계 재편의 일환이었다. 지나 해스펠Gina Haspel CIA 국장은 2018년 가을 한 연설에서, 미국은 "곤란한 정보 공백"에 직면해 있다고 말했다. "정보기관이 어쩔 수 없이 반테러 활동에 크게 치우쳐 있기" 때문이다. "우리의 초점을 경쟁 국민국가들로 좁힐" 때가 됐다고 그는 말했다.[191] 문제는 "미국과 동맹국 지도자들이 여전히 국내 문제들에 발목이 잡혀" 있고 그것이 치명적인 것이라는 점이다. 그리고 그들은 변화하는 세계의 현실을 뒤늦게 깨닫기 시작했다. 미국, 그리고 서방은 게임에서 밀려나지 않기 위해서는 큰 변화가 필요하다.[192]

＊

지금은 어렵고 위험한 시기다. 세계 곳곳에서 군사적 위기가 폭발할 가능성이 있고, 위력 시위를 하고 싶어 안달하는 포부와 야심을 가진 나라들 사이에도 긴장이 분명히 커져가고 있다. 그러나 이와 별개로, 미국과 중국의 무역관계와 중국 자신의 신용거품을 넘어서는 경제적 도전이 또한 바닥에 깔려 있다. 터키에서는 금리가 25퍼센트로 치솟고 이탈리아 경제는 위험에 빠졌으며, 여러 나라가 무거운 빚더미에 눌려 몸부림치고 있거나 그럴 가능성이 있는 상황에서 IMF는 이렇게 경고했다.

"커다란 도전이 어렴풋이 모습을 드러내기 시작해 (…) 제2의 대공황을 막을 필요가 있다."[193]

세계 경제가 금융위기를 겪었던 지난 2008년에 비해 상황이 낫다고 생각하는 상당한 이유가 있다. 그러나 상황은 금세 악화돼 혼돈과 무질서를 일으키는 도미노 효과를 촉발할 수 있으며, 그것은 의견 충돌과 관세 장벽, 자극적인 트윗을 상대적으로 간단해 보이게 한다.

이런 불확실성 속에서, 한쪽에는 당근보다는 채찍을 사용해 세계를 자기에게 유리하도록 재편하고자 하는 미국 정부가 있다. 다른 쪽에는 호혜를 이야기하고, 협력 증진을 강조하고, '상생' 시나리오에 따라 민족과 국가와 문화를 한데 엮기 위해 장려책 사용을 이야기하는 중국 정부가 있다(물론 동시에 많은 사람들에게, 기획에 따라, 또는 자연스럽게 제국이 건설되고 있다는 두려움을 불러일으키기도 한다).

이런 양분이 21세기의 모습을 만들어내고 있다. 옌쉐퉁은 이렇게 지적했다.

"우리는 국제 규범이 서방 자유주의에 의해 주도되는 상태에서 국제 규범이 더 이상 존중되지 않는 상태로 옮겨가고 있다."

그는 이런 난기류가 단극 세계에서 양극 세계로 옮겨가는 과도기의 일부라고 주장한다. 그는 이렇게 말했다.

"전략적 관계 역시 매우 분명하게, 다른 주요국들이 미국과 중국 중 한쪽을 선택하는 문제가 돼버렸다."[194]

헨리 키신저 역시 이런 견해를 가지고 있다. 그는 《파이낸셜 타임스》와의 인터뷰에서 이렇게 말했다.

"우리는 아주, 아주 엄중한 시대를 살고 있습니다."

대서양 세력의 분열은 유럽을 "유라시아 대륙의 곁다리"로 만들어, 서쪽이 아니라 동쪽으로 중국을 바라봐야 할 것이라고 말했다. 중국은 "온 인류의 으뜸 조언자"가 되려는 목표를 가지고 있다.[195] 중국 지도부의 야망은 정치철학으로도 확대됐다. 이 나라는 지난 40년 동안 많은 진전을 이루었다고 중국 언론의 한 최근 기사는 말했다.

중국이 성취한 것은 세계로 하여금 "사회주의에 대한 완전히 새로운 이해"를 가능케 했으며, 근대화의 서방 모델은 유일한 방식이 아니라 단지 여러 선택지 가운데 하나임을 입증했다.[196]

자유민주주의의 승리는 보류됐거나, 어쩌면 끝났는지도 모른다.

일부에서는 자유와 "일이 굴러가는 것"을 교환할 각오가 돼 있다고 런던 《타임스》의 칼럼니스트 클레어 포게스Clare Foges는 썼다. 이 칼럼에서 포게스는 트럼프, 에르도안, 푸틴 같은 독재적인 지도자들을 칭송했다.

독재자들은 무도하고 불쾌할지 모르지만, 그래도 좋은 점이 있다. 그들은 정말로 자기네가 자신의 나라를 변화시킬 수 있다고 믿는다는 것이다.[197]

이것은 서방이 어떻게 해서 본심을 잃고 변화하는 세계에서 길을 잃고 있는지를 완벽하게 요약하고 있다.

이 새로운 세계의 부상은 우리 면전에서, 힘의 이동에 추동돼 일어나고 있다. 그 힘의 이동은 너무 깊숙해서, 그것을 정지시키거나 속도를 늦추거나 저지할 방법을 알기가 어렵다. 다만 과거에 세계 역사를 좌지우지하고 현대와 미래의 방향을 돌리고 개조하는 데 그렇게 중요한 역할을 했던 갈등과 질병과 기후 변화의 힘만이 그것을 할 수 있다.

2017년 다보스 정상회담에서 한 연설에서 시진핑 중국 국가주석은 각국이 서로 적대하기보다는 협력해야 할 필요성에 관해 이야기했다. 그는 국제적십자위원회의 창시자 장앙리 뒤낭(1828~1910)의 말을 인용해 이렇게 말했다.

"우리의 진정한 적은 이웃 나라가 아닙니다. 적은 바로 굶주림, 가난, 무지, 미신, 편견입니다."

그는 이런 것이 옳은 일일 수 없다고 역설했다.

"세계 인구의 1퍼센트밖에 안 되는 부자들이 나머지 99퍼센트가 가진 것보다 더 많은 재산을 소유하고 있습니다. (…) 많은 가족들에게 따스한 집과 충분한 음식과 안정된 일자리를 갖는 것은 아직도 먼 꿈일 뿐입니다."

그는 이렇게 결론지었다.

"우리는 어려움에 부닥쳤을 때 스스로에 대해 불평하고 남을 비난하며 자신감을 잃고 책임을 회피해서는 안 됩니다. 우리는 손을 잡고 문제를 해결해야 합니다. 역사는 용감한 사람들이 만들었습니다. 우리 모두 자신감을 키우고 행동을 취하며 밝은 미래를 향해 팔짱을 끼고 나아갑시다."

이는 모두에게 호소력이 있는 세계 지도자로서의 역할을 분명히 하기 위한 중국의 노력을 전형적으로 보여준다.[198]

더구나 이는 중국이 끊임없이 분명하게 표현한 메시지다. 2018년 7월 추가적인 무역 장벽이 세워지자 중국 상무부 가오펑 대변인은 트럼프 대통령이 "전 세계를 상대로 포문을 열었다"라고 말했다.

"중국은 세계의 나머지 나라들과 함께 단호하게 보호무역주의 반대 대열에 설 것입니다. 보호무역주의는 퇴영적이고 시대에 뒤떨어졌으며 비효율적이고 일방적인 것으로, 역사의 수레바퀴를 뒤로 돌리는 것입니다."[199]

다시 말해서 중국은 연대와 공통의 이익과 호혜를 제안하는데 미국은 그렇지 않다는 것이다.

현실은 더 복잡하다. 발트해에서 페르시아만 사이, 지중해 동안에서 태평양 사이에 있는 나라들은 심각한 결점을 지니고 있다. 대부분의 나라들은 인권지수가 매우 낮고, 신앙·양심·성性 문제에서 표현의 자유가 제한돼 있으며, 언론이 보도할 것과 보도하지 말아야 할 것을 통제·지시하고 있다. 정부나 대통령이나 그 측근들을 비판하면 감옥에 갇히거나 어떤 경우에는 죽음에 이르기도 한다.[200] 나의 전작이 출간된 이후 대부분의 나라에서 이런 상황은 개선되지 않았거나 오히려 악화되기도 했다.

일부 세계 지도자들이 신중하게 선택한 말들이, 다른 사람들이 아무렇게나 선택한 말들보다 더 혼란스러울 수는 없다. 중요한 것은 나무보다 숲을 보고, 세계적인 변화의 리듬을 이해하려고 노력하는 것이다. 이 변화는 일부 사람들을 불안정하게 만들고 걱정스럽게 하지만, 내일을 위한 희망과 약속의 세계를 만들어낸다. 실크로드 일대에는 불완전한 것이 많이 있으며, 미래에 개선될 수 있고 개선돼야 하고 개선될 필요가 있는 것이 많다.

경제적 무게중심의 이동 및 과도기의 불확실성에 따른 취약성을 인식하는 것 역시 중요하다. 최근 중국《해방군보解放軍報》의 1면 기사에 따르면 중국군은 '평화병平和病'을 앓고 있다. 오랫동안 전투를 하지 않았기 때문이다. 중국이 확실하게 적과의 대결에서 싸워 이길 수 있으려면 새로운 훈련법이 필요하다고 이 신문은 말했다.[201] 이런 내용을 읽으면 정신이 번쩍 들게 된다. 중국의 폭격기들이 "미국과 동맹국들의 목표물을 공격하기 위한 훈련을 하는 듯하다"는 미국 국방부의 최근 평가 역시 마찬가지다.[202]

때로 군사적 대결로 이어지는 시나리오의 전개를 믿기가 어렵다. 논리적으로는 분쟁과 경쟁이 전쟁터보다는 협상 테이블에서 더 잘 해결되기 때문이다. 그러나 역사가 가르쳐주는 교훈 가운데 하나는 어떤 세대도 평화에 대한 독점권이나, 긴장을 줄이기 위한 독특한 능력이나, 악화되는 상황을 진정시키는 기술을 가지고 있지 않다는 것이다.

단기적으로 이란에 대한 제재는 이란과 정권 교체를 넘어서는 의미를 지닌다. 그 정권 교체는 미국의 신조인 듯하다. 한계점에 이르렀을 때 나라들이 어떻게 할 것이냐에 대한 반대되는 증거들이 많음에도 불구하고 말이다. 실제로 이란에 대한 미국 정책의 영향은 중국에서 가장 심각하다. 이란을 옥죄기 위한 노력은 중국에 심각한 영향을 미칠 것으로 보인다. 이것이 의도적인지 아닌지는 분명하지 않다. 미국 국무부의 브라이언 후크Brian Hook 정책기획본부장은 이렇게 말했다.

"우리의 목표는 이란이 원유 판매로 얻는 수입을 0으로 줄임으로써 이란 정권을 더욱 압박하는 것입니다. 우리는 이란과 계속 원유를 거래하는 다른 나라에 대해 2차 제재를 취할 태세가 돼 있습니다."

여기에는 중국도 포함된다. 중국은 이란 석유의 4분의 1 이상을 수입하는 나라이며, 이미 미국보다는 중국 경제에 더 문제가 되는 무역 관세에 대응해야 하는 과제를 안고 있다.[203] 이에 따라 중국에 대한 추가적인 압박은 판돈을 더 올리겠다고 위협한다. 중국은 이란으로부터의 석유 수입을 줄이라는 미국의 요구를 일축했지만, 중국 언론에 "산을 오르고 위험한 바다를 건너는" 이야기를 하는 기사들이 등장하기 시작했다는 것도 놀라운 일은 아니다.[204]

정부 대변지인 《인민일보》의 한 기사는 중국인들이 두려워할 필요가 없다고 말했다. 중국은 시간이 지나면서 "무역전쟁에 대한 완전한 이해"에 도달했기 때문이다. 이는 지도부가 도전에 "침착하게 대응"할 수 있었다는 얘기다. 그럼에도 불구하고 이런 것에 의문을 품을 사람은 별로 없을 것이다.

미국은 중국과의 경제 및 무역관계에서 이득을 얻기를 원하고 있고, 동시에 중국의 발전을 억누르기를 더욱 원하고 있다.[205]

중국의 《글로벌 타임스》는 익명의 기사에서 이렇게 말했다.

우리는 보다 멋진 반격을 기대하고 있으며, 미국이 받는 고통을 계속 늘려갈 것이다.[206]

이런 언급은 무역전쟁으로 고통을 받게 될 중산층을 달래기 위해 기획된 것이었다. 미국의 강화 조치 이후 몇 달 사이에 주가는 25퍼센트 떨어졌고, 외환시장에서 위안화도 뚜렷한 약세를 보였다. 일부 평론가들은 중국 지도부가 직면한 과제 가운데 하나는 여론을 달래는 일이 될 것이라고 말했다. 베이징의 한 금융가가 유명한 말을 인용해 말했듯이 "다모클레스의 칼"이 "중국 금융 시스템 위에" 걸려 있는 것이다.[207]

그러나 어떤 사람들은 더 과감한 조치가 필요한 상황이라고 보았다. 칭화대학의 저명 교수인 쉬장룬許章潤은 2018년 7월에 발표한 〈우리가 당면한 두려움과 기대〉라는 주목할 만한 글에서 중국의 진로에 대한 문제를 제기했다. 그리고 그 지도부에 대해서도 썼다. 쉬장룬은 수십 년 동안 시민사회가 성장하지 않은 탓에 시민들의 정치의식이 부족하다고 썼다. 그것은 불행할 뿐만 아니라 퇴보적이었다. "노동자들의 피와 땀"으로 막대한 금융 자원이 쌓였지만, 북한이나 베네수엘라 같은 실패한 국가들을 지원하고 다른 나라에 막대한 투자를 하는 데, 그리고 "말 그대로 부를 줄줄 흘리는" 서아시아 국가들을 원조하는 데 사용됐을 뿐이라고 했다. 중국에 필요한 것은 "나라의 장래에 대한 분명한 비전"이라고 그는 말했다.[208]

언론이 통제되고 심지어 개인적인 편지조차도 꼼꼼하게 규제되는 나라에서 반대는 쉽지 않다. 쉬장룬의 글은 내용 측면에서, 그리고 그런 강력한 견해를 피력했다는 점에서 이례적이다. 하지만 이는 목소리가 항상 쉽게 들리지 않는다고 해서 그것이 존재하지 않는 것은 아니라는 사실을 상기시켜주는 유용한 역할을 했다. 자유가 제한된 나라에서는 모두가 권위 있는 자리에 있는 사람들의 정책에 동의한다고 생각할 수 있다. 그러나 그것은 거의 사실이 아니다.

실제로 베이징에서 소문을 만들어내는 공장은 바쁘게 돌아가고 있다. 사건을 따라가려 애쓰고, 변화하는 세계라는 상황에서 중국이 무엇을 가지고 씨름하고 있으며 어떻게 대응하는 것이 최선인지를 이해하고자 한다. 그 가운데 일부가 '시진핑 사상'을 어떻게 적용할 것인지를 정리함으로써 구체화됐다. 2018년 3월 전국인민대표대회에서 마르크스레닌주의, 마오쩌둥 사상, 덩샤오핑 이론과 함께 공식적으로 중국 헌법에 추가된 14개조 선언이다. 그 핵심 요소 가운데 하나는 합작과 협력에 바탕을 둔 미래를 공유하는 국제 공동체를 만드는 것이다. 이는 다른 나라들이 미래를 공유하기를 원치 않거나 완전히 다른 비전을 내놓으려 하는 경우 쉽지가 않다.[209] 2017년 중국에서 가장 "뜨거운 연구 주제"가 시진핑 사상이었다고 보도된 것도 놀라운 일은 아닐 것이다.[210] 중국은 단순히 세계의 다른 부분에 있는 나라가 아니다. 그들은 중심지에 자리 잡고 있고, 앞길에 무엇이 있고 무엇이 없는지를 주시하고 있다.

*

당분간은 새로운 게임 규칙이 어떤 것이고 그것이 어떻게 만들어지는지에 많은 것이 달려 있을 것이다. 따라서 입지 다툼과 결정 보류가 동시에 일어난다고 해도 아마 놀랄 일은 아닐 것이다. 그래서 한편으로 중국 언론의 기사들은 미국이 중국의 주요 기업들을 대상으로 "점점 집단적인 포위망을 형성해 억압"한다고 불평하며 중국이 미국에게 "정말로 본때를 보여주기 위해 세심하게 역逆목표를 선정할 필요가 있다"라고 주장했지만, 다른 한편으로 이란에 진출한 중국 에너지 기업들은 미국이 이란에 대한 압박 수위를 높일 때 "원치 않는 문제"를 피하기 위해 이란의 석유 개발을 억제하기로 결정을 내렸다.[211]

중국으로서는 바람이 갑자기 더욱 거세지는 시기에 미국과의 관계를 안정화하는 데 초점을 맞추고 있다. 그런 시기를 헤쳐 나가려고 시도하는 것은 어려운 일이다. 그러나 중요한 것은 결과다. 그것이 모든 것을 지배한다. 달러를 국제 기축통화로 하는 데서 발을 빼는 방법에 관한 중국과 러시아의 논의가 중단된 이유 가운데 하나는 무역전쟁이 이미 시작된 마당에 (그리고 그것이 단지 악화될 뿐만 아니라 확산되고 있는 듯한 시기에) 러시아가 미국을 자극하기를 원치 않았기 때문이다.[212]

구세계는 갑자기 깨어나, 수십 년에 걸쳐 형성돼오면서 군비 경쟁에서부터 기술 경쟁까지, 투자 방해에서부터 힘을 합친 경제·정치·외교적 압박까지 극적인 반응을 만들어낸 신세계를 자각했다. 이는 세계의 많은 부분에서, 가장 제동을 걸고 싶은 사람들은 가장 많은 것을 잃은 사람들이라는 생각을 강화하는 효과를 가져왔다. 바로 서방이다. 문제의 심각성을 깨닫지 못하고 있다가 이제 '정상 상태'로 돌아가고 싶어 하고, 세계 질서에서 과거 자기네가 차지했던 자리가 신참자에게 넘어가리라고 예상하고 있는 사람들이다.

이는 특히 수십만의 아시아 일대 사람들에게 유망한 것으로 들리지 않는다. 그들은 기대치가 낮아진 게 아니라 높아졌다. 가까운 과거의 경제적 변신 덕분이다. 협력하는 방법을 찾는 것은 쉬운 일도 아니고 주어진 것도 아니다. 그러나 아시아의 나라들은 공통점이 많다. 그러나 시진핑이 2013년 아스타나에서 말했듯이, 실크로드의 사람들은 "민족과 신앙과 문화적 배경이 다르"지만, 역사가 보여주듯이 그들은 "평화와 발전을 나눌 완전한 능력"을 갖추고 있다. 이것은 새로운 세계가 탄생하고 있는 것이 아니다. 옛 세계가 다시 깨어나고 있는 것이다.

우리는 이미 아시아의 세기에 살고 있다. 서방 선진국에서 동방 국가들로의 세계 GDP의 이동은 그 규모와 속도 모두에서 숨이 턱 막힐 정도다. 일부 추산에 따르면, 유가의 급등 덕분에 서아시아 (그리고 북아프리카) 국가들은 2018~2019년에 이전 12개월보다 2100억 달러 이상을 더 벌어들일 전망이다.[213] 부러워할 만한 횡재. 이러한 변화는 아시아에서 환경 파괴에서부터 거의 충족시킬 수 없는 기반시설 투자 욕구까지, 명백하게 증가하는 여러 가지 고통을 초래했다. 이는 또한 국가들이 서로 어떻게 관계를 맺고 협력하고 경우에 따라서는 경쟁할 것인지 하는 문제로 이어졌다.

그러나 주목되는 점은 새로운 연결망이 구축되고 옛 연결망이 정비되면서 서방이 갈수록 자리를 잃어갈 위험에 빠져 있다는 것이다. 서방이 관여하고 한몫을 할 때는 언제나 문제를 해결하기보다는 오히려 더 많이 만들어내는 방식으로 개입하고 간섭했었다. 다른 나라들의 성장과 전망을 제한하는 장애물과 규제를 설치했다. 서방이 자신의 모습대로 세계를 만들던 시대는 지나간 지 오래다. 비록 그것은 남의 운명을 주무르는 것이 적절하고 심지어 가능하다고 생각하는 사람들에게는 통하지 않는 듯하지만 말이다.

존 설리번John Sullivan 미국 국무부 부장관은 2018년 4월 인권 보고서 서문에서 이렇게 썼다.

중국, 러시아, 이란은 (…) 불안정 세력이다. (…) 이런 나라들은 도덕적
으로 비난받을 만하며, 우리의 이익을 해친다.

이런 언급들이 불편하게 보고서와 함께 들어 있어, 트럼프가 대
통령에 선출되기 전부터 아부다비 왕세자와 미국 주재 이스라엘 대사
등 서아시아의 영향력 있는 인물들이 러시아 및 푸틴과 타협하는 문
제를 타진해오기도 했다. 기본적으로 이는 거래에 해당했다. 이란이
시리아에서 철수하도록 압박하는 대가로 러시아는 제재 종료와 크림
반도 문제에 대한 승인이라는 보상을 받게 되는 것이다. 트럼프는 러
시아의 우크라이나 개입에 대한 미국의 입장을 바꿀 것이냐는 질문을
받고 이렇게 말했다.
"두고 봅시다." [214]

*

불안정 세력이라는 것은 보기 나름인 듯하다. 다른 나라들을 그
렇게 낙인찍을 때, 지난 15년 동안 미국이 이라크 및 아프가니스탄에
개입한 것이 어떤 영향을 미쳤는지에 관해 장밋빛 견해를 갖거나 심지
어 잊기 쉽다. 수십 년을 거슬러 올라가 20세기 중반의 일은 말할 것
도 없이 말이다. 문제를 일으키는 것은 다른 나라라는 믿음은 미국이
역사에서 어떤 교훈을 얻었는가 하는 의문을 불러일으킨다. 얻은 교훈
이 있기나 한지 모르겠다. 우크라이나와 시리아를 거래하는 것과, 남

들이 분열을 일으킨다고 비난하는 일의 아이러니에 눈을 감는 것은 별개의 문제다.

그런데 미국의 관점에서는 실크로드의 등뼈 지역에서 뭔가 아주 잘못 돌아가고 있는 듯이 보인다. 이곳에서는 중국, 러시아, 이란 등 세계에서 가장 크고 가장 중요한 축에 속하는 세 나라가 미국에 직접적인 위협을 제기하고 세계의 안정에도 위협이 되고 있는 것으로 여겨진다.[215] 터키와 파키스탄 등 다른 두 나라는 공격적으로 처리해야만 하는 암적인 문제로 보이지만, 시리아, 이라크, 아프가니스탄에서의 경험은 간섭이 때로 계획대로 되지 않을 수 있다는 유익한 교훈을 주었다.

역사가로서, 또는 당대 문제의 관찰자로서 받는 도전 가운데 하나는 더 큰 그림을 보는 것이다. 세계가 연결된 방식을 밝혀내고 점들이 어떻게 합쳐졌는지를 추측하는 것은 우리 주위에서 무슨 일이 진행되고 있는지를 더 잘 이해할 수 있게 해줄 뿐만 아니라, 더 정확한 관점을 갖기 위한 기반 역시 제공한다. 세계의 지리정치학적 퍼즐 조각들이 서로 어떻게 연결됐는지를 평가하는 것은 또한 취약성과 위험성을 (그리고 협력과 합작의 기회를) 더 잘 설명하는 데 도움이 된다. 그것이 더 나은 의사결정을 하는 데도 도움을 줄 수 있다.

거의 2500년 전의 통치자인 중국 북부 조趙나라 무령왕武靈王은 이렇게 선언했다.

"과거의 방식을 답습하는 능력만으로는 지금의 세계를 개선하는 데 충분하지 않다."

이 지혜로운 말은 당시나 지금이나 마찬가지로 적절하다. 변화를 추동하는 것이 무엇인지를 이해하는 것은 그 변화를 준비하고 거기에 적응하는 첫걸음이다. 변화를 늦추고 저지하려 노력하는 것은 환상일 뿐이다.

　분명한 것은 실크로드가 떠오르고 있다는 사실이다. 그 추세는 계속될 것이다. 그것이 어떻게 발전하고 진화하고 변화할 것인지가 미래 세계의 모습을 좌우할 것이다. 좋은 쪽으로든 나쁜 쪽으로든 말이다. 실크로드는 언제나 그래 왔기 때문이다.

감사의 말

지난 몇 년 동안 나는 새로운 친구는 많이 얻었다. 여러 흥미롭고 유익한 분들을 소개받고, 너그러운 비평가 네트워크에 의지할 수 있었다. 내가 관심을 가지고 있는 지역, 민족, 주제의 일부 또는 전부를 연구하는 분들이었다. 내가 여기 쓴 것을 일부 또는 전부 읽어주신 몇몇 친구와 동료도 있었다. 이 작업을 어떤 방식으로든 도와준 모든 분께 감사를 드린다.

늘 그렇지만 나는 펠리서티 브라이언의 캐서린 클라크와 그 팀에게 감사를 드려야 한다. 블룸스버리의 담당 편집자 마이클 피시위크와 다른 모든 분들에게도 마찬가지다. 내가 이 책을 쓰기 위해 필요로 했던 지원을 해주었다. 또한 인내하면서 이끌어준 세라 러딕과 꼼꼼하게 살펴준 리처드 콜린스에게 감사한다. 에마 유뱅크는 정말로 멋진 또 하나의 표지를 만들어주었다.

나의 가족은 내가 집에 있을 때도 내내 떨어져 글을 쓰는 것을 참아주어야 했다. 중간에는 공항으로 달려가 해외여행을 다녀오는 등 매우 바쁜 몇 년을 보냈다. 우리 가족 제스, 카타리나, 플로라, 프랜시스, 루크가 없었으면 이 일을 해내지 못했을 것이다. 감사한다.

나는 또한 부모님이 계시지 않았더라면 이 일을 할 수 없었을 것이다. 그분들이 내게 걷고 읽고 쓰고 생각하는 것을 가르쳐주었다. 그분들은 50년 가까이 사랑과 웃음과 격려의 원천이었다. 그분들은 내가 그분들을 필요로 할 때 나를 위해 언제나 그곳에 계셨다. 그리고 필요로 하지 않을 때도 마찬가지였다.

아버지는 내가 이 책을 쓸 때 많이 편찮으셨다. 그분은 내 모범이었다. 대단한 용기와 겸손과 지성을 갖춘 분이었다. 내가 어렸을 때부터 그분은 내게 읽고 생각하고 공부에 집중하도록 고무해주었다. 나는 수십 년 동안 거의 매일 그분과 이야기했고, 때로는 역사에 대해, 그리고 실크로드의 과거·현재·미래에 대해서도 이야기했다.

그분은 내게 단순히 아버지가 아니었고, 나의 우상이자 친구이기도 했다. 그분은 끝없이 인내했고 헌신적이었다. 그분은 나를 위해 (그리고 다른 많은 이들을 위해) 무엇이든지 하셨고, 그 대가를 바라는 법이 없었다. 그분은 관대함과 친절과 사랑의 모범이었다.

이 책이 출간되기 직전에 그분을 잃은 것은 나와 우리 가족에게 가슴이 미어지는 일이었다. 아버지를 마지막으로 뵐 때 이 책의 초고를 보여드렸다. 아버지는 내게 환한 미소를 지으며 이 책이 나올 때까지 기다릴 수 없다고 하셨다. 나는 아버지가 이 책을 읽을 기회를 갖지 못한 것이 서운하지는 않다. 하지만 아버지를 다시 뵙고 이 책에 대해 이야기를 나눌 수 없는 것이 너무 한스럽다. 이 책을 사랑하는 아버지에게 바친다. 정말로 너무 많이 그분이 그립다.

나는 팀 라이스 경과 월트디즈니사에 매우 감사한다. 애니메이션 영화 〈알라딘〉에 나오는 〈아름다운 세상〉 노랫말을 인용할 수 있도록 허락해주었다. 이 노래는 실크로드의 과거에 관한 것이지만 그 미래를 예언한 것이었다.

우스터칼리지의 학장과 특별연구원들, 그리고 옥스퍼드대학의 여러 동료들은 너무도 많은 도움을 주었고, 학자로서 전 세계 어디서도 누리기 힘든 즐거운 환경을 제공해주었다. 그들의 격려와 그들이 제공해준 집에 감사드린다.

그러나 나는 특히 한 친구를 위해 특별한 자리를 남겨둔다. 마크 위토는 그 세대의 가장 훌륭한 역사가 가운데 한 분이었다. 그는 매우 재능 있는 학자였고, 내게뿐만 아니라 그와 함께 연구하고 그에게 배우고 옥스퍼드에서 그를 만난 모든 사람에게 훌륭한 친구였다. 마크는 한없는 쾌활함과 친절의 원천이었지만, 더 중요한 것은 그가 내게 자극을 주는 분이었다는 점이다. 처음에는 여러 해 전 나의 박사학위 심사위원이었고, 그 뒤엔 내가 존경하는 선배였으며, 그 뒤엔 공동 연구자였다.

2017년 크리스마스 직전, 사고로 마크를 잃은 옥스퍼드는 충격에 빠졌다. 그가 오리얼칼리지 학장으로 선출돼 우리 모두가 기뻐했던 직후였기 때문이다. 그는 내가 《실크로드 세계사》를 쓴 것에 대해, 그리고 그것이 언론에 자주 나오는 것에 대해 매우 자랑스러워했다. 그리고 때때로 학교 바깥 세계에 나가 대중에게 이야기하는 것을 두려워하지 말라고 계속 격려해주었다. 마크는 《미래로 가는 길, 실크로드》라는 후속편을 쓰는 것을 '신나는 일'이라고 말하곤 했다. 이 책을 쓰면서 이 말을 여러 번 상기해야 했다. 나는 마크에게 감사를 드려야 하는데 이제 그럴 수가 없다. 그러나 감사해요, 마크. 거의 30년에 걸쳐

베풀어주신 모든 일들에 대해.

　　마지막으로 중요한 분들이 있다. 전작《실크로드 세계사》를 읽어주신 독자들께 감사를 드려야겠다. 나는 이 짧지도 않은 역사책에 대한 반응을 보고 놀랍고도 기뻤다. 그리고 너무도 많은 사람들이 다른 관점에서 과거를 바라보길 원한다는 데 흥분을 느꼈다. 이번 책이 무거운 전작을 가지고 다니던 분들에게 보상이 됐으면 좋겠다.

　　특히《실크로드 세계사》를 친구와 가족, 심지어 모르는 사람에게까지 추천해주신 분들께 감사드린다. 그것은 한 권의 책이 얻을 수 있는 가장 멋진 인증이다. 이 책을 읽는 많은 분들이 즐거워하고 다른 분들에게도 읽으라고 격려해주었으면 좋겠다.

　　그런 의미에서 나는 이 속편이 어린 독자들을 위한《지도와 그림으로 보는 실크로드 세계사》에 이어 나오게 된 것을 기쁘게 생각한다. 학교에 다니는 아이들은 빨리 자라지만(언론 보도에 따르면 그 어느 시대보다도 빠르다), 이 세계는 그들이 물려받게 되고 이해할 능력을 갖출 필요가 있는 세계. 책을 읽는 것은 다음 세대들이 배우고 생각하는 데 도움이 되는 한 가지 방법이다. 그러나 과거에 대해 토론하는 것 역시 소중하다. 이 책들이 사람들을 화합시키는 데 도움이 됐으면 좋겠다. 역사를 이해하는 것이 그저 재미있는 일만은 아니다. 그것은 중요한 일이기도 하다. 역사가 중요한 이유는 명백하다. 우리가 왜 존재하고 우리가 누구인지 설명하는 데 도움을 주며, 과거의 잘못을 되풀이하지 않도록 유용한 교훈을 주기 때문이다.

2018년 9월 옥스퍼드에서
피터 프랭코판

옮긴이의 말

한 세대 전, 1990년을 전후한 시기에 나는 국제 문제를 다루는 기자로 일하고 있었다. 소련이 붕괴하고 냉전체제가 막을 내리던 시기였다. 냉전의 두 축이었던 두 대국 가운데 하나가 무너지면서 남은 한 대국에 힘이 쏠리는 '단극單極' 시대가 됐다. '팍스아메리카나Pax Americana'. 2차 세계대전이 끝나면서 올 듯했지만 소련이 급부상해 양극 체제가 되면서 무산됐던 팍스아메리카나가 그렇게 뒤늦게 시작됐다. 그러나 그런 이름을 흔쾌히 인정하기에는 좀 찜찜한 미국의 시대였다.

그마저도 불과 한 세대 만에 끝나려는 것일까. 새 세기의 두 번째 10년은 미국의 강력한 라이벌의 등장을 예고하는 시기가 되고 있다. 미국의 독주가 시작된 바로 그 1990년 무렵부터 새로운 경제 건설을 시작한 중국이 불과 30년 만에 세계 양강兩强 가운데 하나로 인정받기 시작했다. 과거 양강의 하나였던 소련의 적통 계승자인 러시아나, 한창 때 미국에 버금가는 경제력을 과시했던 일본이 아니었다. 전쟁으로 피폐해질 대로 피폐해지고 전후에도 또 한 세대가 지나도록 갈피를 잡지 못한 채 방황하고 있던 '후진국' 중국이었다.

　물론 아직은 중국이 미국과 대등한 위치에 올라섰다고 할 수는 없다. 두 나라 사이의 무역전쟁에서 중국이 좀 더 조심스러운 자세를 취하고 있는 데서 드러나는 사실이다. 그러나 전 세계 인구의 5분의 1에 육박하는 14억 국민을 효율적으로 동원할 수 있는 중국이 미국을 따라잡는 것은 시간문제임을 의심하는 사람은 없다. 중국이 미국을 앞지르는 때가 오리라고 생각하는 것도 그리 지나친 상상은 아니다. 짐작할 수 있는, 그리고 짐작조차 할 수 없는 변수가 많기는 하겠지만 말이다.

　중국의 부상은 사실 불과 두어 세기 전의 상태를 회복하는 것을 의미한다. 중국은 2000여 년 전의 한漢나라로부터 당唐, 송宋, 원元, 명明, 청淸으로 이어지는 대제국들을 잇달아 건설하며 세계사의 한 축을 담당해왔다. 남방 민족과 북방 민족이 번갈아 그 주체가 됐다. 지금 중국의 부상은 잠시 물러나 있었던 그 낯익은 세계사의 주역 자리로 복귀하는 것에 지나지 않는다고 할 수 있다.

　이 책은 그런 재부상이 중국만의 일이 아님을 이야기하고 있다. 유라시아 대륙의 '등뼈'에 해당하는 지역의 나라들이 속속 주역의 위치로 복귀하고 있다는 것이다. 저자의 전작 《실크로드 세계사》는 이 지역이 세계사의 주변부가 아니라 중심이었음을 이야기하는 것이었다. 그리스-로마-서유럽-미국으로 이어지는 서방 중심의 세계사 주역 계보는 허구이며, 실크로드 교역로를 장악했던 '등뼈' 지역 사람들이 더 중요한 역할을 했다는 것이다. 우리에게 세계사의 주역으로 각인돼 있는 서유럽-미국 세력이 중심부로 진입하기 시작한 것은 불과 500년 전인 대항해시대 이후다.

이 지역의 재부상에 대해서는 전작 《실크로드 세계사》의 말미에서도 이미 언급한 바 있다. 통사通史 안의 현대사 편인 셈이었다. 이 책은 그 현대사 부분 가운데서도 그런 추세가 가속화되고 있는 최근 몇 년 사이의 일을 집중적으로 살핀 것이다. 따라서 역사책이라기보다는 거의 시사 문제를 다룬 신문·잡지의 분석 기사라고도 할 수 있다. 물론 역사적 관점을 포함한 상세한 분석이기 때문에 길이가 무지하게 긴 기사다(또 물론 저자가 후기에서 말한 대로 전작보다는 무지하게 짧다).

전작에서 이야기한 대로, 이 지역의 나라들이 재부상한 직접적인 계기가 된 것은 석유를 비롯한 부존자원이다. 거기서 돈이 생기니 들썩거리고 있는 것이다. 옛 소련에 속해 있던 나라들이 소련 붕괴 후 독립하게 된 것도 한 가지 요인이 됐다. 세계 양대 인구 대국인 중국과 인도는 조금 다른 경우다. 최근의 경제적인 성과를 바탕으로, 인구만 많은 저개발국의 이미지를 벗어버리고 명실상부한 대국으로 발돋움하고 있다.

이 지역의 부상에서 핵이 되는 것은 역시 중국이다. 중국 자신이 부상하는 것에서 그치는 것이 아니라 지역 전체의 부상을 견인하는 역할도 하고 있다. 그 고리가 바로 이 책에서도 자세히 분석하고 있는 중국의 '일대일로'다. 표면적으로는 육상 및 해상 실크로드로 연결되는 나라들의 개발을 돕는다는 '이타적'인 것이지만, 중국 경제가 발전 초기 단계를 넘어서면서 자체 경제의 활력을 유지하기 위한 새로운 돌파구라는 측면도 있는 듯하다. 아무튼 이 사업이 실크로드 지역 국가들을 대상으로 하고 있기 때문에 이 지역의 부상을 조직적으로 이끄는 측면이 있다.

이 지역의 부상은 단순히 어떤 지역이 중요성을 더해가고 있다거나 그것이 옛 자리를 찾아가는 일이라는 측면에서만 본다면 우리에게 는 남의 일일 수 있다. 그러나 우리가 살고 있는 세계의 모습이 변하고 있다는 측면에서 본다면 바로 우리의 일이다. 특히 세계화가 고도로 진 행된 상황에서라면 더욱 그렇다. 이 책에 수도 없이 등장하는 트럼프 미 국 대통령의 이러저러한 에피소드들은, 북한과의 핵 협상으로 우리의 운명과 더욱 밀접해진 사람에 관한 것이어서 관심이 갈 수밖에 없다.

트럼프의 경우만이 아니다. 이 책에서 줄곧 이야기하는 것은 우 리 세계가 어떻게 변화하고 있는가 하는 것이기 때문에, 우리가 앞으 로 어떻게 살아야 하는가에 대한 여러 가지 시사점을 얻을 수 있다. 이 변화는 특히 최근 몇 년 사이에 급속하게 이루어지고 있는 것이어 서 더욱 주의를 기울일 필요가 있다. 불과 3년 전인 2016년에 국민투 표로 결정된 영국의 유럽연합 탈퇴(브렉시트)가 아직 마무리되지 않은 가운데, 지금은 상황이 근본적으로 변해 그런 일을 벌일 때가 아니라 는 '영국인' 저자의 한탄은 우리가 맞고 있는 변화가 얼마나 급박하고 중대한 것인지를 단적으로 드러내준다.

30년 전에 새로운 시대의 입구를 경험했던 기억이 새롭다. 그때 어설프게나마 기사를 통해 그러한 변화의 모습을 전해보려 했던 일도 떠오른다. 이제 또 한 시대의 입구에 선 듯한 상황에서, 그 변화의 모 습을 자세히 설명해주는 책을 번역하게 됐다. 급변하고 있는 당대사의 흐름을 날카롭게 짚어주는 원저의 가치야 말할 것도 없지만, 역자로서 그 가치를 충분히 전달했는지에 대해서는 자신이 없다. 미흡한 작업이 지만 미래를 준비하는 데 작으나마 도움이 됐으면 하는 바람이다.

이재황

$$주$$

머리말

1 Ferdinand von Richthofen, 'Uber die zentralasiatischen Seidenstrassen bis zum 2. Jahrhundert. n. Chr.', *Verhandlungen der Gesellschaft für Erdkunde zu Berlin* 4 (1877), pp. 96–122.

2 Yuqi Li, Michael J. Storozum, Xin Wang and Wu Guo, 'Early irrigation and agropastoralism at Mohuchahangoukou (MGK), Xinjiang, China', in *Archaeological Research in Asia* 12 (2017), 23–32.

3 'Spy satellites are revealing Afghanistan's lost empires', *Science* 358.6369 (2017).

4 예를 들어 Kathryn Franklin and Emily Hammer, 'Untangling Palimpsest Landscapes in Conflict Zones: a "Remote Survey", in Spin Boldak, Southeast Afghanistan', *Journal of Field Archaeology* 43.3 (2018), pp. 58–73을 보라.

5 Taylor R. Hermes et al., 'Urban and nomadic isotopic niches reveal dietary connectivities along Central Asia's Silk Roads', *Scientific Reports* 8.5177 (2018).

6 Paola Pollegiono et al., 'Ancient Humans Influenced the Current Spatial Genetic Structure of Common Walnut Populations in Asia', *Plos One* 10.1371 (2015), pp. 1–16.

7 Ranajit Das, Paul Wexler, Mehdi Piroonznia and Eran Elhaik, 'Localizing Ashkenazic Jews to Primeval Villages in the Ancient Iranian Lands of Ashkenaz', *Genome Biology and Evolution* 8.4 (2016), pp. 1132–49.

8 Alexander F. More et al., 'Next-generation ice core technology reveals true minimum natural levels of lead (Pb) in the atmosphere: Insights from the Black Death', *GeoHealth* 1 (2017), pp. 211–19.

9 State Department, Memorandum of Conversation, Byroade to Matthews, 'Proposal to Organize a Coup d'etat in Iran', 26 November 1952, General Records of the Department of State 1950–54, Central Decimal File 788.00/11-2652.

10 Strategic Air Command, 'Atomic Weapons Requirements Study for 1959' in W. Burr (ed.), *National Security Archive Electronic Briefing Book No. 538*.

11 BBC News, 'Turkey sentences 25 journalists to jail for coup links', 9 March

2018.

12 Nergis Demirkaya, 'Hukumetin 2023 planı: 5 yılda 228 yeni cezaevi', *Gazete Duvar*, 10 December 2017.

13 https://news.nike.com/news/kobe-x-silk-shoe-inspired-by-kobebryant-s-personal-connections-to-asia-and-europe.

14 https://www.hermes.com/uk/en/product/poivre-samarcande-eau-de-toilette-V38168/.

15 Kevin G. Hall and Ben Wieder, 'Trump dreamed of his name on towers across former Soviet Union', McClatchy DC Bureau, 28 June 2017; Adam Davidson, 'Trump's business of corruption', *New Yorker*, 21 August 2017.

16 Turkmenistan.gov.tm, '2018 год: Туркменистан – сердце Великого Шёлкового пути', 2 January 2018.

17 *BP Statistical Review of World Energy June 2017*, pp. 12, 26.

18 US Department of Agriculture, *Grain: World Markets and Trade*, July 2018.

19 US Geological Survey, *Mineral Commodity Summaries 2017*, p. 151; p. 135.

20 UN Office on Drugs and Crime, *Afghanistan Opium Survey 2007* (Islamabad), p. v.

21 Alfred W. McCoy, *In the Shadows of the American Century: The Rise and Decline of US Global Power* (London, 2017), p. 111.

22 UN Office on Drugs and Crime, *Afghanistan Opium Survey 2017. Challenges to sustainable development, peace and security* (2018), p. 4; 시장 가치에 대해서는 UNODC, Drug Trafficking at https://www.unodc.org/unodc/en/drug-trafficking/index.html을 보라.

23 Andrew Gilmour, 'Imprisoned, threatened, silenced: human rights workers across Asia are in danger', *Guardian*, 18 May 2018. 또한 Freedom House, *Freedom of the Press 2017* (April, 2017)을 보라.

24 Asian Development Bank, *Asia 2050. Realizing the Asian Century* (2011), p. 3.

25 PricewaterhouseCoopers, *The World in 2050. Will the shift in global economic power continue?* (2015), p. 11.

26 George Magnus, *Red Flags: Why Xi's China is in Jeopardy* (London, 2018), p. 117.

27 International Monetary Fund, Press release, 'People's Republic of China: 2017 Article IV Consultation', 8 August 2017.

28 'A Fifth of China's Homes Are Empty. That's 50 Million Apartments', Bloomberg, 8 November 2018.

29 Lisa Yiu and Lao Yun, 'China's Rural Education: Chinese Migrant Children and Left-Behind Children', Chinese Education and Society 50 (2017), 307-

14; Lake Lui, 'Gender, Rural-Urban Inequality and Intermarriage in China', Social Forces 95.2 (2016), 639-62를 보라.

1. 동방으로 가는 길

1 'The President's News Conference with President Boris Yeltsin of Russia in Vancouver', 4 April 1993', in Public Papers of the President of the United States, William J. Clinton, January 20 to July 31, 1993, p. 393.

2 https://www.nobelprize.org/nobel_prizes/peace/laureates/1993/press.html.

3 Agence France-Presse, 'Forgiveness gesture in accepting Nobel prize', 9 December 2013.

4 Joint Statement of the Democratic People's Republic of Korea and the United States of America, New York, June 11, 1993, at http://nautilus.org/wp-content/uploads/2011/12/CanKor_VTK_1993_06_11_joint_statement_dprk_usa.pdf.

5 United Nations Peacemaker, 'Agreement on the Maintenance of Peace along the Line of Actual Control in the India-China Border, 7 September 1993'.

6 Geremie Barme, 'Red Eclipse', in *Red Rising, Red Eclipse. China Story Yearbook 2012* https://www.thechinastory.org/yearbooks/yearbook-2012/; J. Gewirtz, *Unlikely Partners; Chinese Reformers, Western Economists, and the Making of Global China* (Cambridge, Mass., 2017), pp. 245ff.

7 Fareed Zakaria, 'Give South Korea a gold medal', *Washington Post*, 8 February 2018.

8 Infosys, *Navigate Your Next. Annual Report 2017-18*, 13 April 2018.

9 S. V. Krishnamachari, 'How Rs 950 invested in Infosys in 1993 IPO is now worth over Rs 50 lakh', *International Business Times*, 9 June 2017.

10 카타르항공에 대해 더 자세히 알려면 https://www.qatarairways.com/en/about-qatar-airways.html을 보라.

11 *Gulf Times*, 'Qatar Airways signs MoU to buy 25% stake in Moscow's Vnukovo Airport', 4 April 2018.

12 Paul Routledge and Simon Hoggart, 'Major hits out at Cabinet', *Guardian*, 25 July 1993.

13 FIFA, 'History of Football - The Origins' http://www.fifa.com/aboutfifa/who-we-are/the-game/index.html.

14 *Independent*, 'Arsenal fans' group set to urge Alisher Usmanov not to sell his shares to Stan Kroenke', 4 October 2017.

15   Cinzia Sicca and Alison Yarrington, *The Lustrous Trade. Material Culture and the History of Sculpture in England and Italy, c.1700 – 1860* (London, 2001).

16   Charles Thompson, *The Travels of the Late Charles Thompson*, 3 vols (Reading, 1744), 1, p. 67.

17   World Bank, 'From local to global: China's role in global poverty reduction and the future of development', 7 December 2017.

18   Niall Ferguson and Xiang Xu, 'Make Chimerica Great Again', *Hoover Institution Economic Working Paper* 18105, 3 May 2018, p. 11.

19   Julien Girault, 'Hu Keqin; "Nous prenons un soin extreme de nos terres", en France', *Le Point*, 23 February 2018.

20   Sylvia Wu, 'China Wine Imports: Australia and Georgia taking a leap', *Decanter*, 5 February 2018.

21   Adam Sage, 'Bordeaux whines as rich Chinese give lucky names to old chateaux', *The Times*, 23 November 2017; Natalie Wang, 'Bordeaux wary of rich Chinese changing estates' names', *The Drinks Business*, 30 November 2017.

22   IATA, *20 Year Passenger Forecast Update*, 24 October 2017.

23   Aaron Chong, 'Boeing sees demand for 500,000 new pilots in Asia-Pacific', *FlightGlobal*, 7 December 2016.

24   Australian and International Pilots Association, 'Australian pilots land $750,000 in China', 28 December 2017.

25   Richard Weiss, 'Pilot Shortage Forces World's Biggest Long-Haul Airline to Cut Flights', Bloomberg, 11 April 2018.

26   Wolfgang Georg Arlt, *China's Outbound Tourism* (London, 2006), p. 19.

27   United Nations World Tourism Organisation, Press release, 'Strong outbound tourism demand from both traditional and emerging markets in 2017', 23 April 2018.

28   CLSA, *Chinese outbound tourists – new 2017 report*, 19 July 2017. 중국의 여권 소지자 추산에 관해서는 예를 들어 Goldman Sachs, *The Asian Consumer. The Chinese Tourist Boom, November 2015*를 보라.

29   The Donkey Sanctuary, *Under the Skin. The emerging trade in donkey skins and its implications for donkey welfare and livelihoods* (January 2017).

30   BBC News, 'Niger bans the export of donkeys after Asian demand', 6 September 2016; Media Group Tajikistan Asia Plus, 'Donkey market booms in Tajikistan', 4 January 2017.

31   Kimon de Greef, 'Rush for Donkey Skins in China Draws Wildlife Traffickers', *National Geographic*, 22 September 2017.

32   Filipa Sa, 'The Effect of Foreign Investors on Local Housing Markets: Evidence from the UK', *CEPR Discussion Paper No DP11658* (2016), pp. 1-43.

33   Emanuele Midolo, 'Russian investors: Welcome to Londongrad', *Propertyweek*, 13 April 2018.

34   Yuan Yang and Emily Feng, 'China's buyers defy the law to satisfy thirst for foreign homes', *Financial Times*, 13 March 2018.

35   Esha Vaish and Dasha Afansieva, 'Hong Kong property investors go trophy hunting in London despite Brexit', Reuters, 21 August 2017.

36   Matt Sheehan, 'How Chinese Real Estate Money is Transforming the San Francisco Bay Area', MacroPolo, 22 August 2017; Paul Vieira, Rachel Pannett and Dominique Fong, 'Western Cities Want to Slow Flood of Chinese Home Buying. Nothing Works', *Wall Street Journal*, 6 June 2018.

37   Dincer Gokce, 'Kiler, Sapphire'de 47 daire birden sattı', *Hürriyet*, 21 February 2017.

38   Faseeh Mangi, '135 Million Millennials Drive World's Fastest Retail Market', Bloomberg, 28 September 2017.

39   Euromonitor International, 10 Facts about India, 12 January 2014. 고액 소득자에게로의 소득 분배에 관해서는 L. Chancel and T. Piketty, 'Indian income inequality, 1922-2015: From British Raj to Billionaire Raj?', World Inequality Database Working Paper Series No. 2017/11을 보라.

40   Boston Consulting Group, *The New Indian: The Many Facets of a Changing Customer* (March, 2017).

41   Bain & Co., *Luxury Goods Worldwide Market Study, Fall-Winter 2017*, 22 December 2017; Yiling Pan, 'Luxury Spending to Double in China Over Next 10 Years, Says McKinsey', *Jing Daily*, 15 June 2017.

42   CPP Luxury, 'Prada Group opens seven stores in Xi'an China', 25 May 2018.

43   Astrid Wendlandt, 'Chanel snaps up four companies to secure highend silk supplies', Reuters, 22 July 2016; Yiling Pan, 'China Wants Fewer Burberry and BV Handbags, More Chanel and Hermes', *Jing Daily*, 23 April 2018.

44   Angelica LaVito, 'Starbucks is opening a store in China every 15 hours', *South China Morning Post*, 6 December 2017.

45   Cleofe Maceda, 'UAE's residents' luxury goods spending to reach more than $8 billion in 2017', *Gulf News*, 20 November 2017.

46   Associated Press, 'China's new baby policy lifts stocks, sinks condom maker', 30 October 2015.

47   Credit Suisse, *Spotlighting China's new two child policy*, 30 October 2015.

48 Dolce and Gabbana's racism debacle in China could be one of the costliest brand missteps ever', Quartz, 26 November 2018.

49 Zhong Sheng, '人民日报钟声：中国公民合法' 正当权益不容侵犯' *People's Daily*, 9 December 2018.

50 Leyland Cecco, 'Canada Goose shares slide amid Beijing-Ottawa row over Huawei CFO arrest', *Guardian*, 12 December 2018.

51 CLSA, *Chinese Outbound Tourism – New 2017 Report* (2017).

52 World Bank, GDP Growth (annual percentage) at https://data.worldbank. org/indicator/NY.GDP.MKTP.KD.ZG.

53 Wouter Baan, Lan Luan, Felix Poh, Daniel Zipser, 'Double-clicking on the Chinese consumer. 2017 China Consumer Report', McKinsey & Company, 2017.

54 Bangalore Water Supply and Sewerage Board, *Bengaluru Water Supply and Sewerage Project (Phase 3) in the State of Karnataka, India. Final Report* (2017); *Times of India*, 'Water Crisis: Is Bengaluru heading for Day Zero?', 13 February 2018.

55 러시아에 관해서는 Orlando Figes, *A People's Tragedy*: *The Russian Revolution 1891–1924* (London, 1996), pp. 84ff, esp. pp. 111–15; 터키에 관해서는 Michael M. Gunter, 'Political Instability in Turkey During the 1970s', *Conflict Quarterly* 9.1 (1989), pp. 63–77; Sabri Sayari, 'Political Violence and Terrorism in Turkey, 1976–80: A Retrospective Analysis', *Terrorism and Political Violence* 22.2 (2010), pp. 198–215를 보라.

56 예를 들어 Ronak Patel and Frederick Burkle, 'Rapid Urbanization and the Growing Threat of Violence and Conflict: A 21st Century Crisis', *Prehospital and Disaster Medicine* 27.2 (2012), pp. 194–7을 보라.

57 UN Habitat, *Urbanization and Development. Emerging Futures. World Cities Report 2016* (2016), p. 5.

58 Amnesty International, 'Saudi Arabia: Reports of torture and sexual harassment of detained activists', 20 November 2018.

59 Warren P. Strobel, 'CIA Intercepts Underpin Assessment Saudi Crown Prince Targeted Khashoggi,' *Wall Street Journal*, 1 December 2018.

60 Abdullah bin Zayed al Hahyan, 'In the Middle East, momentum for women must pick up speed', *Globe and Mail*, 30 May 2018; *Al-Jazeera*, 'UAE rights activist Ahmed Mansoor sentenced to 10 years in prison', 30 May 2018.

61 State Council of China, 'China looks to regulate city growth', 22 February 2016.

62 Adam Schreck, 'Isolation by the West fuels a tech start-up boom in Iran',

Phys Org, 5 June 2017.

63   Techrasa Press Release, 'Silk Roads Start-up Announces Irnas' Top 10 Start-ups', 5 November 2017.

64   유용한 그래픽 정보로는 https://www.statista.com/chart/10012/fintech-adoption-rates/를 보라.

65   Evelyn Cheng, 'How Ant Financial grew larger than Goldman Sachs', *CNBC*, 8 June 2018.

66   예를 들어 Indikator.ru, 'Предприниматели стали меньше финансировать науку', 2 November 2017을 보라.

67   United States Senate Committee on Armed Services, 'Advance Policy Questions for Lieutenant General Paul Nakasone, ISA Nominee for Commander, US Cyber Command', 1 March 2018.

68   Pavel Kantyshev, 'Путин предложил госкомпаниям закупать российский софт', *Vedemosti*, 30 March 2016.

69   US Computer Emergency Readiness Team, Alert (TA18-106A), 'Russian State-Sponsored Cyber Actors Targeting Network Infrastructure Devices', 16 April 2018.

70   예를 들어 Sergei Brilev, 'Хочется плакать': вирус атаковал Минздрав, МЧС, МВД, РЖД, 'Сбербанк' и 'Мегафон', *Vesti.ru*, 13 May 2017을 보라.

71   *RIA Novosti*, 'Клименко объяснил слова главы Роскомнадзора о "блокировке Facebook"', 26 September 2017.

72   Donie O'Sullivan, Drew Griffin and Curt Devine, 'Russian company had access to Facebook user data through apps', CNN Tech, 11 July 2018.

73   Interfax, 'Роскомнадзор будет блокировать инструменты для обхода запрета на Telegram по запросу', 16 April 2018.

74   Ella George, 'Purges and Paranoia', *London Review of Books* 40.10 (2018), pp. 22–32; *Turkish Minute*, 'Turkish govt ready to block "abnormal" social media messages on election day', 26 May 2018을 보라.

75   Sarah Zheng, 'Beijing tries to pull the plug on VPNs in internet "clean-up"', *South China Morning Post*, 13 July 2017.

76   예를 들어 Peter Frankopan, *The Silk Roads: A New History of the World* (London, 2015), pp. 202ff를 보라.

77   Madeleine Albright, 'Will We Stop Trump Before It's Too Late', *New York Times*, 8 April 2018.

2. 세계의 중심부로 가는 길

1   Jason Blevins, 'Donald Trump, in Grand Junction, says he will "drain the swamp in Washington, D.C."', *Denver Post*, 18 October 2016.

2   Jonathan Swan, 'Trump calls for "hell of a lot worse than waterboarding"', *The Hill*, 6 February 2016.

3   Cassandra Vinograd and Alexandra Jaffe, 'Donald Trump in Indiana Says China is "Raping" America', CNBC, 2 May 2016.

4   White House, Presidential Memorandum Regarding Withdrawal of the United States from the Trans-Pacific Partnership Negotiations and Agreement, 23 January 2017.

5   White House, Statement by President Trump on the Paris Climate Accord, 1 June 2017.

6   White House, 'Executive Order Protecting the Nation from Foreign Terrorist Entry into the United States', 27 January 2017.

7   White House, 'Remarks by President Trump on the Policy of the United States Towards Cuba', 16 June 2017.

8   Shawn Donnan, 'Is there political method in Donald Trump's trade madness?', *Financial Times*, 23 March 2018.

9   http://www.europarl.europa.eu/resources/library/media/20180411RES01553/20180411RES01553.pdf.

10 Reuters, 'EU is not at war with Poland, says EU's Juncker', 17 January 2018.

11 Agence France-Presse, 'Italy threatens EU funding in migrant row', 25 August 2018.

12 *The Herald*, 'Boris Johnson: EU tariffs would be "insane" if UK backs Brexit', 21 June 2016.

13 BBC News, 'Liam Fox warning of customs union "sellout"', 27 February 2018; Chloe Farand, 'UK government post-Brexit plans to create Africa free-trade zone are being internally branded "Empire 2.0"', *Independent*, 6 March 2017.

14 UK Prime Minister's Office, press release, 'PM: UK should become the global leader in free trade', 4 September 2016.

15 Association of Southeast Asian Nations, http://asean.org/?static_post=rcep-regional-comprehensive-economic-partnership; Yasuyuki Sawada, quoted in Asian Development Bank, *International Financing Review Asia. Special Report: Growing up Fast* (2018), p. 9.

16 Turkmenistan.ru, 'В Туркменистане открыт новый железнодорожный мост Туркменабат – Фараб', 7 March 2017.

17 *AKIPress*, 'CTSO to help Tajikistan to reinforce its border with Afghanistan', 11 June 2018; *Novosti Radio Azattyk*, 'Состоялась первая встреча глав оборонных ведомств Кыргызстана и Узбекиста на', 13 June 2018.

18 Dana Omirgazy, 'Shymkent hosts first Kazakh–Uzbek business forum', *Astana Times*, 25 May 2018.

19 Uzbekistan National News Agency, press release, 'The Year of Uzbekistan in Kazakhstan and the Year of Kazakhstan in Uzbekistan will be held', 16 September 2017.

20 Uzbekistan National News Agency, Press release, 'Uzbekistan and Kazakhstan: dynamic development of cooperation based on friendship and brotherhood', 2 March 2018.

21 *AzerNews*, 'Trade turnover between Uzbekistan and Tajikistan doubles', 22 June 2018.

22 Tasnim News Agency, 'Grounds Paved for Long–Lasting Cooperation between Iran, Azerbaijan: Official', 4 June 2018.

23 *Pahjwok Afghan News*, 'Afghanistan, Tajikistan sign two co-operation accords', 24 June 2018.

24 Simon Parani, *Let's not exaggerate: Southern Gas Corridor prospects to 2030*, Oxford Institute for Energy Studies Paper NG 135 (July 2018).

25 Fawad Yousafzai, 'Work on CASA–1000 power project in full swing: Tajik diplomant', *The Nation*, 19 July 2018.

26 *Dispatch News Desk*, 'Kyrgyzstan keen to improve bilateral trade with Pakistan: Envoy', 10 May 2018.

27 TASS, 'ЕАЭС и Иран завершают подготовку соглашения о зоне свободной торговли', 9 April 2018.

28 Nicholas Trickett, 'Reforming Customs, Uzbekistan Nods Towards the Eurasian Economic Union', *The Diplomat*, 26 April 2018.

29 United Nations Office on Drugs and Crime, 'President of Uzbekistan calls to develop reliable mechanisms of co-operation in Central Asia at the international conference in Samarkand', 10 November 2017.

30 예를 들어 Raikhan Tashtemkhanova, Zhanar Medeubayeva, Aizhan Serikbayeva and Madina Igimbayeva, 'Territorial and Border Issues in Central Asia: Analysis of the Reasons, Current State and Perspectives', *The Anthropologist* 22.3 (2015), pp. 518–25; International Crisis Group, 'Central Asia: Border Disputes and Conflict Potential', *Asia Report* 33 (2002)을 보라.

31 협정 초안에 관해서는 Kommersant, 'Море для своих Пять стран договорились о разделе Каспия', 23 June 2018을 보라.

32   Bruce Pannier, 'A landmark Caspian agreement – and what It resolves', *Qishloq Ovozi*, 9 August 2018.

33   Interfax, 'Kyrgyzstan, Uzbekistan agree to swap land on border', 14 August 2018.

34   *Astana Times*, 'Kazakhstan resolves all Central Asian border issues, announces Kazakh President', 20 April 2018.

35   Virpi Stucki, Kai Wegerich, Muhammad Mizanur Rahaman and Olli Varis, *Water and Security in Central Asia. Solving a Rubik's Cube* (New York, 2014); Suzanne Jensen, Z. Mazhitova and Rolf Zetterstrom, 'Environmental pollution and child health in the Aral Sea region in Kazakhstan', *Science of the Total Environment* 206.2 – 3 (1997), pp. 187 – 93.

36   *Fergana Informationnov agentstvo*, 'Соляная буря превысила допустимую концентрацию пыли на северо-западе Узбекистана в шесть раз', 27 May 2018; *RIA Novosti*, 'Белая пыль неизвестного происхождения накрыла столицу Туркмении', 28 May 2018.

37   Matt Warren, 'Once Written Off for Dead, the Aral Sea Is Now Full of Life', *National Geographic*, 16 March 2018.

38   United Nations Office for the Coordination of Humanitarian Affairs, 'Drought grips large parts of Afghanistan', 6 June 2018.

39   Ben Farmer and Akhtat Makoli, 'Afghanistan faces worst drought in decades, as UN warns 1.4 million people need help', 22 July 2018. decades, as UN warns 1.4 million people need help', 22 July 2018.

40   Igor Severskiy, 'Water related problems of Central Asia: some results of the (GIWA) international water assessment program', *Ambio* 33 (2004), pp. 52 – 62.

41   Albek Zhupankhan, Kamshat Tussupova and Ronny. Berndtsson, 'Water in Kazakhstan, a key Central Asian water management', *Hydrological Sciences Journal* 63.5 (2018), pp. 752 – 62.

42   F. M. Shakil 'New Indian dam threatens to parch Pakistan', *Asia Times*, 28 May 2018.

43   Khalid Mustafa, 'India out to damage Pakistan's water interests on Kabul river', *The News*, 5 June 2016; Jehangir Khattak, 'Pakistan's unfolding water disaster', *Daily Times*, 2 June 2018; Nirupama Subramanian, 'In Kishanganga dam security, more than Pakistan shelling, sabotage a concern', *Indian Express*, 23 May 2018.

44   Hongkai Gaa et al, 'Modelling glacier variation and its impact on water resource in the Urumqi Glacier No. 1 in Central Asia', *Science of the Total*

Environment, 844 (2018), 1160 – 70.

45 Babak Dehghanpisheh, 'Water crisis spurs protests in Iran', Reuters, 29 March 2018; Shashank Bengali and Ramin Mostaghim, 'A longsimmering factor in Iran protests: climate change', *LA Times*, 17 January 2018.

46 Khamenei.ir, 'Persian New Year 1397; Support for Iranian Products', 20 March 2018.

47 Trend News Agency, 'Water shortage hits Iran's hydroelectric power plants', 4 June 2018.

48 Tasnim News Agency, 'Afghanistan Committed to Supplying Iran's Water Share, Zarif Says', 6 May 2018.

49 Address by HE Mr Shavkat Mirziyoyev, President of the Republic of Uzbekistan at the General Debate of the 72nd Session of the United Nations General Assembly, 19 September 2017. 전문은 https://gadebate.un.org/sites/default/files/gastatements/72/uz_en.pdf를 보라.

50 Human Rights Watch Report, 'Uzbekistan: A Year in to New Presidency, Cautious Hope for Change', 25 October 2017; Human Rights Watch Report, 'Time to Seek Hard Commitments on Uzbekistan's Human Rights Record', 9 May 2018.

51 Committee to Protect Journalists, 'Uzbekistan releases remaining jailed journalists', 7 May 2018.

52 Freedom House, *Uzbekistan: the Year After*, August 2017.

53 Andrew Higgins, 'As Authoritarianism Spreads, Uzbekistan Goes the Other Way', *New York Times*, 1 April 2018; Editorial Board, 'A Hopeful Moment for Uzbekistan', *New York Times*, 13 April 2018.

54 Human Rights Watch, 'US: Focus on Rights as Uzbek Leader Visits', 15 May 2018.

55 Luca Anceschi, 'Modernising authoritarianism in Uzbekistan', *Open Democracy*, 9 July 2018.

56 Trend News Agency, 'Ashgabat and Dushanbe hold talks on consular issues', 20 April 2018.

57 *Turkmen Petroleum*, '"Узбекнефтегаз" о планах работы на морских шельфах в Азербайджане и Туркменистане', 27 June 2017.

58 Anadolu Agency, 'Train service linking Baku – Tbilisi – Kars launched', 30 October 2017; Reuters, 'First freight train from China arrives in Iran in "Silk Road" boost': media,16 February 2016; Xinhua, 'First China – Britain freight train reaches London', 18 January 2017.

59 Mehr News Agency, 'Iran – Kazakhstan transit potentials complementary:

Press. Rouhani', 12 August 2018.

60 Ministry of Foreign Affairs of the Russian Federation, 'Foreign Minister Sergey Lavrov's remarks and answers', 7 April 2016.

61 *Financial Express*, 'India－Iran－Russia resume talks on activating key trade corridor', 7 April 2018.

62 P. Stoban, 'India Gears Up to Enter the Eurasian Integration Path', Institute for Defence Studies and Analyses, 7 June 2017.

63 Mohsen Shariantinia, 'Sanctions threaten Iran's dream of becoming Eurasian transport hub', 20 July 2018에서 재인용.

64 *Times of Oman*, 'You could soon travel visa-free to Kazakhstan from Oman', 8 May 2018.

65 Kazinform, 'Silk Visa to be launched in early 2019', 21 December 2018.

66 Kamila Aliyeva, 'Five Nations agree to create Lapis Lazuli transport corridor', *AzerNews*, 15 November 2017.

67 *Dispatch Daily News*, 'Turkmenistan will build Ashgabat－Turkmenabat Autobahn', 19 June 2018.

68 *Eurasianet*, 'Turkmenistan's new $1.5 billion port: Show over substance', 3 May 2018.

69 *Туркменистан сегодня*, 'Морская гавань Туркменбаши отмечена международными наградами', 2 May 2018.

70 Turkmenistan.ru, 'Ashgabat enters Guinness Book of World Records as most white-marble city', 26 May 2013. 모든 세계 기록 요약은 https://www.turkmenistan-kultur.at/oesterreich739-guinness-book.html을 보라.

71 Apa, 'Azərbaycan, İran və Rusiya elektroenergetika sistemlərinin birləşdirilməsi uzrə işçi qrup yaradacaq', 26 April 2018.

72 Rashid Shirinov, 'Azerbaijan, Iran sign agreement on electricity sale', *AzerNews*, 13 April 2018.

73 *Tehran Times*, 'Rail freight transport in Iran up 55%', 14 August 2017

74 *Iran Daily*, 'Iran's transit revenues up by 20%', 10 April 2018.

75 Anadolu Agency, 'Turkey, Kazakhstan look to boost ties "in all areas"', 19 April 2018.

76 Ministry of Foreign Affairs of the Republic of Kazakhstan, 'Chairman and judges to Astana International Financial Centre Court take oath', 7 December 2017.

77 *Dawn*, 'Bonhomie marks opening of TAPI gas pipeline', 24 February 2018.

78 Eurasianet, 'Reports: Pakistan pushes through accelerated plan for TAPI', 2 May 2018.

79   *Pashtun Times*, 'Taliban announce stout support for TAPI gas pipeline project', 23 February 2018.

80   Anisa Shaheed, 'Taliban Discussing Peace Offer, says Former Member', *ToloNews*, 11 April 2018.

81   예를 들어 *UzDaily*, 'Представители Узбекистана провели рабочие встречи с движением Талибан', 18 June 2018을 보라.

82   Associated Press, 'NATO Backs Afghan Leader's Offer of Talks With the Taliban', 27 April 2018.

83   Department of Defense, 'Department of Defense Press Briefing by General Nicholson via teleconference from Kabul, Afghanistan', 22 August 2018.

84   US Department of State, Office of Inspector General, Operation Freedom's Sentinel: Report to the United States Congress, 1 January 2018 – 31 March 2018 (2018).

85   Bob Woodward, *Fear: Trump in the White House* (London, 2018), p. 221.

86   Gordon Lubold and Jessica Donati, 'Trump Orders Big Troop Reduction in Afghanistan', *Wall Street Journal*, 20 December 2018.

87   예를 들어 Reuters, 'Taliban fighters seize district in northern Afghanistan', 4 May 2018을 보라.

88   US Geological Survey, 'Preliminary Assessment of Non-Fuel Mineral Resources of Afghanistan, 2007' (October 2007).

89   Global Witness, *War in the Treasury of the People. Afghanistan, lapis lazuli and the battle for mineral wealth* (May 2016).

90   Global Witness, *Talc: The Everyday Mineral Funding Afghan Insurgents. How talc from Afghanistan's opaque and poorly regulated mining sector is helping fuel the Islamic State and Taliban* (May 2018).

91   Uran Botobekov, 'ISIS Uses Central Asians for Suicide Missions', *The Diplomat*, 1 December 2016; Edward Lemon, *Pathways to Violent Extremism: evidence for Tajik recruits to Islamic State* (2018).

92   Mohammed. Elshimi, Raffaello Pantucci, Sarah Lain and Nadine Salman, *Understanding the Factors Contributing to Radicalisation Among Central Asian Labour Migrants in Russia*, Royal United Services Institute for Defence and Security Studies, Occasional Papers (2018).

93   Fikret Dolukhanov, 'Uzbekistan, Tajikistan to hold joint military drills for first time', *Trend News Agency*, 18 April 2018. TASS, 'Россия и Узбекистан дали старт совместному антитеррористическому учению', 4 October 2017; Fakhir Rizvi, 'China, Pakistan, Afghanistan, Tajikistan to conduct joint Counter-terrorism Exercise', *Urdu Point*, 26 April 2018.

94   Indian Defence Ministry spokesman, quoted in *Hindustan Times*, 'India, Kazakhstan armies begin joint military exercises in Himchal Pradesh', 2 November 2017.

95   TASS, 'Более трех тысяч военных примут участие в учениях ШОС "Мирная миссия – 2018" на Урале', 4 June 2018.

96   Dipanjan Roy Chaudhury, 'First joint military drills for India and Pakistan courtesy SCO', *Economic Times*, 9 June 2018.

97   PressTV, 'Iran, Pakistan to share border or peace, friendship: Pakistani Army', 29 December 2017; Mehr News Agency, 'Iran, Pakistan determined to boost border security', 12 March 2018. 파키스탄 주재 이란 대사의 소환에 관해서는 Al-Jazeera, 'Iran threatens to hit "terror safe havens" in Pakistan', 9 May 2017.

98   *Financial Tribune*, 'Iran Welcomes Gas Swap Deals with Turkmenistan', 3 April 2018; *Iran Daily*, 'Turkmenistan, Iran, to take gas dispute to intl. arbitration', 5 December 2017.

99   AKIPress, 'Turkmenistan lodges lawsuit against Iran in International Court of Arbitration', 17 August 2018.

100   *Ozodlik*, 'Бердымухамедов вызвал к себе руководство компании, строившей ашхабадский аэропорт из-за дефекта здания', 13 January 2017.

101   Bruce Pannier, 'Good News for Uzbekistan Is Not Good News for Turkmenistan', *Qishloq Ovozi*, 25 April 2018; Radio Azatlyk, 'В Туркменистане дорожают лекарства, ощущается дефицит', 27 July 2018.

102   IMF, *Opening Up in the Caucasus and Central Asia. Policy Frameworks to Support Regional and Global Integration*, July 2018.

103   Jason Holland, 'Turkmenistan opens US$2.25 billion airport with 1,100sq m of duty free and retail space', *The Moodie Davitt Report*, 14 October 2016.

104   *Озодлик*, 'Бердымухамедов вызвал к себе руководство компании, строившей ашхабадский аэропорт из-за дефекта здания', 13 January 2017.

105   Альтернативные новости Туркменистана, 'Ниже уровня толчка. В Гумдаге полиция занялась туалетами и мусорными свалками', 21 May 2018.

106   Attracta Mooney, 'Kazakh sovereign wealth fund is latest victim of oil price fall', *Financial Times*, 8 January 2016.

107   Edward Robinson, 'Bank's $4 Billion Fraud Allegations Return to London Courtroom', Bloomberg, 20 November 2017.

108   Max Seddon, Lionel Barber and Kathrin Hille, 'Elvira Nabiullina shuts down Russia's banking "banditry"', *Financial Times*, 19 October 2016.

109   *BNE Intellinews*, 'Taliban pledge protection as construction starts on Afghan

part of TAPI pipeline', 26 February 2018.

110 Bruce Pannier, 'Why Didn't Turkmen, Uzbek Leaders Mention "Line D" To China?', *Qishloq Ovozi*, 27 April 2018.

111 RadioFreeEurope, 'Tajik Muslim Leader Declares Boxing, Other Sports Forbidden', 1 June 2018.

112 Eurasianet, 'Tajikistan slaps restrictions on imports from Uzbekistan', 6 July 2018.

113 Mullorachab Yusyfi, 'Тақозо аз додситонӣ: Қарори вазорати маорифро бекор кунед', Radio Ozodi, 26 June 2018.

114 Radio Azatlyk, 'Туркменистан: не достигшие тридцатилетия мужчины не будут допущены к зарубежным поездкам', 16 April 2018.

115 *New Fronts, Brave Voices. Press Freedom in South Asia 2016–2017*, IFJ Press Freedom Report for South Asia (2016–2017); *Daily Times*, 'Another journalist targeted', 23 June 2018; Raju Gopalakrishnan, 'Indian journalists say they are intimidated, ostracised if they criticise Modi and the BJP', Reuters, 26 April 2018.

116 Reuters, 'Kazakh police detain dozens at anti-government rally', 9 May 2018; Joanna Lillis, 'Is Kazakhstan's political opposition creeping back?' *Eurasianet*, 24 May 2018.

117 Artemy Kalinovsky, 'Central Asia's Precarious Path to Development', *Foreign Affairs*, 2 August 2018.

118 *Eurasianet*, 'Internet grinds to a near-halt in Tajikistan', 6 August 2018.

119 Catherine Putz, 'From Bad to Worse: Press Freedom in Eurasia Continues to Decline', *The Diplomat*, 26 April 2018.

120 중앙아시아에 대한 상반되는 견해들 사이에서 균형 잡기가 어려움에 대해서는 예를 들어 Paul Goble, 'A Year in Review: More Problems, More Reforms, More Cooperation for Central Asia in 2017', *Eurasia Daily Monitor* 15.4 (2018)을 보라.

121 International Monetary Fund, Islamic Republic of Iran, IMF Country Report 18/93 (2018)

122 *Times of Israel*, 'Iran currency hits record low, crashing through 50,000 rial to the US dollar', 28 March 2018.

123 BBC News, 'Six charts that explain the Iran protests', 4 January 2018.

124 예를 들어 Karim Sadjadpour, 'The Battle for Iran', *The Atlantic*, 31 December 2017; Najmeh Bozorgmehr, 'Iran's disillusioned youth spare no one in display of anger', *Financial Times*, 2 January 2018을 보라.

125 President Trump tweet, 1 January 2018.

126 Brent D. Griffiths, 'Giuliani: Trump is "committed to" regime change in Iran', *Politico*, 5 May 2018.

127 'Full text of speech by Rudy Giuliani at Grand Gathering 2018', Iran Probe, 5 July 2018.

128 White House, 'Remarks by President Trump on the Joint Comprehensive Plan of Action', 8 May 2018.

129 International Atomic Energy Agency, 'Verification and monitoring in the Islamic Republic of Iran in light of United Nations Security Council resolution 2231 (2015)', 22 February 2018.

130 Tasnim News, 'IRGC Warns US of Consequences of Military Action', 24 May 2018.

131 White House, Remarks by LTG H. R. McMaster at the United States Holocaust Memorial Museum Simon-Skjodt Center – 'Syria, Is the Worst Yet to Come?', 15 March 2018.

132 Jeffrey Goldberg, 'Saudi Crown Prince: Iran's Supreme Leader "Makes Hitler Look Good"', *The Atlantic*, 2 April 2018.

133 BBC News, 'Iran hits back over Saudi's prince's "Hitler" comment', 24 November 2017.

134 *Al Arabiya*, 'Mohammad bin Salman's full interview', 3 May 2017.

135 *Middle East Eye*, 'Iran warns Saudi Arabia after prince's "battle' comments", 8 May 2017.

136 *Haaretz*, 'After Crown Prince Recognizes Israel's Right to Exist, Saudi King Reiterates Support for Palestinians', 4 April 2018.

137 Raf Sanchez, 'Saudi Arabia "doesn't care" about the Palestinians as long as it can make a deal with Israel against Iran, says former Netanyahu advisor', *Daily Telegraph*, 25 November 2017.

138 *Daily Sabah*, 'Israel welcomes Saudi mufti's pro-Israel remarks, invites him to visit the country', 14 November 2017.

139 Anshel Pfeffer, 'Israeli minister confirms "secret" Saudi talks', *The Times*, 21 November 2017.

140 'Arab nations slam Israel's "racist, discriminatory" Jewish nation-state law', *Times of Israel*, 21 July 2018; 'High Court said to advise El Al to drop suit over Saudi route to India', *Times of Israel*, 22 July 2018.

141 Amir Tibon, 'Report:Netanyahu Asked Trump to Stick With Saudi Crown Prince After Khashoggi Murder', *Haaretz*, 1 November 2018.

142 CNN, Transcript: Donald Trump's New York press conference', 27 September 2018.

3. 베이징으로 가는 길

1   Xinhua, Speech by Xi Jinping, 'Promote People-to-People Friendship and Create a Better Future', 7 September 2013.

2   Richard A. Boucher, 'US Policy in Central Asia: Balancing Priorities (Part II)', Statement to the House International Relations Subcommittee on the Middle East and Central Asia, 26 April 2006.

3   *People's Daily*, 'US scheming for 'Great Central Asia' strategy', 4 August 2006; for S. Frederick Starr's paper, 'A Partnership for Central Asia', *Foreign Affairs* July/August 2005.

4   US State Department, 'Remarks on India and the United States: A Vision for the 21st Century', 20 July 2011.

5   China.org.cn, 'Decision of the Central Committee of the Communist Party of China on Some Major Issues Concerning Comprehensively Deepening the Reform'(中共中央关于全面深化改革若干重大问题的决定), Article 26, Section VII, 12 November 2013.

6   State Council Information Office, 'Six major economic corridors form the "Belt and Road" framework. China Development Bank invests $890bn', 2 May 2015.

7   Export-Import Bank of China, press release, 'Bank plays a policybased financial role to support the construction of "One Belt and One Road"', 14 January 2014.

8   China International Trade Institute, *Industrial Cooperation between Countries along the Belt and Road* (August, 2015).

9   HSBC, 'Reshaping the Future World Economy', 11 May 2017.

10 Francois de Soyres, Alen Mulabdic, Siobhan Murray, Nadia Rocha Gaffuri and Micele Ruta, *How Much will the Belt and Road Initiative reduce trade costs?* World Bank Policy Working Paper 8614, October 2018.

11 Xinhua, 'Full text of President Xi Jinping's speech at opening of Belt and Road forum', 14 May 2017.

12 Rani Sankar Bosu, 'BRI will bring China and ASEAN closer', China.org.cn, 22 May 2017.

13 Xinhua, 'President Xi says to build Belt and Road into road for peace, prosperity', 14 May 2017.

14 Youtube, 'What's wrong with the world? What can we do?', https://www.youtube.com/watch?v=RkkGb14zIVY

15 Xinhua, 'Full text of President Xi Jinping's speech at opening of Belt and

Road forum', 14 May 2017.

16   James Kynge, 'How the Silk Road plans will be financed', *Financial Times*, 9 May 2016.

17   중국의 1980~1990년대 경험에 대해서는 Gewirtz, *Unlikely Partners*, op. cit. 을 보라.

18   Jamil Anderlini, 'Interview: 'We say, if you want to get rich, build roads first', *Financial Times*, 25 September 2018.

19   Jonathan E. Hillman, 'How Big Is China's Belt and Road?', Center for Strategic and International Studies, 3 April 2018.

20   Frankopan, *Silk Roads*, passim.

21   *Press TV*, 'Iran opens new trade link under new Silk Road plan', 26 June 2018.

22   Turkmenistan Segodnya, 'В Туркменабате тожественно открыт монумент «Шёлковый путь',' 8 April 2018.

23   Rigina Madzhitova, 'Уникальный проект, или как 12 ворот Ташкента превратят город в сердце Великого шелкового пути', Podrobno.uz, 5 September 2018.

24   Jonathan Hillman, 'A Chinese world order', *Washington Post*, 23 July 2018.

25   예를 들어 Sajjad Hussain, 'China's CPEC investment in Pakistan reach $62 billion', *Livemint*, 12 April 2017; Arif Rafiq, 'China's $62 Billion Bet on Pakistan', *Foreign Affairs*, 25 October 2017을 보라.

26   Dr Shahid Rashid, executive director to the Center of Excellence for CPEC, quoted in *The News International*, 'CPEC contribution to cross $100bn by 2030', 9 February 2018.

27   Khaleeq Kiani, 'If all goes well, 10 CPEC projects may be completed', *Dawn*, 1 January 2018.

28   Mehtab Haider, 'China may be involved in running Karachi – Peshawar railway', *The News*, 5 February 2018.

29   *Tribune*, 'Cement sales touch record high at 4.2 million tons in October', 4 November 2017.

30   Eva Grey, 'China turns Malaysia's East Coast Rail Link into reality', *Railway Technology*, 1 October 2017.

31   Xinhua, 'Laotians expect Laos – China railway to bring tangible benefits', 4 February 2018.

32   현재 진행중인 일대일로 기반시설 사업을 살펴보려면 *International Financing Review Asia. Asian Development Bank Special Report: Coming up Fast* (April 2018)를 보라.

33   'China to establish court for OBOR disputes', *Asia Times*, 25 January 2018.

34   Saptarshi Ray, 'China to tunnel beneath Himalayas for Nepal railway link', *The Times*, 23 June 2018.

35   Anil Giri, 'China looks at Nepal as potential gateway to South Asia, expands footprints in market', *Hindustan Times*, 19 October 2017.

36   Turloch Mooney, 'New Asia – Europe rail services added amid weak ocean rates', *Journal of Commerce*, 31 May 2016.

37   뒤스부르크에서 컨테이너 열 개가 더 실렸다. *Railway Gazette*, 'First China to UK rail freight service arrives in London', 18 January 2017.

38   Dirk Visser, 'Snapshot: The World's Ultra-Large Container Ship Fleet', *The Maritime Executive*, 2 June 2018.

39   *Economist*, 'Western firms are coining it along China's One Belt, One Road', 3 August 2017에서 재인용.

40   Goldman Sachs, 'The Rise of China's New Consumer Class' at http://www.goldmansachs.com/our-thinking/macroeconomic-insights/growth-of-china/chinese-consumer/.

41   Zhidong Li, Kokichi Ito and Ryoichi Komiyama, *Energy Demand and Supply Outlook in China for 2030 and A Northeast Asian Energy Community – The automobile strategy and nuclear power strategy of China* (2018).

42   Robin Mills, 'China's Big Play for Middle East Oil', Bloomberg, 10 May 2017; Elena Mazneva, Stephen Bierman and Javier Blas, 'China Deepens Oil Ties With Russia in $9 Billion Rosneft Deal', Bloomberg, 8 September 2017; Anthony Dipaola and Aibing Guo, 'China's CNPC pays $1.18 billion for concessions in Abu Dhabi', *World Oil*, 21 March 2018.

43   US Energy Information Administration, 'China surpassed the United States as the world's largest crude oil importer in 2017', 5 February 2017.

44   Reuters, 'Kazakhstan to produce nuclear fuel for China', 26 May 2017.

45   Fred Gale, James Hansen and Michael Jewison, *China's Growing Demand for Agricultural Imports*, US Department of Agriculture, (2014), pp. 11 – 12.

46   China Water Risk, 'North China Plain Groundwater', statement, 26 February 2013.

47   *South China Morning Post*, 'Air quality worsening in China's Yangtze River Delta in 2018, figures show', 23 May 2018.

48   Li Gao, 'Greening Chinese Patent Law to Incentivize Green Technology Innovation in China', in Yahong Li, *The Role of Patents in China's Industrial Innovation* (Cambridge, 2017), pp. 79 – 105.

49   예를 들어 Xinhua, 'President vows vast battle with pollution', 19 May 2018

을 보라.

50   International Monetary Fund, Press release 18/200, 'IMF Staff Completes 2018 Article IV Mission to China', 29 May 2018.

51   Yan Chunlin, 'Visible and invisible hand in creating and reducing overcapacity', in Scott Kennedy (ed.), *State and Market in Contemporary China: Toward the 13th Five-Year Plan* (Lanham, 2016), pp. 30–32; Peter Ferdinand, 'Westward ho – The China dream and "one belt, one road": Chinese foreign policy under Xi Jinping', *International Affairs* 92.4 (2016), pp. 941–57.

52   Andrei Kirillov, 'В Казахстане регулярно говорят о некачественном ремонте дорог', *Kapital*, 26 June 2014.

53   Asian Development Bank, *Meeting Asia's Infrastructure Needs* (2017).

54   ICE, PeopleResearch on India's Consumer Economy, 360° survey 2016.

55   Tom Hancock, 'US fast food chains chase growth in small-town China', *Financial Times*, 18 October 2017; Salvatore Babones, 'China's middle class is pulling up the ladder behind slowly', *Foreign Policy*, 1 February 2018.

56   Tom Hancock and Wang Xueqiao, 'China's smaller cities compete to increase population', *Financial Times*, 20 July 2018.

57   Zhao Lei, 'Xinjiang's GDP growth beats the national average', *China Daily*, 20 October 2017; Frank Tang, 'Xinjiang halts all government projects as crackdown on debt gets serious', *South China Morning Post*, 4 April 2018.

58   Joseph Hope, 'Returning Uighur Fighter and China's National Security Dilemma', *China Brief* 18(13), 25 July 2018.

59   Emily Feng, 'Crackdown in Xinjiang: Where have all the people gone?' *Financial Times*, 5 August 2018.

60   Nectar Gan, 'Ban on beards and veils – China's Xinjiang passes law to curb 'religious extremism', *South China Morning Post*, 30 March 2017.

61   The *Economist*, 'China has turned Xinjiang into a police state like no other', 3 May 2018; Stephanie Nebehay, 'UN says it has credible reports that China holds million Uighurs in secret camps', Reuters, 10 August 2018. 재교육영에 관해서는 Radio Free Asia, 'Around 120,000 Uyghurs Detained For Political Re-Education in Xinjiang's Kashgar Prefecture', 22 January 2018을 보라.

62   Feng, 'Crackdown in Xinjiang', op. cit.

63   Human Rights Watch, *'Eradicating Ideological Viruses.' China's Campaign of Repression against Xinjiang's Muslims* (London, 2018).

64   Weida Li, 'Beijing responds to Xinjiang policy criticism, blames "anti-China forces"', *GB Times*, 14 August 2018.

65   Associated Press, 'China to UN panel: No arbitrary detention in Uighur region', 13 August 2018.

66   Radio Free Asia, 'Xinjiang Political "Re-Education Camps" Treat Uyghurs "Infected by Religious Extremism"', CCP Youth League, 8 August 2018.

67   Zhang Hui, 'Xinjiang city urges terrorists to turn themselves in within 30 days', *Global Times*, 19 November 2018.

68   Philip Wen and Olzhas Auyezov, 'Tracking China's Muslim Gulag', Reuters, 29 November 2018.

69   Xinhua, 'President Xi vows intense pressure on terrorism', 27 June 2014.

70   Reuters, 'China stages another mass anti-terror rally in Xinjiang', 19 February 2017.

71   Adrian Zenz and James Liebold, 'Chen Quanguo: The Strongman Behind Beijing's Securitization Strategy in Tibet and Xinjiang', *China Brief* 17(12), 21 September 2017.

72   Abdullo Ashurov, 'Аз донишчӯёни тоҷик дар Чин хостанд, рӯза нагиранд', *Radioi Ozodi*, 9 June 2018.

73   Nurtai Lakhanuly, 'Это было как в аду'. Рассказы побывавших в китайских лагеря,' *Radio Azattyk*, 23 May 2018. 또한 Bruce Pannier, 'China's New Security Concern – The Kazakhs', *Qishloq Ovozi*, 8 August 2017을 보라.

74   Xinhua, 'Xi calls for building "great wall of iron" for Xinjiang's stability', 10 March 2017.

75   Congressional-Executive Commission on China, 'Chairs Urge Ambassador Branstad to Prioritize Mass Detention of Uyghurs, Including Family Members of Radio Free Asia Employees', 3 April 2018.

76   예를 들어 Franz J. Marty, 'The curious case of Chinese troops on Afghan soil', *Central Asia-Caucasus Analyst*, 3 February 2017을 보라.

77   Paul Goble, 'What Is China's Military Doing on the Afghan–Tajik Border?', *Eurasia Daily Monitor* 15(20), 8 February 2018.

78   Farhan Bokhari, Kiran Stacey and Emily Feng, 'China courted Afghan Taliban in secret meetings', *Financial Times*, 8 August 2018.

79   Reuters, 'Pakistan scrambles to protect China's "Silk Road" pioneers', 11 June 2017.

80   Permanent Court of Arbitration, 'The South China Sea Arbitration (The Republic of Philippines v. The People's Republic of China)', 12 July 2016 at https://www.pcacases.com/web/view/7.

81   Richard A. Bitzinger, 'China's Plan to Conquer the South China Sea Is Now Clear', *The National Interest*, 10 May 2018.

82 Vu Huang, 'Vietnam asks China to end bombers drills in Paracels', *VnExpress*, 31 May 2018.

83 Manuel Mogato, 'Philippines takes "appropriate action" over Chinese bomber in disputed South China Sea', Reuters, 21 May 2018.

84 US Department of Defense, 'Remarks by Secretary Hagel at plenary session at International Institute for Strategic Studies Shangri-La Dialogue', 31 May 2014.

85 Ankit Panda, 'How Much Trade Transits the South China Sea? Not $5.3 Trillion a Year', *The Diplomat*, 7 August 2017.

86 *China Power*, 'How much trade transits the South China Sea?' 2 August 2017.

87 *Tanker Shipping & Trade*, 'China looks beyond the Middle East for its crude oil fix', 29 August 2017.

88 예를 들어 Ian Storey, 'China's "Malacca Dilemma"', *China Brief* 6(8), 12 April 2006을 보라.

89 *Japan Times*, 'China–Japan maritime crisis would undermine "Belt and Road" initiative: PLA document', 23 September 2018.

90 *Japan Times*, 'Japan developing supersonic glide bombs to defend Senkaku Islands', 25 September 2018.

91 Jeffrey Wasserstrom, *Global Shanghai, 1850–2010: A History in Fragments* (London, 2009), p. 1.

92 예를 들어 James A. Millward, 'Is China a colonial power?' *New York Times*, 4 May 2018.

93 Keith Johnson, 'Why is China Buying Up Europe's Ports?', *Foreign Policy*, 2 February 2018.

94 *Seatrade Maritime News*, 'Cosco reveals $620m Piraeus development plan', 29 January 2018.

95 OOCL에 관해서는 Costas Paris, 'China's Cosco Agrees to Buy Shipping Rival OOCL', *Wall Street Journal*, 8 July 2017을 보라.

96 Janet Eom, '"China Inc." Becomes China the Builder in Africa', *The Diplomat*, 29 September 2016.

97 David Dollar, 'China's engagement with Africa. From Natural Resources to Human Resources', *John L. Thornton Center at Brookings* (2016).

98 Xinhua, 'Full text of Chinese President Xi Jinping's speech at opening ceremony of 2018 FOCAC Beijing summit', 4 September 2018.

99 Yusuf Alli, 'Obasanjo urges African leaders to ensure peace', *The Nation*, 28 June 2018.

100 Rogerio Jelmayer, 'Chinese investment, loans to LatAm staying high', *BN Americas*, 25 June 2018.

101 *TeleSur*, 'China Approves US$5Bn Loan For Venezuelan Oil Development', 3 July 2018. For inflation in Venezuela, Reuters, 'Venezuela's hyperinflation soars to 24,572 percent', 12 June 2018.

102 *América Economica*, 'Venezuela recibira US$250M del Banco de Desarrollo de China para impulsar produccion de crudo', 4 July 2018.

103 Haley Zaremba, 'Maduro looks to China for a bailout', OilPrice.com, 23 September 2018.

104 Ministry of Foreign Affairs of the People's Republic of China, 'China's Policy Paper on Latin America and the Caribbean (full text)', 5 November 2008. Carlos Torres and Randy Woods, 'China is Boosting Ties in Latin America. Trump Should Be Worried', Bloomberg, 3 January 2018.

105 *People's Daily*, 习近平致信祝贺中国—拉美和加勒比国家共同体论坛第二届部长级会议开幕, 23 January 2018.

106 Digital Belt and Road Program (DBAR), *Science Plan. An International Science Program for the Sustainable Development of the Belt and Road Region Using Big Earth Data* (2017), p. 2.

107 Hillman, 'How Big Is China's Belt and Road?', op. cit..

108 예를 들어 Fernando Ascensao et al, 'Environmental challenges for the Belt and Road Initiative', *Nature Sustainability* 1 (2018), pp. 206－9를 보라.

109 Leo Timm, 'The Authoritarian Model Behind China's "One Belt, One Road"', *Epoch Times*, 21 May 2018.

110 Jonathan E. Hillman, 'China's Belt and Road is Full Of Holes', Center for Strategic and International Studies, 4 September 2018.

111 Joseph S. Nye, 'Xi Jinping's Marco Polo Strategy', Project Syndicate, 12 June 2017; Sarah McGregor, 'China Boosts Its US Treasuries Holdings by Most in Six Months', Bloomberg, 18 April 2018.

112 James Kynge, 'How the Silk Road plans will be financed', *Financial Times*, 9 May 2016.

113 Testimony by Jonathan Hillman, Statement Before the US－China Economic and Security Review Commission, 25 January 2018.

114 Mark Magnier and Chun Han Wang, 'China's Silk Road Initiative Sows European Discomfort', *Wall Street Journal*, 15 May 2017.

115 US Department of State, 'Remarks － Secretary of State Rex Tillerson On US－Africa Relations: A New Framework', 6 March 2018.

116 Embassy of the People's Republic of China in the Republic of Zimbabwe,

'All-weather Friendship between China and Zimbabwe Beats the Slander', 26 May 2016.

117 무가베의 재산에 대해서는 Wikileaks, 'Assets of President Mugabe and Senior Goz and ruling party leaders', 29 August 2001을 보라. 그의 아내인 그레이스 무가베의 박사학위에 대해서는 *News24*, 'Grace Mugabe's PhD the greatest academic fraud in history: academics', 3 February 2018. 중국의 역할에 대해서는 Simon Tisdall, 'Zimbabwe: was Mugabe's fall as a result of China flexing its muscle?', *Guardian*, 21 November 2017 참조.

118 Xinhua, 'Xi announces 10 major programs to boost China–Africa cooperation in coming 3 years', 4 December 2015.

119 Victoria Breeze and Nathan Moore, 'China has overtaken the US and UK as the top destination for anglophone African students', 30 June 2017.

120 James Carey, 'Tired of US "Aid" (Exploitation), Africa and Global South Look to China', *Mint Press News*, 18 January 2018.

121 Howard French, 'From Quarantine to Appeasement', *Foreign Policy*, 20 May 2015.

122 Colum Lynch, 'Genocide Under Our Watch', *Foreign Policy*, 18 April 2015.

123 Amitav Acharya, 'Asia after the liberal international order', *East Asia Quarterly* 10.2 (2018).

124 David Pilling and Adrienne Klasa, 'Kenya president urges rebalance of China–Africa trade', *Financial Times*, 14 May 2017.

125 *Business Day*, Kenya's Nairobi–Mombasa highway faces delays as legislators fret over debt', 12 April 2018.

126 David G. Landry, 'The Risks and Rewards of Resource-for-Infrastructure deals: Lessons from the Congo's Sicomines Agreement', *China Africa Research Initiative*, Working Paper 16 (May 2018)

127 David G. Landry, 'The Belt and Road Bubble is starting to burst', *Foreign Policy*, 27 June 2018.

128 Center for Global Development, *Examining the Debt Implications of the Belt and Road Initiative from a Policy Perspective*, CGD Policy Paper 121 (2018).

129 Charles Clover, 'IMF's Lagarde warns China on "Belt and Road" debt', *Financial Times*, 12 April 2018.

130 Alexander Sodiqov, 'Tajikistan Cedes Disputed Land to China', *Eurasia Daily Monitor*, 24 January 2011.

131 Jeffrey Reeves, *Chinese Foreign Relations with Weak Peripheral States. Assymetrical economic power and Insecurity* (London, 2016), pp. 78ff.

132 John Hurley, Scott Morris and Gailyn Portelance, 'Examining the Debt

Implications of the Belt and Road Initiative from a Policy Perspective', *Center for Global Development Policy Paper* 121 (March 2018), p. 17; 또한 IMF, 'Lao People's Democratic Republic. 2017 Article IV Consultation', March 2018.

133 Joaquim Jose Reis, 'Mais de metade da divida ao estrangeiro e a China, a quem cada angolano ja deve 754 USD', *Expansão*, 11 May 2018. 앙골라의 1인당 소득에 대해서는 https://data.worldbank.org/country/Angola를 보라.

134 Tatyana Kudryavtseva, 'State debt of Kyrgyzstan reaches $703 per each resident', 24.kg, 11 April 2018; World Bank, GDP per capita (current US$), Kyrgyzstan.

135 Nurjamal Djanibekova, 'Kyrgyzstan: Power plant blame game threatens political showdown', *Eurasianet*, 18 May 2018.

136 P. K. Vasudeva, 'Sri Lanka's Handing Over Hambantota Port to China has Enormous Ramifications', *Indian Defense Review*, 30 January 2018.

137 *Gulf News*, 'No more flights from Sri Lanka's second airport', 6 June 2018.

138 *NewsIn Asia*, 'Mattala airport in south Sri Lanka may help India strengthen links with ASEAN', 17 August 2017.

139 *Times of India*, 'Arun Jaitley's remark on "One Belt, One Road" shows unease in ties with China', 8 May 2017.

140 Ministry of External Affairs, India, 'Official spokesperson's response to query on participation of India in OBOR/BRI Forum', 13 May 2017.

141 Indrani Bagchi, 'India slams China's One Belt One Road initiative, says it violates sovereignty', *Times of India*, 14 May 2017.

142 Zhong Nan, 'World loves belt and braces approach', *China Daily*, 15 May 2017.

143 Zhang Xin, 'Indian Ambassador to China optimistic about future of bilateral relations', *Global Times*, 25 January 2018.

144 Liaqat Ali (et al.), 'The potential socio-economic impact of China Pakistan Economic Corridor', *Asian Development Policy Review* 5.4 (2017), pp. 191–8.

145 Ankit Panda, 'Geography's Curse: India's Vulnerable "Chicken's Neck"', *The Diplomat*, 8 November 2013.

146 *India Today*, 'Full-scale India–China war likely soon, Washington will back New Delhi: Meghnad Desai', 5 August 2017.

147 *The Hindu*, 'Army prepared for a two and a half front war: General Rawat', 8 June 2017.

148 Frankopan, *Silk Roads*, pp. 294ff, 그리고 무엇보다도 Christopher Clark, *The Sleepwalkers: How Europe Went to War in 1914* (London, 2012)를 보라.

149 *First Post*, 'Pakistan seals $5 billion deal to buy eight Chinese attack submarines', 31 August 2016.

150 Christopher Clary and Ankit Panda, 'Safer at Sea? Pakistan's Sea-Based Deterrent and Nuclear Weapons Security', *Washington Quarterly* 40(3) (2017), pp. 149–68.

151 Asian News International, 'Chinese navy ships in Gwadar, a concern: Indian Navy Chief', 1 December 2017.

152 Yuji Kuronuma, 'Maldives lifts state of emergency, defusing China–India tensions', *Nikkei Asian Review*, March 23 2018.

153 Manu Pubby, 'No confrontation or warning shots at Chinese warships near Maldives: Indian Navy', *The Print*, 28 March 2018.

154 Brahma Chellaney, 'India's Choice in the Maldives', *Project Syndicate*, 19 February 2018.

155 Ai Jun, 'Unauthorized military intervention in Male must be stopped', *Global Times*, 12 February 2018.

156 Saurav Jha, 'Successful Pre-Induction Trial of India's Agni-V Intercontinental Ballistic Missile Takes It Closer to Deployment', *Delhi Defence Review*, 18 January 2018

157 Yin Han, 'India naval exercises inflame tensions with China, expand potential conflict from land to sea: observers', *Global Times*, 26 February 2018.

158 *The Economist*, 'Australia is edgy about China's growing presence on its doorstep', 20 April 2018.

159 Catherine Graue and Stephen Dziedzic, 'Federal Minister Concetta Fierravanti-Wells accuses China of funding "roads that go nowhere"', ABC News, 10 January 2018.

160 David Wroe, 'Australia takes over Solomon Islands internet cable amid spies' concerns about China', *Sydney Morning Herald*, 25 January 2018; prime minister of Australia, media release, 'Australia and France sign future submarine inter-governmental agreement', 20 December 2016.

161 ABC, 'New Air Force spy drones to monitor South China Sea, fleet of six planes to cost $7bn', 26 June 2018.

162 Government of New Zealand, *Strategic Defence Policy Statement 2018* (2018).

163 Rod McGurk and Nick Perry, 'Pacific nations plan new security pact as Chinese aid grows', *Associated Press*, 6 July 2018.

164 A reduction of the French force by a third was eventually agreed: *La Croix*, 'La France reduit ses effectifs sur sa base de Djibouti', 27 July 2015.

165 *Middle East Monitor*, 'Djibouti welcomes Saudi Arabia plan to build a military

base', 28 November 2017,

166   Michel Oduor, 'Erdoğan opens largest Turkish embassy during visit to Somalia', 4 June 2016.

167   *Horn Observer*, 'Turkey Government to Construct a Modern Military Training Base for Somali Army', 18 February 2018.

168   *Japan Times*, 'Japan to expand SDF base in tiny but strategically important Djibouti', 19 November 2017.

169   *Stratfor*, 'The UAE joins an exclusive club', 8 December 2016.

170   Adel Abdul Rahim and Ahmed Yusuf, 'Sudan, Qatar ink $4B deal to develop Suakin seaport', 26 March 2018.

171   *Qaran News*, 'Russia offers to build military base in Zeila in exchange for Somaliland recognition', 2 April 2018.

172   Katrina Manson, 'Jostling for Djibouti', *Financial Times*, 1 April 2016.

173   United States Africa Command, Transcript, 'Gen. Thomas D. Waldhauser at HASC Hearing on National Security Challenges and US Military Activities in Africa: US Africa Commander's 2018 Posture testimony to the House Armed Services Committee', 6 March 2018.

174   Simeon Kerr and John Aglionby, 'DP World accuses Djibouti of illegally seizing container terminal', *Financial Times*, 23 February 2018; IMF, 'Djibouti. Staff Report for the 2016 Article IV Consultation – Debt Sustainability Analysis', 6 February 2017.

175   기지의 목적에 대해서는 Wang Xu, 'Beijing confirms military support facilities in Djibouti', *China Daily*, 27 November 2015; 건설 작업에 관해서는 *Stratfor*, 'Looking Over China's Latest Great Wall', 27 June 2017.

176   Dennis J. Blasko, 'The 2015 Chinese Defense White Paper on Strategy in Perspective: Maritime Missions Require a Change in the PLA Mindset', *China Brief* 15(12), 19 June 2015.

177   Yang Sheng, 'More support bases to be built to assist PLA Navy: analyst', *Global Times*, 12 February 2012.

178   World Bank, 'The World Bank in Sao Tome and Principe. Overview', 8 April 2016.

179   Visao, 'Empresa chinese vai construer porto de aguas profundas em São Tome e Principe', 13 October 2015.

180   Xinhua, 'Chinese FM meets Sao Tome and Principe counterpart', 17 January 2018.

181   Leng Shumei, 'Sao Tome and Principe breaks ties with Taiwan', 21 December 2016.

182 *Panamá América*, 'Empresa China invertira $900 millones en Colon', 23 May 2016.

183 BBC News, 'Panama cuts ties with Taiwan in favour of China', 13 June 2017.

184 CDN, 'Gobierno RD rompe relaciones diplomaticas con Taiwan y establece relaciones con China', 30 April 2018.

185 Xinhua, 'El Salvador establishes diplomatic ties with China', 21 August 2018.

186 Bollettino Sala Stampa della Santa Sede, 'Comunicato circa la firma di un Accordo Provvisorio tra la Santa Sede e la Repubblica Popolare Cinese sulla nomina dei Vescovi', 22 September 2018; *Focus Taiwan*, 'Vatican – China accord unlikely to be political: ROC ambassador', 18 September 2018.

187 The *Economist*, 'Donald Trump's phone call with Taiwan's president spreads alarm', 3 December 2016.

188 Jeff Mason, Stephen J. Adler and Steve Holland, 'Exclusive: Trump spurns Taiwan president's suggestion of another phone call', Reuters, 28 April 2017.

189 White House, 'Statement from the Press Secretary on China's Political Correctness', 5 May 2018.

190 David Bandurski, 'Yan Xuetong on the bipolar state of our world', *China Media Project*, 26 June 2018.

191 Ibid.

192 State Department, 'US Chiefs of Mission to the Dominican Republic, El Salvador, and Panama Called Back for Consultations', 7 September 2018.

193 White House, 'Statement from the Press Secretary on El Salvador', 23 August 2018.

194 Office of Senator Marco Rubio, 'Rubio, Gardner, Colleagues Introduce Legislation Requiring US Strategy to Help Strengthen Taiwan's Diplomatic Standing', 5 September 2018.

195 United States Trade Representative, 2017 Report to Congress on China's WTO Compliance, January 2018.

196 Commission on the Theft of American Intellectual Property, 'Update to the IP Commission Report. The Theft of American Intellectual Property: Reassessments of the Challenge and United States Policy', February 2017.

197 Robert Sutter, 'China–Russia Relations. Strategic Implications and US Policy Options', National Bureau of Asian Research, September 2018.

198 Department of Defense, 'Remarks by Secretary Mattis at the US Naval War College Commencement, Newport, Rhode Island', 15 June 2018.

199 Department of Defense, 'Press Briefing by Pentagon Chief Joint Spokesperson Dana W. White and Joint Staff Director Lt. Gen Kenneth F. McKenzie Jr. in

the Pentagon Briefing Room', 31 May 2018,

200 Office of the Secretary of Defense, *Military and Security Developments Involving the People's Republic of China 2018, Annual Report to Congress* (2018).

201 US Senate, Armed Services Committee, 'Advance Policy Questions for Admiral Philip Davidson', 17 April 2018.

202 Ben Guarino, 'The Navy called USS *Zumwalt* a warship Batman would drive. But at $800,000 per round, its ammo is too pricey to fire', *Washington Post*, 8 November 2016.

203 Arthur Dominic Villasanta, 'China Says "No" to USS *Zumwalt* Patrols Off Eastern North Korea near China', *Chinatopix*, 7 February 2017.

204 *Navy Times*, 'Navy's *Zumwalt* back underway after Panama Canal breakdown', 1 December 2016.

205 John M. Donnelly, 'Zombie *Zumwalt*: The Ship Program That Never Dies', *Roll Call*, 21 May 2018.

206 Christopher Cavas, 'China among invitees to major US exercise', *Defense News*, 29 May 2017.

207 US Department of Defense, 'Remarks by Secretary Mattis at Plenary Session of the 2018 Shangri-La Dialogue', 2 June 2018.

208 强世功, '哲学与历史—从党的十九大报告解读"习近平时代"', 开放时代, 2018年第1期; 이에 대한 논평은 David Ownby and Timothy Creek, 'Jiang Shigong, On Philosophy and History', Australian Centre on China in the World, *The China Story*, 11 May 2018.

209 强世功, '哲学与历史' op. cit.

4. 경쟁으로 가는 길

1 Ellen Sheng, 'The Five Biggest Chinese Investments in the US in 2016', *Forbes*, 21 December 2016.

2 Tom Kington, 'Mosque-Building Bin Ladens Buy Marble Once Used for Churches', *Daily Beast*, 4 August 2014.

3 Michele Nash-Hoff, 'Should We Allow the Chinese to Buy Any Company They Want?', *Industry Week*, 9 January 2018.

4 Dylan Byers, 'Pacific Exclusive: Warner talks tough on big tech', CNN Tech, Pacific Newsletter, 27 April 2018.

5 Michael LaForgia and Gabriel J. X. Dance, 'Facebook Gave Data Access to Chinese Firm Flagged by US Intelligence', *New York Times*, 5 June 2018.

6 House of Representatives, Energy and Commerce Committee, Press Release, 'Walden and Pallone on Facebook's Data-Sharing Partnerships with Chinese Companies', 6 June 2018.

7 Ali Breland, 'Facebook reveals data-sharing partnerships, ties to Chinese firms in 700-page document dump', *The Hill*, 30 June 2018.

8 Casey Newton, 'Google's ambitions for China could trigger a crisis inside the company', *The Verge*, 18 August 2018.

9 Kate Conger, 'Google Removes "Don't Be Evil" Clause from Its Code of Conduct', *Gizmodo*, 18 May 2018.

10 Ryan Gallagher, 'Google Shut Out Privacy and Security Teams from Secret China Project', *The Intercept*, 29 November 2018.

11 Colin Lecher, 'Google employees raise more than $200,000 in pledges for strike fund', *The Verge*, 29 November 2018.

12 Taylor Hatmaker,' VP Pence calls on Google to end work on a search engine for China', *TechCrunch*, 4 October 2018.

13 *Good Morning America*, Interview, ABC, 3 November 2015.

14 Trump, Staten Island speech, 'Trump: I'm So Happy China Is Upset: "They Have Waged Economic War Against Us" ', Transcript on Real Clear Politics, 17 April 2016.

15 The *Economist*, 'The Economist interviews Donald Trump', 3 September 2015.

16 B. Milanović, *Global Inequality: a new approach for the age of globalization* (Cambridge, MA, 2016), p. 20.

17 Woodward, *Fear*, pp. 272-3.

18 Shawn Donnan, 'Is there political method in Donald Trump's trade madness', *Financial Times*, 23 March 2018.

19 Lingling Wei and Yoko Kubota, 'Trump Weights Tariffs on $100 Billion More of Chinese Goods', *Wall Street Journal*, 5 April 2018

20 대통령에게 보낸 편지 전문은 https://fonteva-customermedia.s3.amazonaws.com/00D61000000dOrPEAU/psDunXQF_RILA%20301%20Letter.pdf를 보라.

21 Scott Horsley, 'Trump Orders Stiff Tariffs on China, In Hopes Of Cutting Trade Gap by $50 Billion', *NPR*, 22 March 2018.

22 BlackRock Investment Institute, *Global Investment Outlook Q2 1018* (April 2018).

23 예를 들어 Ana Swanson, 'Trump Proposes Re-joining Trans-Pacific Partnership', *New York Times*, 12 April 2018.

24   White House, 'Peter Navarro: "Donald Trump Is Standing Up For American Interests"', 9 April 2018.

25   Sarah Zheng, 'How China hit Donald Trump's supporters where it hurts as tariffs target Republican Party's heartlands', *South China Morning Post*, 5 April 2018.

26   Steven Lee Myers, 'Why China is Confident It Can Beat Trump in a Trade War', *New York Times*, 5 April 2018.

27   Nathaniel Meyersohn, 'Walmart is where the trade war comes home', *CNN Money*, 19 September 2018.

28   Woodward, *Fear*, pp. 135–6.

29   Eli Meixler, 'President Trump Is "Very Thankful" for Xi Jinping's Conciliatory Talk on Trade', *Time*, 11 April 2018.

30   White House, 'Joint Statement of the United States and China Regarding Trade Consultations', 19 May 2018.

31   David Lawder, 'US–China trade row threatens global confidence: IMF's Lagarde', Reuters, 19 April 2018.

32   Ashley Parker, Seung Min Kim and Philip Rucker, 'Trump chooses impulse over strategy as crises mount', *Washington Post*, 12 April 2018.

33   Bob Woodward, *Fear: Trump in the white House* (New York, 2018).

34   Mark Lander and Ana Swanson, 'Chances of China Trade Win Undercut by Trump Team Infighting', *New York Times*, 21 May 2018.

35   Jonathan Swan, 'Axios Sneak Peek', *Axios.com*, 21 October 2018.

36   Gabriel Wildau, 'China's Xi Jinping hits out at 'law of the jungle' trade policies', *Financial Times*, 5 November 2018.

37   White House, Statement from the Press Secretary Regarding the President's Working Dinner with China, 1 December 2018.

38   Xinhua, 'Xi, Trump agree to ease trade tensions, maintain close contacts', 3 December 2018.

39   Global shares jump on US–China trade 'truce', BBC News, 3 December 2018.

40   Donald Trump tweet, 3 December 2018.

41   Xinhua, 'Xi, Trump agree to ease trade tensions, maintain close contacts', 3 December 2018.

42   Demetri Sevastopulo and Tom Mitchell, 'US considered ban on student visas for Chinese nationals'. *Financial Times*, 2 October 2018.

43   Ellie Bothwell, 'Insuring Against Drop in Chinese Students', *Times Higher Education*, 29 November 2018.

44 Annie Karni, 'Trump rants behind closed doors with CEOs', *Politico*, 8 August 2018.

45 *The National Interest*, 'The Interview: Henry Kissinger', 19 August 2015.

46 *National Security Strategy of the United States of America* (2017).

47 *Summary of the 2018 National Defense Strategy of the United of America. Sharpening the American Military's Competitive Edge* (2018).

48 CNN Transcripts, 'Intelligence Chiefs Take Questions from Senate Intelligence Committee', 13 February 2018.

49 Paul Heer, 'Understanding the Challenge from China', *The Asan Forum*, 3 April 2018; Evan Feigenbaum, 'Reluctant Stakeholder: Why China's Highly Strategic Brand of Revisionism is More Challenging Than Washington Thinks', *Carnegie Endowment*, 27 April 2018.

50 John Micklethwait, Margaret Talev, Jennifer Jacobs, 'Trump threatens to pull US out of WTO if it doesn't "shape up"', Bloomberg, 30 August 2018.

51 BBC News, 'US quits UN Human Rights Council', 20 June 2018.

52 Ministry of Foreign Affairs, Russian Federation, 'Вступительное слово и.о. Министра иностранных дел России С.В.Лаврова в ходе переговоров с Министром иностранных дел Ирана М.Д.Зарифом, Москва, 14 мая 2018 года', 14 May 2018.

53 Brent D. Griffiths, 'Giuliani: Trump is "committed to regime change in Iran"', *Politico*, 5 May 2018.

54 Gardiner Harris, 'Pompeo Questions the Value of International Groups like UN and EU', *New York Times*, 4 December 2018.

55 'James Mattis' resignation letter in full, BBC News, 20 December 2018.

56 TASS, 'Зариф: США, а не Иран играют деструктивную роль в Сирии', 28 April 2018.

57 PressTV, 'Rouhani warns of US unilateralism threat in address to SCO summit', 10 June 2018.

58 President of Russia, Transcript, 'Пленарное заседание Петербургского международного экономического форума', 25 May, 2018.

59 Chris Giles, 'IMF chief warns trade war could rip apart global economy', *Financial Times*, 11 April 2018.

60 Donald Trump tweets, 26 July 2018.

61 Samuel Smith, 'Mike Pence Spoke With Pastor Andrew Brunson, Threatens Turkey With Sanctions If Not Released', *Christian Post*, 26 July 2018.

62 *Hürriyet Daily News*, 'Turkish Lira hits record low after US says reviewing duty-free access', 6 August 2018.

63   Alyza Sebenius and Toluse Olorunnipa, 'Trump calls Turkey a "problem", says detained pastor isn't spy', Bloomberg, 17 August 2018; Maximillian Hess, 'Turkish lira casts pall over Caucasus and Central Asia', Eurasianet, 21 August 2018.

64   Mike Bird, 'Sinking Turkish lira, Indian rupee fuel fears of contagion', Wall Street Journal, 14 August 2018.

65   Permanent Mission of the People's Republic of China to the UN, 'Foreign Ministry Spokesperson Hua Chunying's Regular Press Conference', 16 July 2018.

66   Francis Elliott, 'Trump turns up heat as G7 splits over Russia', The Times, 9 June 2018.

67   Guy Chazan, 'Germany to miss NATO defence spending pledge', Financial Times, 27 April 2018.

68   Paul Taylor, 'Trump's Next Target: NATO', Politico, 14 June 2018.

69   Stephanie Nebehay, 'China, EU lambast United States for miring WTO in crisis', Reuters, 17 December 2018.

70   Gabrila Galindo, 'Trump: EU was "set up to take advantage"of US', Politico, 28 June 2018.

71   Fox News, 'Transcript. President Trump: Supreme Court nominees will move quickly if I choose right person', 1 July 2018.

72   Cristina Maza, 'Donald Trump threw Starburst candies at Angela Merkel, said "Don't say I never give you anything"', Newsweek, 20 June 2018.

73   Jennifer Hansler, 'Merkel responds to Trump: "I have witnessed Germany under Soviet control"', 11 July 2018.

74   Spencer Ackerman, 'US Officials "at a Fucking Loss" Over Latest Russia Sellout', 18 July 2018; BBC News, 'Trump rejects proposal for Russia to interrogate US citizens', 19 July 2018.

75   Susan Rice tweet, 18 July 2018.

76   Donald Trump tweet, 10 June 2018.

77   BBC News, 'G7 summit: UK PM Theresa May backs Trudeau after Trump attacks', 11 June 2018.

78   Josh Dawsey, 'Trump derides protections for immigrants from "shithole" countries,' Washington Post, 12 January 2018.

79   Daniel Estrin, 'New cuts in medical aid to Palestinians by Trump administration', NPR, 7 September 2018.

80   Ainara Tiefenthaler and Natalie Reneau, 'Swastikas, Shields and Flags: Branding Hate in Charlottesville', 15 August 2017; Allison Kaplan Sommer,

'From Swastikas to David Duke: Nazism and anti-Semitism Take Centre Stage at Charlottesville Rally', *Haaretz*, 13 August 2017; *Washington Post*, 'Deconstructing the symbols and slogans spotted in Charlottesville', 18 August 2017.

81   Rosie Grey, 'Trump Defends White-Nationalist Protesters: "Some Very Fine People on Both Sides"', *The Atlantic*, 15 August 2017.

82   Sasha Abramsky, 'Trump Is Now Openly Supporting Fascists', *The Nation*, 30 November 2017.

83   Jeffrey Goldberg, 'A Senior White House Official Defined the Trump Doctrine: "We're America, Bitch"', *The Atlantic*, 11 June 2018.

84   Ibid.

85   Bruce Blair and Jon Wolfsthal, 'Trump can launch nuclear weapons whenever he wants, with or without weapons', *Washington Post*, 23 December 2018.

86   David Graham, 'James Mattis' Final Protest against the President', *The Atlantic*, 20 December 2018.

87   Bien Perez, 'Apple's China sales grow for second straight quarter on strong iPhone demand', *South China Morning Post*, 2 February 2018.

88   Peter Eavis, 'How Trump's Tariffs Tripped up Alcoa', *New York Times*, 19 July 2018.

89   Daniel Ren, 'Half of US firms in China foresee acute pain from new tariffs as trade war escalates, AmCham survey finds', *South China Morning Post*, 12 September 2018.

90   Marc Jones, 'Markets suffer worst year since global financial crisis' Reuters, 20 December 2018.

91   David Welch, 'GM Falls Victim to Trump's Trade War as Metal Prices Sink Profit', Bloomberg, 25 July 2018.

92   Boeing Statement, 'Boeing Raises Forecast for New Airplane Demand in China', 6 September 2017.

93   Scott Cendrowski, 'Inside China's Global Spending Spree', *Fortune*, 12 December 2016; Keith Bradsher, 'US Firms Want In on China's Global "One Belt, One Road" Spending', *New York Times*, 14 May 2017.

94   US Department of the Treasury, 'Treasury Sanctions Russian Cyber Actors for Interference with the 2016 US Elections and Malicious Cyber-Attacks', 15 March 2018.

95   Henry Sanderson, 'Metal prices surge after US sanctions on Rusal', *Financial Times*, 19 April 2018; Henry Sanderson, 'Alumina price hits all-time high as US sanctions hit Irish refinery', *Financial Times*, 18 April 2018.

96   Heather Long, 'Foreign suppliers are flooding the US aluminium market', *Washington Post*, 1 March 2018.

97   Julian Barnes and Matthew Rosenberg, 'Kremlin sources go quiet, leaving CIA in the dark about Putin's plans for midterms, *New York Times*, 24 August 2018.

98   'Iran tells Trump to stop tweeting about oil prices', Associated Press, 5 July 2018.

99   Owen Matthews, 'U.S. Gives Russia "Unexpected Present" With Iran Sanctions and Oil Price Surge', *Newsweek*, 30 May 2018.

100   David Lawder, 'US Commerce Dept probing steel 'profiteering' after tariffs', Reuters, 20 June 2018.

101   US Senate, Committee on Armed Services, *Political and Security Situation in Afghanistan*, 3 October 2017.

102   Peter Frankopan, 'These Days All Roads Lead to Beijing', *New Perspectives Quarterly* (2017).

103   Henny Sender and Kiran Stacey, 'China takes "project of the century" to Pakistan', *Financial Times*, 17 May 2017.

104   Centre for Strategic and International Studies, 'Defining Our Relationship with India for the Next Century: An Address by Secretary of State Rex Tillerson', 18 October 2017.

105   'HASC Hearing on National Security Challenges', 6 March 2018, op. cit.

106   Deb Riechmann, 'CIA: China is waging a "quiet kind of cold war" against US', Associated Press, 21 July 2018.

107   *Indian Express*, 'Donald Trump's quotes on India: Narendra Modi is a great man, I am a fan of Hindus', 16 October 2016.

108   White House, 'Vice President Mike Pence Editorial: "Donald Trump's New American Strategy for Afghanistan Will Undo Past Failures"', 21 August 2017.

109   US Senate, *Political and Security Situation in Afghanistan*, 3 October 2017.

110   Andrew J. Pierre, *The Global Politics of Arms Sales* (Princeton, 1982), pp. 221−2.

111   Richard Staar, *Foreign Policies of the Soviet Union* (Stanford, 1991), p. 250.

112   Stockholm International Peace Research Institute, 'Asia and the Middle East lead rising trend in arms imports, US exports grow significantly, says SIPRI', 12 March 2018.

113   Saurav Jha, 'The India−Russia−US Energy Triangle', *The Diplomat*, 12 July 2018.

114 US Senate, 'Political and Security Situation in Afghanistan', 3 October 2017.

115 US State Department, 'Briefing on the Indo-Pacific Strategy', 2 April 2018.

116 US Pacific Command, 'Raisina Dialogue Remarks: Let's Be Ambitious Together', 2 March 2016.

117 Greg Torode, Jess Macy Yu, 'Taiwan courts security ties with bigger friends as Beijing snatches allies', Reuters, 14 September 2018.

118 Dipanjan Roy Chaudhury, 'Old friends better than two new friends: PM Modi to Putin', *Economic Times*, 16 October 2016.

119 Raj Kumar Sharma, 'For durable India–Russia relationship, trade ties need to expand', Observer Research Foundation, 20 October 2018.

120 *The New Indian Express*, 'India has an independent policy, keen to procure weapons from Russia: Bipin Rawat', 7 October 2018.

121 *Business Standard*, 'No joint patrols with foreign navies for India: Manohar Parrikar', 26 July 2016.

122 *News18*, 'We're the Piggy Bank Everybody Likes to Rob: Trump Targets India at G-7 Over 100% Tariff', 11 June 2018.

123 Indrani Bagchi, 'Amid trade war, India offers to buy 1,000 planes, more oil from US', *Times of India*, 23 June 2018; Neha Dasgupta, Nidhi Verma, 'India, top buyers of US almonds, hits back with higher duties', Reuters, 21 June 2016.

124 Sujan Dutta, 'India, US sign landmark miltiary communications secrecy pact at historic meeting', *The Print*, 6 September 2018.

125 *Times of India*, 'I'm first Indian PM you came out of Beijing to receive: PM Narendra Modi to Xi Jinping in Wuhan', 27 April 2018.

126 Ankit Panda, 'How Far Can Sin-India Joint Economic Cooperation in Afghanistan Go?', *The Diplomat*, 1 May 2018.

127 *India Today*, 'India, China ink 2 MoUs on sharing of Brahmaputra river data and supply of non-Basmati rice', 9 June 2018; *The Hindu*, 'India, China militaries to set up hotline after Wuhan meeting', 2 May 2018.

128 Brent D. Griffith, 'Giuliani: Trump is "committed to" regime change in Iran', *Politico*, 5 May 2018.

129 White House, 'Remarks by President Trump on the Joint Comprehensive Plan of Action', 8 May 2018.

130 State Department, 'After the Deal: A New Iran Strategy', 21 May 2018.

131 Kenneth Katzman, *Iran Sanctions*, Congressional Research Service, 29 June 2018, p. 60.

132 Asa Fitch and Aresu Eqbali, 'Iran's Rial at Historic Low as US Sanctions

Loom', *Wall Street Journal*, 30 July 2018; Thomas Erdbrink, 'Protests Pop Up Across Iran, Fueled by Daily Dissastisfaction', *New York Times*, 4 August 2018.

133   Virginia Pietromarchi, 'US sanctions hit Iranian patients once again', *Al-Monitor*, 8 November 2018.

134   S. Zaidi, 'Child Mortality in Iraq', *Lancet* 350.9084 (1997), 1105; 그러나 또한 Tim Dyson and Valeria Cetorelli, 'Changing views on child mortality and economic sanctions in Iraq: a history of lies, damned lies and statistics', *BMJ Global Health* 2, 2017, 1-5를 보라.

135   Department of State, Interview with Hadi Nili of BBC Persian', 7 November 2018.

136   *Asharq al-Awsat*, 'Iran arrests 67 people amid approval for special corruption courts', 13 August 2018; Bozorgmehr Sharafedin, 'Iran parliament censures Rouhani in sign pragmatists losing sway', Reuters, 28 August 2018.

137   طرح استیضاح ظریف از سوی نمایندگان جبهه پایداری, Entekhab.ir, 22 November 2018.

138   Agence France-Presse, 'Iran urges UN court to halt "economic strangulation" by US', 27 August 2018.

139   Paris Today, 'US lawyer: ICJ "lacks prima facie jurisdiction to hear Iran's claims"', 28 August 2018.

140   US Department of State, 'After the Deal: A New Iran Strategy', 21 May 2018.

141   Reuters, 'Destroying Iran deal would have unforeseeable consequences, China's Li warns', 9 July 2018.

142   Imran Khan, 'The US, electricity and Iran: What's behind the Iraq protests', Al-Jazeera, 21 July 2018.

143   Rohollah Faghihi, 'How Trump is uniting Rouhani and Iran's Revolutionary Guards', *Al-Monitor*, 9 July 2018.

144   *Kommersant*, 'Иран не та страна, на которую можно давить', 18 July 2018.

145   El'nar Bainazarov, 'Из Севастополя-в Тегеран и Дамаск', *Izvestiya*, 21 August 2018.

146   Gordon Duff, 'Iran Promises Trump "The Mother of All Wars"', *New Eastern Outlook*, 29 July 2018.

147   IRNA, 'Pakistani media widely covers President Rouhani's remarks', 23 July 2018.

148   Donald Trump tweet, 23 July 2018.

149   Amanda Macias, 'No walkback this time: National security advisor John

Bolton doubles down on Trump's Iran threat', CNBC, 23 July 2018.

150 Tasnim News, 'سردشکر سلیمانی خطاب به ترامپ: شما تا امروز هیچ ن ', July 2018.

151 *Times of India*, 'Countries that continue to deal with Iran could face US sanctions, warns John Bolton', 13 May 2018.

152 Yashwant Raj, 'US wants India to stop Iran oil imports by November 4, no waiver on sanctions', 27 June 2018.

153 Heesu Lee and Debjit Chakraborty, 'Iran oil waivers: How India, other buyers are lining up after US exemptions', *Economic Times*, 8 November 2018.

154 Office of the Supreme Leader, Iran, 'Ayatollah Khamenei: Let Muslims lead fight on terror', 24 May 2016.

155 'India commits huge investment in Chabahar', *India Today*, 23 May 2016.

156 Ritesh Kumar Singh, 'India Pushes for Stronger Eurasian Linkages', *Brink News*, 29 July 2018.

157 'India gets US waiver for development of strategic Chabahar Port in Iran', *Indian Express*, 8 November 2018.

158 F. M. Shakil, 'Chabahar Port lures Afghan traffic away from Karachi', *Asia Times*, 2 February 2018.

159 BNE Intellinews, 'US to tolerate India's Iran trade corridor but demands end to oil imports', 28 June 2018.

160 Atul Aneja, 'India, Uzbekistan to route their trade through Chabahar', *The Hindu*, 10 June 2018.

161 Reuters, 'Turkey says will not cut off trade ties to Iran at behest of others', 29 June 2018.

162 Islamic Republic News Agency, 'Turkey to continue to trade with Iran: Minister of Economy', 11 May 2018.

163 Vahap Munyar, 'Turkey "won't take step back against US: Erdoğan"', *Hürriet Daily News*, 29 July 2018.

164 Rufiz Hafizoglu, 'Turkey does not intend to stop relations with Iran for sake of US − Erdoğan', *Trend*, 25 July 2018.

165 Sam Borden, 'Nike withdraws Iran World Cup squad's supply of boots due to sanctions', *ESPN*, 11 June 2018.

166 Reuters, 'Total marks return with South Pars gas deal', 3 July 2017.

167 Reuters, 'China's CNPC replaces France's Total in Iran's South Pars project', 26 November 2018; Chen Aizhu, 'CNPC suspends investment in Iran's South Pars after US pressure: sources, Reuters, 12 December 2018.

168 Steven Mufson and Damian Paletta, 'Boeing, Airbus to lose $39 billion in

contracts because of Trump sanctions on Iran', *Washington Post*, 9 May 2018.

169 Reuters, 'China says will maintain normal ties with Iran', 21 June 2018.

170 Peter Siegenthaler and Dahai Shao, 'Swiss firms pushed to put Tehran dreams on hold', Swissinfo.ch, 14 June 2018.

171 United States Securities and Exchange Commission, 'Exxon Mobil Corporation Form 10-K', 28 February 2018.

172 Henry Foy, 'Exxon says to withdraw from Russia JVs with Rosneft', *Financial Times*, 1 March 2018,

173 *Die Welt*, 'Neuer US-Botschafter Grenell sorgt in Berlin fur Arger', 9 May 2018.

174 *Frankfurter Allgemeine*, 'Wie hart Amerikas Forderung deutsche Unternehmen trifft', 11 May 2018.

175 *Der Spiegel*, 'Altmaier nennt Schutz deutscher Firmen vor US-Sanktionen schwierig', 11 May 2018.

176 Hans von der Burchard, 'EU to block Trump's Iran sanctions by activating old law', *Politico*, 17 May 2018.

177 Emmanuel Macron tweet, 9 June 2018.

178 Roberta Rampton, 'Any agreement with North Korea will be "spur of the moment" – Trump', Reuters, 9 June 2018.

179 Armin Arefi, 'Strobe Talbott: "Trump, c'est l'Amerique toute seule" ', 28 June 2018.

5. 미래로 가는 길

1 Barbara Stephenson, 'Time to Ask Why. President's Views', American Foreign Service Association, December 2017.

2 Bill Faries and Mira Rojanasakul, 'At Trump's State Department, Eight of Ten Top Jobs Are Empty', Bloomberg, 2 February 2018; Robbie Gramer, 'Mapped: 38 US Ambassadorships remain empty', *Foreign Policy*, 9 April 2018.

3 James Hohmann, 'The Daily 202: Trump has no nominees for 245 important jobs, including an ambassador to South Korea', *Washington Post*, 12 January 2018.

4 Maggie Haberman, Helene Cooper and Ron Nixon, 'Melania Trump Says an Aide 'No Longer Deserves the Honor of Serving in This White House', *New York Times*, 13 November 2018.

5 Jonathan Stempel, 'Saudi Arabia must face US lawsuits over September 11

attacks', Reuters, 28 March 2018.

6   Bruce Riedel, 'Saudi defense spending soars, but not to America's benefit', *Al Monitor*, 13 May 2018.

7   White House, 'Remarks by President Trump and Crown Prince Mohammed Bin Salman of the Kingdom of Saudi Arabia Before Bilateral Meeting', 20 March 2018.

8   Ibid.

9   US State Department, 'Remarks with Saudi Foreign Minister Adel al-Jubeir', 29 April 2018.

10   White House, 'Remarks by President Trump and Crown Prince Mohammed, op. cit.'

11   Tim Marcin, 'Donald Trump pitched "beautiful" weapons to Qatar, then suggested country supports 'radical ideology', *Newsweek*, 6 June 2017.

12   *The National*, 'Saudi official hints at Qatar-canal announcement', 1 September 2018.

13   Reuters, 'Iran sends planes of food to Qatar amid concerns of shortages', 11 June 2017.

14   Lawrence Delevingne, Nathan Layne, Karen Freifeld, 'Inside Qatar's charm offensive to win over Washington', Reuters, 5 July 2018.

15   White House, 'Remarks by President Trump and Crown Prince Mohammed, op. cit.'

16   White House, Statement from President Donald J. Trump on Standing with Saudi Arabia, 20 November 2018.

17   Katie Paul, Idrees Ali, 'Saudi Arabia says it is beacon of 'light' against Iran despite Khashoggi crisis', Reuters, 27 October 2018.

18   Reuters, 'SaudiArabia to exclude German firms from government tenders — Spiegel', 25 May 2018.

19   Michel Cabirol, 'L'Arabie Saoudite bloque le contrat des corvettes Meko A200 en Egypte', *La Tribune*, 5 November 2018.

20   Josh Dehaas, 'Saudi Arabia's demand that students go home could hurt Canada economy', 6 August 2018.

21   Ivan Safronov and Tatiana Edovina, '"Триумф" для монарха. От первого визита в Россию короля Саудовской Аравии ждут ракетного контракта', *Kommersant*, 5 October 2017.

22   Marc Bennetts, 'Putin: Syria war is priceless for testing weapons', *The Times*, 8 June 2018.

23   Richard Mably and Yara Bayoumy, 'Exclusive — OPEC, Russia consider 10-

to 20-year oil alliance: Saudi Crown Prince', Reuters, 27 March 2018.

24   TASS, 'Путин и Эрдоган наметили пути развития сотрудничества России и Турции', 4 April 2018.

25   Carlotta Gail and Andrew Higgins, 'Turkey Signs Russian Missile Deal, Pivoting From NATO', *New York Times*, 12 September 2017.

26   Xinhua, 'Turkey inks deal to buy S-400 missile', 25 July 2017.

27   *Hürriyet Daily News*, 'Ankara, Moscow seal historic S-400 missile deal', 29 December 2017.

28   Reuters, 'US's Pompeo presses Turkey on S-400 missiles purchase from Russia', 27 April 2018.

29   TASS, 'СМИ: Турция рассматривает возможность приобретения истребителей Су-57 вместо F-35', 29 May 2018.

30   *Hürriyet Daily News*, 'Turkish, Chinese army officials to meet soon', 28 July 2018.

31   Ministry of Foreign Affairs of the People's Republic of China, 'Xi, Erdgogan agree to enhance China–Turkey cooperation', 27 July 2018.

32   Presidency of the Republic of Turkey, 'A New Era will be Heralded in Our Region Based on Stability and Prosperity', 14 May 2017.

33   *Global Times*, 'Look at China–Turkey ties objectively', 20 August 2018.

34   Joe Gould, 'Top 3 takeaways from Mattis on Capitol Hill', *Defense News*, 26 April 2018.

35   Tass, 'Зариф: США, а не Иран играют деструктивную роль в Сирии', 29 April 2018.

36   Tass, 'Россия, Турция и Иран договорились стимулировать переговоры по новой сирийской конституции', 29 April 2018.

37   *Hürriyet Daily News*, 'Russia, Turkey, Iran stress unity at Syria talks', 28 April 2018.

38   Mark Galeotti, 'The international army games are decadent and depraved', *Foreign Policy*, 24 August 2018.

39   Robert Hutton, 'Russia Using KGB Tactics to Wage War on West, UK Lawmaker Says', Bloomberg, 4 June 2018.

40   House of Commons Foreign Affairs Committee, 'Moscow's Gold: Russian Corruption in the UK', 15 May 2018.

41   Sophie Tatum, Barbara Starr, Mike Conte, 'Mattis: Putin 'tried again to muck around in our elections', 1 December 2018.

42   *The Tower*, 'New Turkish Reports, Statements Trigger Scrutiny of New-Ottoman Foreign Policy', 25 April 2013.

43 Diyar Guldogan, 'Turkish Republic continuation of Ottoman Empire', Anadolu Agency, 10 February 2018.

44 Dilly Hussain, 'Turkish TV's new-found love for all things Ottoman', *Middle East Eye*, 29 September 2017.

45 오스만제국의 부활에 대해서는 Nick Danforth, 'Turkey's New Maps are Reclaiming the Ottoman Empire', *Foreign Policy*, 23 October 2016. 미국에 대한 대응에 관해서는 Dorian Jones, 'Turkey's Erdoğan Vows Not to Bow to US Threats', *Voice of America*, 29 July 2018.

46 Ministry of External Affairs India, 'Official Spokesperson's response to query on participation of India in OBOR/BRI Forum', 13 May 2017.

47 Xinhua, 'Full text of President Xi Jinping's speech at opening of Belt and Road forum', 14 May 2017.

48 Department of Transport, UK, '£20 million Leeds station entrance opens up access to city's development', 4 January 2016.

49 Archbishop of Canterbury, 'An address to the Assembly of the Conference of European Churches', Novi Sad, Serbia, 3 June 2018.

50 European Council, 'Remarks by President Donald Tusk before the G7 summit in Ise-Shima, Japan', 26 May 2016.

51 Theresa Fallon, 'The EU, the South China Sea, and China's successful wedge strategy', *Asia Maritime Transparency Initiative*, 13 October 2016.

52 Prime Minister of Hungary, 'Viktor Orban's speech at the conference "China-CEE Political Parties Dialogue"', 8 October 2016.

53 Macedonian Information Agency, 'EU failure in Balkans is a call to China and Russia, President Ivanov tells UK's Telegraph', 5 November 2017.

54 Mark Galeotti, 'Do the Western Balkans face a coming Russian storm?', European Council on Foreign Relations, 4 April 2018.

55 Ryan Heath and Andrew Gray, 'Beware Chinese Trojan horses in the Balkans, EU warns', *Politico*, 27 July 2018.

56 Lucrezia Poggetti, 'One China – One Europe? German Foreign Minister's Remarks Irk Beijing', *The Diplomat*, 9 September 2017.

57 Ministry of Foreign Affairs of the People's Republic of China, 'Foreign Ministry Spokesperson Hua Chunying's Regular Press Conference', 31 August 2017.

58 Federal Foreign Office of Germany, 'Speech by Foreign Minister Sigmar Gabriel at the Munich Security Conference', 17 February 2018.

59 Federal Foreign Office of Germany, Speech by Minister for Foreign Affairs, Heiko Maas at the National Graduate Institute for Policy Studies in Tokyo,

Japan, 25 July 2018.

60   Associated Press, 'Chinese premier praises EU, says free trade must be upheld', 7 July 2018.

61   Wang Yi, 'China and Arab states draw up a blueprint for cooperation in the new era', *Gulf News*, 8 July 2018.

62   Gu Liping, 'China sees Saudi Arabia as important partner in Belt and Road construction: Chinese FM', *China News Service*, 22 May 2018.

63   Chen Aizhu, 'China's CNPC ready to take over Iran project if Total leaves: sources', Reuters, 11 May 2017.

64   Peter Frankopan, 'How long can China stay out of Middle East politics?', 27 September 2017.

65   Agence-Presse France, 'China to provide $20bn in loans for Arab states' economic development', 10 July 2018.

66   *The New Arab*, 'Chinese leader pledges billions of dollars for Arab "revival"', 10 July 2018.

67   Ministry of Foreign Affairs of PRC, 'The Ministry of Foreign Affairs Holds a Briefing for Chinese and Foreign Media on President Xi Jinping's Attendance at the Opening Ceremony of the 8th CASCF Ministerial Meeting', 6 July 2018.

68   Shibley Telhami, 'Why is Trump undoing decades of US policy on Jerusalem?', Brookings Institution, 5 December 2017.

69   US State Department, Remarks on 'America's Indo-Pacific Economic Vision', 30 July 2018.

70   Donald Trump tweet, 1 January 2018.

71   Philip Rucker and Robert Costa, '"It's a hard problem": Inside Trump's decision to send troops to Afghanistan', *Washington Post*, 21 August 2017.

72   Saeed Shah, 'Pakistan Foreign Minister Says US Has Undermined Countries' Ties', *Wall Street Journal*, 5 January 2018.

73   Anwar Iqbal, 'America suspends entire security aid to Pakistan', *Dawn*, 5 January 2018.

74   Reuters, 'US's Pompeo warns against IMF bailout for Pakistan that aids China', 30 July 2018.

75   Farhan Bokhari and Kiran Stacey, 'Pakistan hits back at US resistance to IMF bailout', *Financial Times*, 31 July 2018.

76   Wang Cong, 'New govt to expand ties with China: officials', *Global Times*, 31 July 2018.

77   Shahbaz Rana, 'China agrees to give $2b loan to Pakistan', *Express Tribune*,

28 July 2018.

78 Shahbaz Rana, 'PM Imran secures $6b lifeline from Saudi Arabia', *Express Tribune*, 23 October 2018.

79 Associated Press, Pakistan to seek IMF bailout despite Saudi Assistance: PM,24 October 2018.

80 *First Post*, 'India's missile deal with Russia, trade with Iran despite US sanctions may create unease in New Delhi – Washington ties', 29 May 2018.

81 Samuel Ramani, 'Russia and Pakistan: a durable anti-American alliance in South Asia', *The Diplomat*, 21 April 2018; Zafar Bhutta, 'Pakistan, Russia set to sign $10b offshore pipeline deal next week', *Express Tribune*, 3 June 2018.

82 Marie Solis, 'Children will be separate from parents at border if crossing illegally, Jeff Sessions says in immigration crackdown', *Newsweek*, 7 May 2018; Franco Ordonez, 'Exclusive: Trump looking to erect tent cities to house unaccompanied children', McClatchy Bureau DC, 12 June 2018.

83 Katy Vine, 'What's Really Happening When Asylum-Seeking Families Are Separated?', *Texas Monthly*, 15 June 2018.

84 Sonia Moghe, Nick Valencia and Holly Yan, 'DNA tests are in the works for separated migrant children and parents', CNN Politics, 5 July 2018; Matt Smith and Aura Bogado, 'Immigrant children forcibly injected with drugs, lawsuit claims', *Reveal*, 20 June 2018.

85 Heather Timmons, 'Chart: Trump's new tariffs punish America's closest allies', *Quartz*, 31 May 2018.

86 Leigh Thomas and Pascale Denis, 'France says Europe united against US tariffs as Germany eyes negotiation', 8 July 2018.

87 *National Security Strategy of the United States of America* (2017).

88 US Treasury statement, 'Treasury Designates Russian Oligarchs, Officials, and Entities in Response to Worldwide Malign Activity', 6 April 2018.

89 Dan Merica, 'Trump declares "nobody has been tougher on Russia" in meeting with Baltic leaders', CNN Politics, 3 April 2018.

90 Nicholas Trickett, 'Russia's Unhappy Energy Marriage with China', *The Diplomat*, 28 March 2018.

91 Galina Starinskaya, 'Россия увеличит экспорт нефти в Китай', *Vedemosti*, 12 January 2018.

92 Ravi Prasad, 'Can the Belt and Road Initiative offer New Hope for China's rust belt?', *The Diplomat*, 28 June 2018.

93 Reuters, 'China says Syrian strikes violate international law, urges dialogue', 14 April 2018.

94   Associated Press, 'China's defense chief calls his Moscow trip a signal to the US', 3 April 2018.

95   Xinhua, 'Chinese president says relations with Russia at "best time in history"', 3 July 2017.

96   Bill Gertz, 'Chinese military joining Russians, for nuclear war games, Wasington Fre Beacon, 24 August 2018.

97   Asawin Suebsaeng, Andrew Desiderio, Sam Stein and Bethany Allen-Ebrahimian, 'Henry Kissinger Pushed Trump to Work With Russia to Box in China', *Daily Beast*, 25 July 2018.

98   Robert Sutter, *China-Russia Relations. Strategic Implications and US Policy Options*, National Bureau of Asian Research, September 2018.

99   US State Department, Remarks on 'America's Indo-Pacific Economic Vision', 30 July 2018.

100   Amy Brittin, Ashley Parker and Anu Narayanswamy, 'Jared Kushner and Ivanka Trumo made at least $82 million in outside income last year while serving in the White House, filings show', *Washington Post*, 11 June 2018.

101   Kinling Lo, Lee Jeong-ho, Bhahvan Jaipragas, 'Xi Jinping, Mike Pence trade barbs over trade at APEC summit while selling visions for regional cooperation', South China Morning Post, 17 November 2018.

102   Bhavan Jaipragas, 'Mike Pence to unveil rival to 'dangerous' Belt and Road Initiative at APEC summit', 15 November 2018.

103   *Philippine Star*, 'Duterte statements on China-held features could disadvantage Philippines', 15 November 2018.

104   Christina Mendez, Paolo Romero, 'Philippines, China sign MoU on joint gas, oil development', *Philippine Star*, 21 November 2018.

105   US Congress, Build Act of 2018, text at https://www.congress.gov/bill/115th-congress/senate-bill/2463/text.

106   BBC News, US-Africa: Bolton unveils plans to counter Russia and China influence,' 13 December 2018.

107   Ty McCormick, 'Trump's America First Budget Puts Africa Last,' *Foreign Policy*, 22 March 2017.

108   Hugh Tomlinson and Aoun Sahi, 'US offers to withdraw troops from Afghanistan', *Times*, 19 December 2018.

109   Operation Inherent Resolve, 'Coalition forces, remain committed to enduring defeat of ISIS', 15 December 2018.

110   Department of State, 'Department Press Briefing', 11 December 2018.

111   Donald Trump tweet, 19 December 2018.

112 David Chater and Michael Evans, 'Phone call to Erdogan triggered Trump's decision,' *The Times*, 22 December 2018.

113 Выступление и ответы на вопросы СМИ Министра иностранных дел России С.В.Лаврова,' Ministry of Foreign Affairs of the Russian Federation, 21 September 2018.

114 al-Monitor, 'Putin grants Erdogan last chance to end Idlib quagmire on Turkey's terms', 23 September 2018.

115 Tasnim News, 'سران در رد نشست تهران | روحانی: حکومت دمشق باید بر کل سرزمین سوریه مستقر شود 16,' September 2018.

116 예컨대 David Halbfinger, 'Syria Pullout by US Tilts Mideast Toward Iran and Russia, Isolating Israel' *New York Times*, 20 December 2018; Ishaan Tharoor, 'The biggest winner of Trump's Syria withdrawal? Turkey', *Washington Post*, 20 December 2018을 보라.

117 Joe Gould and Tara Copp, 'US troops staying in Syria until Iran leaves', *Defense News*, 24 September 2018.

118 Qingdao Declaration, 10 June 2018.

119 Catherine Putz, 'Sauytbay Trial in Kazakhstan Puts Astana in a Bind with China', *The Diplomat*, 27 July 2018.

120 Oleg Yegorov, 'Russian intelligence saved Erdoğan from overthrow – media reports', Russia Beyond the Headlines, 21 July 2016.

121 International Crisis Group 'Russia and Turkey in the Black Sea and South Caucasus', Report No. 250, 28 June 2018.

122 Sam Jones and Kathrin Hille, 'Russia's military ambitions make waves in the Black Sea', *Financial Times*, 13 May 2016.

123 Kira Latukhina, 'Путин рассказал про 'вежливых людей' в Крыму', *Rossiiskaya Gazeta*, 15 March 2015.

124 Radio Free Europe, 'Erdogan pledges support for Ukraine's territorial integrity during Kyiv visit', 10 October 2017.

125 Order of the President of the Republic of Kazakhstan, 'Об утверждении Военной доктрины Республики Казахстан', Zakon.kz, 29 September 2017.

126 US Department of State, 'The United States and Kazakhstan – An Economic Partnership for the 21st century', 16 January 2018.

127 Kommersant, 'Москва выговорилась в адрес союзников', 11 June 2018.

128 *RIA Novosti*, 'Кайрат Абдрахманов: речь не идет о размещении военных баз США на Каспии', 11 August 2018.

129 Tatiana Ivanshchenko, 'Сибиряки считают, что теряют Байкал', *Regum*, 27 February 2018.

130 Charles Clover and Archie Zhang, 'China land grab on Lake Baikal raises Russian ire', *Financial Times*, 4 January 2018.

131 Catherine Putz, 'Protests in Kazakhstan Over Land Code Changes', *The Diplomat*, 27 April 2016.

132 Saeed Kamali Dehghan, 'Iran threatens to block Strait of Hormuz over US oil sanctions', 5 July 2018.

133 Allan Jacob, 'US says it's ready to protect shipping in the Gulf after Iran threat', 1 September 2018.

134 US Central Command, 'Theater Counter Mine and Maritime Security Exercise', 10 September 2018.

135 The Tower, 'Experts: Iran Advancing Nuclear Program with Help of North Korea', 1 March 2017; The Tower, 'Pentagon Looks at New Evidence of Military Cooperation beween Iran and North Korea', 5 May 2017.

136 Jon Gambrell, 'US aircraft carrier enters Persian Gulf after long absence', Associated Press, 21 December 2018.

137 ISNA, 'Iran will not allow USS John C. Stennis to come near territorial waters', 24 December 2018.

138 호르무즈해협을 지나는 석유 및 천연가스의 양에 대해서는 US Energy Information Administration, 'World Oil Transit Chokepoints', 25 July 2017. 영국이 석유·천연가스를 이 지역으로부터의 수입에 의존하고 있는 데 대해서는 Office for National Statistics, 'UK energy: how much, what type and where from?', 15 August 2016.

139 Rick Roack, 'The oil route that could be behind the escalating Trump–Iran threats, explained', 24 July 2018.

140 Jonathan Fulton, 'China's power in the Middle East is rising', *Washington Post*, 9 August 2018.

141 Reuters, 'China chides Iran over threat to block oil exports through Strait of Hormuz', 6 July 2018.

142 *Vesti*, 'МИД Китая призвал 'Роснефть' уважать суверенитет КНР', 17 May 2018.

143 Tass, 'Сухопутные войска РФ получили бригадный комплект комплекса "Искандер-М",' 8 June 2017.

144 Guy Plopsky, 'Why is Russia Aiming Missiles at China?', *The Diplomat*, 12 July 2017.

145 Laura He, 'HNA sells property and logistics assets to Chinese tycoon Sun Hongbin for US$305 million', 12 March 2018; Don Weiland, 'Default reignites questions over China groups' state backing', 7 June 2018; Elvira

Pollina, 'Elliott launches action to take control of AC Milan — source', Reuters, 9 July 2018.

146 周小川, '守住不发生系统性金融风险的底线', http://www.pbc.gov.cn/goutongji aoliu/113456/113469/3410388/index.html.

147 Stefania Palma, 'Malaysia suspends $22bn China-backed projects', *Financial Times*, 5 July 2018; Kuunghee Park, 'Malaysia finally scraps $3billion China-backed pipeline plans', Bloomberg, 10 September 2018.

148 Abdul Rashin Thomas, 'Sierra Leone's vanity international airport construction project is dead', *Sierra Leone Telegraph*, 9 October 2018; David Mwere, 'China may take Mombasa port over Sh227bn SGR debt: Ouko', *Daily Nation*, 20 December 2018.

149 Iain Marlow and Dandan Li, 'How Asia Fell Out of Love with China's Belt and Road Initiative', Bloomberg, 10 December 2018.

150 Jeremy Page and Saeed Shah, 'China's Global Building Spree Runs Into Trouble in Pakistan', 22 July 2018.

151 Jamil Anderlini, Henny Sender and Farhan Bokhari, 'Pakistan rethinks its role in Xi's Belt and Road plan', *Financial Times*, 9 September 2018.

152 Stephen Dziedzic, 'Tonga urges Pacific nations to press China to forgive debts as Beijing defends its approach', ABC, 16 August 2018.

153 Jon Emont and Myo Myo, 'Chinese-funded port gives Myanmar a sinking feeling', *Wall Street Journal*, 15 August 2018.

154 James Kynge, 'China's Belt and Road difficulties are proliferating across the world', *Financial Times*, 9 July 2018.

155 Sarah Zheng, 'China embarks on belt and road publicity blitz after Malaysia says no to debt-heavy infrastructure projects', *South China Morning Post*, 26 August 2018.

156 Xinhua, 'Xi pledges to bring benefits to people through Belt and Road Initiative', 27 August 2018.

157 Xinhua, 'Full text of Chinese President Xi Jinping's speech at opening ceremony of 2018 FOCAC Beijing summit', 4 September 2018.

158 Yonas Abiye, 'Chinese government to restructure Ethiopia's debt', *The Reporter*, 8 September 2018.

159 Christian Shepherd, Ben Blanchard, 'China's Xi offers another $60bn to Africa, but says no to "vanity" projects', Reuters, 3 September 2018.

160 Bank of England, 'From the Middle Kingdom to the United Kingdom: spillovers from China', *Quarterly Bulletin* Q2 (2018), op. cit.

161 David Lawder and Elias Glenn, 'Trump says US tariffs could be applied to

Chinese goods worth $500 billion', Reuters, 5 July 2018.

162   Bank of England, 'From the Middle Kingdom to the United Kingdom.' op. cit.

163   BBC News, 'Boris Johnson's resignation letter and May's reply in full', 9 July 2018.

164   Tasnim News Agency, 'Iran, Kazakhstan plan trade in own currencies', 12 August 2018.

165   Heiko Maas, 'Wir lassen nicht zu, dass die USA uber unsere Kopfe hinweg handeln', *Handelsblatt*, 21 August 2018.

166   Christina Larsen, 'China's massive investment in artificial intelligence has an insidious downside', *Science*, 8 February 2018.

167   Xinhua, 'Beijing to build technology park for developing artificial intelligence', 3 January 2018; *The Economist*, 'China talks of building a "digital silk road"', 31 May 2018.

168   CB Insights, *Top AI Trends To Watch in 2018* (2018).

169   Embassy of the People's Republic of China in the United Kingdom of Great Britain and Northern Ireland, 'Xi Jinping Urges Breaking New Ground in Major Country Diplomacy with Chinese Characteristics', 23 June 2018.

170   Stephen Chen, 'Artificial Intelligene, immune to fear or favour, is helping to make China's foreign policy', *South China Morning Post*, 30 July 2018.

171   Jamie Fullerton, 'China's new CH-5 Rainbow drone leaves US Reaper "in the dust"', *The Times* 18 July 2017.

172   Jeremy Page and Paul Sonne, 'Unable to Buy US Military Drones, Allies Place Orders With China', *Wall Street Journal*, 17 July 2017.

173   Bill Gertz, 'China in race to overtake the US in AI warfare', *Asia Times*, 30 May 2018.

174   George Allison, 'The speech delivered by the Chief of the Defence Staff at the Air Power Conference', UK Defence Journal, 13 July 2018.

175   Stephen Chen, 'New Chinese military drone for overseas buyers "to rival" US's MQ-9 Reaper', *South China Morning Post*, 17 July 2017.

176   Boris Egorov, 'Rise of the Machines: A look at Russia's latest combat robots', 8 June 2017.

177   Robert Mendick, Ben Farmer and Roland Oliphant, 'UK military intelligence issues warning over Russian supertank threat', *Daily Telegraph*, 6 November 2016.

178   Anastasia Sviridova, 'Специалисты обсудили успехи и недостатки в сегменте отечественной робототехники', *Krasnaya Zvezda*, 4 June 2018.

179 Dave Majumdar, 'The Air Force's Worst Nightmare: Russia and China Could Kill Stealth Fighters', *The National Interest*, 28 June 2018.

180 Zachary Keck, 'China's DF-26 "Carrier-Killer" Missile Could Stop the Navy in Its Track (without Firing a Shot)', *The National Interest*, 20 April 2018.

181 Aanchal Bansal, 'India's first manned space mission to send three persons', *Economic Times*, 29 August 2018.

182 Stephen Clark, 'China sets new national record for most launches in a year', *Spaceflight Now*, 27 August 2018; Ernesto Londono, 'China on the march in Latin America with new space station in Argentina', *Financial Review*, 2 August 2018.

183 White House, 'Remarks by President Trump at a Meeting with the National Space Council and Signing of Space Policy Directive-3', 18 June 2018.

184 Shawn Donnan, 'US strikes deal with ZTE to lift ban', 7 June 2018.

185 Charles Clover, 'China-Russia rocket talks sparks US disquiet over growing links', *Financial Times*, 17 January 2018.

186 Patti Domm, 'US could target 10 Chinese industries, including new energy vehicles, biopharma', CNBC, 22 March 2018.

187 John Grady, 'Pentagon Research Chief Nominee: China, Russia Racing to Develop Next Generation Weapon Technology', United States Naval Institute, 11 May 2018.

188 United States Institute of Peace, *Providing for the Common Defence*, 13 November 2018.

189 BBC News, Trump accuses China of election 'meddling' against him, 26 September 2018.

190 David Nakamura and Anne Gearan, 'Pence says China is trying to undermine Trump because it 'wants a different American president', *Washington Post*, 4 October 2018.

191 Shane Harris, 'The CIA is returning its central focus to nation-state rivals, director says', *Washington Post*, 24 September 2018.

192 *China - Russia Relations*, p.5.

193 IMF, 'World Economic Outlook', October 2018.

194 Bandurski, 'Yan Xuetong on the Bipolar state of our world, op.cit.'

195 Edward Luce, 'Henry Kissinger: "We are in a very, very grave period" ', 20 July 2018.

196 Xinhua, 'Reform, opening up break new ground for China: article', 13 August 2018.

197 Clare Foges, 'Our timid leaders can learn from strongmen', *The Times*, 23 July

2018.

State Council Information Office, 'Full text: Xi Jinping's keynote speech at the World Economic Forum', 6 April 2017.

199 Reuters, 'Trump says tariffs could be applied to Chinese goods', 5 July 2018.

200 Frankopan, *Silk Roads*, xv.

201 Minnie Chan, 'China's army infiltrated by "peace disease" after years without a war, says its official newspaper', *South China Morning Post*, 3 July 2018.

202 US Department of Defense, *Military and Security Developments Involving the People's Republic of China* 2018, op. cit.

203 Jessica Donati. 'US signals it could sanction China over Iran oil imports', *Wall Street Journal*, 16 August 2018.

204 Rachel Adams-Heard and Nick Wadhams, 'China rejects US request to cut Iran oil imports', Bloomberg, 3 August 2018; Xinhua, 'Reform, opening up break new ground for China: article', 13 August 2018, op. cit.

205 Jia Xiudong, 'Deep understanding of the trade war allows China more composure', *People's Daily*, 10 August 2018.

206 Reuters, 'China paper warns it won't play defense on trade as Trump lauds tariffs', 17 September 2018.

207 Cheng Li, 'How China's Middle Class Views the Trade War', *Foreign Affairs*, 10 September 2018.

208 '許章潤, '我們當下的恐懼與期待' at https://theinitium.com/article/20180724-opinion-xuzhangrun-fear-hope/.

209 Xinhua, 'Xi Jinping Thought on Socialism with Chinese Characteristics for a New Era', 17 March 2018.

210 Julian Gewirtz, 'Xi Jinping Thought Is Facing a Harsh Reality Check', *Foreign Policy*, 15 August 2018.

211 Chen Aizhu, 'CNPC suspends investment in Iran's South Pars after US pressure: sources, Reuters, 12 December 2018.

212 Kommersant, 'Китай не рискнул связываться с рублем', 27 December 2018.

213 Jihad Azour, 'How to Spend a $210 Billion Oil Windfall', Bloomberg, 18 June 2018.

214 Andrew Entous, 'Israeli, Saudi and Emirati officials privately pushed for Trump to strike a "grand bargain" with Putin', *New Yorker*, 8 July 2018.

215 Bureau of Democracy, Human Rights and Labor, Country Reports on Human Rights Practices for 2017 (2018), p. i.

미래로 가는 길, 실크로드

찾아보기

ㄱ

가니, 아슈라프 70
가디르급 잠수함 249
가브리엘, 지그마르 226, 227
가오펑 203, 257, 270
갈키니슈 가스전 15, 70
고라즈데 대학살 26
골드버그, 제프리 180
과다르(항) 101, 103, 115, 116, 134
괌 148
구글 45, 158, 159
국제무술대회 246
국제상업재판소 102
국제 요가의 날 246
국제원자력기구(IAEA) 85, 194
권투 금지, 타지키스탄의 80
궐, 압둘하미트 173
궐렌, 펫훌라흐 12
그랜드투어 29
그레널, 리처드 204
그레이트 게임 18, 138
기후 변화 63, 89, 106, 269
길모어, 앤드루 16
김정은 160, 249

ㄴ

나겔, 야콥 88
나노 기술 121
나비울리나, 엘비라 80
나이, 조지프 123

나이키 13, 202, 203
나자르바예프, 누르술탄 61, 248
나카소네, 폴 44
NATO 72, 173, 175, 177, 217, 218, 247
남중국해 7, 112~115, 147, 148, 150,
    167, 187, 224, 241, 251
너바로, 피터 159, 161~163, 165, 178
네타냐후, 베냐민 89, 230
뉴질랜드 56, 136, 138, 161
니컬슨, 존 72, 73

ㄷ

다가마, 바스쿠 46
다우드, 압둘 라자크 253
당나귀 34
던포드, 조지프 217
덩샤오핑 24, 151, 274
데이비드슨, 필립 148
데 클레르크, 프레데리크 빌렘 23
도미니카공화국 143, 144
도클람고원 133, 193
독일 53, 113, 175~177, 204, 215, 224,
    227, 228
독일을 위한 대안(AfD) 53
독재적 지도자 268
동예루살렘병원연합(EJHN) 179
동중국해 115
두안, 레이철 183
두테르테, 로드리고 113, 241
드론 8, 42, 261, 262

디마요, 루이지 54

ㄹ

라가르드, 크리스틴 128, 164, 173
라디오헤드 26
라바트, 비핀 133, 191
라브로프, 세르게이 66, 170, 220, 244, 248
라오스 102, 128, 129, 223
라이스, 수전 178
라이트하이저, 로버트 145, 264
라틴아메리카, 중국과 119, 120
라틴아메리카·카리브국가공동체 (CELAC) 120
라호르 지하철 253
라흐몬, 에모말리 61
러시아 244, 245, 262
　군사훈련 76, 237, 238
　기술 개발 44, 45
　러시아와 미국의 외교정책 235~238
　사우디아라비아와의 관계 215, 216
　우크라이나 개입 12, 172, 220, 236, 277
　이란과의 관계 197, 198
　인도와의 관계 188~191
　중국과의 관계 234, 236~238, 242, 246, 252
　크림반도 합병 220, 247
　터키와의 관계 217, 218, 245~247
러위청 99
레이, 크리스토퍼 169
로봇공학 167, 258
로스, 윌버 165
로스네프트 204, 251
로하니, 하산 66, 85, 172, 195, 197, 198,

245, 249, 251
류허 163
르메르, 브뤼노 235
르완다 126
르펜, 마린 53
리비아 53, 221
리스본조약 54
리융훙 252
리커창 196, 228
리히트호펜, 페르디난트 폰 7

ㅁ

마스, 하이코 215, 227, 259
마오쩌둥 110, 151, 274
마윈 32
마크롱, 에마뉘엘 172, 205
만델라, 넬슨 23, 24
말라카해협 114
말레이시아 102, 136, 161, 253
매켄지, 케네스 147, 148
매티스, 제임스 146, 147, 150, 171, 181, 185, 188, 189, 206, 219, 221, 244
맥마스터, 허버트 86
메그나드 데사이 133
메이, 테리사 55
메이저, 존 26
모디, 나렌드라 190, 191, 193
모시리, 파르하드 29
모함마드 빈살만 41, 86, 89, 211, 216
모함마디, 에브라힘 69
몰디브 116, 135, 136, 253
무가베, 로버트 125
무령왕, 조나라 278
뭄바이 테러 공격 25
므누신, 스티븐 165, 213
미국

과 아프가니스탄 172, 188, 199,
232, 234, 243, 277
과 중앙아시아 국가들 94, 95
국제적 고립 205
러시아 정책 235~237
미국 우선주의 181~185, 266
아프리카 정책 124, 186, 242
이란핵협정 83~86, 170, 171, 193,
194, 197, 200, 229
이민 아동 정책 234, 235
인도 정책 187~193, 232
중국과의 경쟁 147~150, 157~170,
173, 174, 182, 183, 238~243, 245.
264~268, 270~274, 278
쿠바 협상 53
혼란스러운 외교정책 94, 95
미국 공군 263
미국 해군 113, 141, 148~149, 249
미르지요예프, 샤브카트 64
미얀마 15, 102, 123, 136, 223, 254
밀라노비치, 브랑코 159

ㅂ
바게리, 모함마드 249
바누아투 116, 137
바에지, 마흐무드 58
바우처, 리처드 94
바이로드, 헨리 10
바이칼호 248
바쿠-트빌리시-카르스 철도 66
발루치스탄 교사 살해 111
밤바왈레, 가우탐 132
방글라데시 102
배넌, 스티븐 212
베네수엘라 119, 120, 273
베르디무함메도프, 구르반굴리 79

베를린 장벽 붕괴 12
베이솀비에프, 에리크 59
베트남 15, 102, 113, 161, 223, 251
벨라루스 59, 223
벨티, 필리프 204
벵갈루루 40
보스토크-18 군사훈련 237, 238
보잉 32, 33, 182, 203
볼가-돈운하 198
볼로딘, 뱌체슬라프 59
볼턴, 존 199, 232, 241, 242, 245
부동산 가격 34, 35
북부동력실 223
북한 24, 160, 205, 249, 273
브누코보 공항 25
브라마푸트라강 유량 정보 193
브라이언트, 코비 13
브런슨, 앤드루 173
브렉시트 10, 11, 44, 55, 56, 133, 224,
257, 258
브리튼퍼스트 179
빅데이터 15, 112
빈라덴 가문 156

ㅅ
사라예보 25, 221
사우디아라비아 210~215
개혁과 체포 41
미국과의 관계 89
비전 2030 계획 223
와 미국 외교정책 210~216
와 지부티 139
이란과의 관계 86, 87
이스라엘과의 관계 87, 88
중국과의 관계 228~230
사파리, 메흐르다드 36

살만 왕 230
상투메프린시페 141, 142
상하이협력기구(SCO) 56, 76, 193
석유 매장량 15, 108
석유 · 천연가스 가격 77
설리번, 존 276
세계무역기구(WTO) 145, 165
세계무역센터(WTC) 폭파 25
세르비아 54, 196, 225
세션스, 제퍼슨 165
센카쿠제도 115
소련 10, 61, 64, 170, 177, 188, 221
소말리아 53, 139, 140, 141
소일루, 쉴레이만 173
소치 동계 올림픽 29
솔레이마니, 카셈 197, 199
솔로몬제도 116, 137
수단 53, 139
수력발전 사업 62, 63
수자원 40, 61~63, 107, 122
수화 규산마그네슘 75
쉬광위 141
쉬장룬 273
스레브레니차 대학살 26
스마트시티 121
스타이니츠, 유발 88
스탈린그라드 전투 25
스톨텐베르그, 옌스 247
스틸, 크리스토퍼 10
스페이스-X 264
시르자이, 굴 아그하 72
시리아 12, 41, 53, 75, 76, 83, 86, 107,
    172, 216, 217, 222, 236, 237, 244,
    245, 277, 278
시진핑 17, 93, 94, 96~98, 100, 104,
    105, 109, 110, 111, 118, 120, 143,
    150, 151, 163, 165, 166, 193, 218,
    223, 230, 237, 253~255, 260, 269,
    276
시진핑 사상 274
신장 107~110, 219
실리, 로버트 221
실리구리 회랑 133
실리콘 15
싱가포르 161

ㅇ

아그니-V 미사일 136
아나톨리아 횡단가스관로(TANAP) 58
아델 알주베이르 214
아라키, 하미드레자 71
아랄해 61
아르메니아 14, 59, 223
아블랴조프, 무흐타르 79
아슈가바트 30, 67, 68, 77, 78
아슈가바트 협정 67
아스타나 14, 61, 69, 93, 276
아스타나국제금융센터(AIFC) 70
아시아개발은행(ADB) 56, 106
아시프, 하와자 232
ISIS 62, 75, 76, 107, 243~245
아이티 179
아제르바이잔 14, 58, 60, 66, 67, 69
아프가니스탄 8, 11, 12, 16, 41, 57, 58,
    59, 62, 64, 67, 69~76, 80, 86, 107,
    111, 172, 188, 193, 199, 201, 220,
    232, 234, 243, 247, 277, 278
    과 미국 정책 172, 188, 199, 201,
    220, 232, 234, 243, 247, 277
    과 중국 111
    TAPI 송유관 참조
아프가니스탄 문화유산지도제작조합

(AHMP) 8

아프리카
  와 미국 정책 124, 186, 241, 242
  와 중국 117~119, 125~128, 186, 241, 242, 255

아프리카대기군(ASF) 126

아흐메드, 아비 255

알나흐얀, 만수르 빈자이드 28, 41

알나흐얀, 압둘라 빈자이드 41

알루미늄 가격 184

알사니, 모함마드 빈압둘라흐만 213

알아사드, 바샤르 86

알트마이어, 페터 204

암호화폐 10, 258

압둘코디르조다, 사이드무카람 80, 81

압드라흐마노프, 카이라트 248

압바스, 마흐무드 230

압바시, 샤히드 하칸 71

앙골라 129

양귀비 16

양자 컴퓨터 121

양쯔강 삼각주 105

언론의 자유 16

에르도안, 레제프 타이이프 173, 202, 217, 218, 221, 244, 246, 247, 268
  과 크림반도 합병 247

에사르석유 188

S-400 방공 시스템 216, 217, 234

에어버스 203

엑슨 204

엘레나, 장-클로드 13

엘살바도르 143~145, 179

여성 인권 41, 42

역내포괄경제동반자협정(RCEP) 56

예루살렘 11, 171

예멘 41, 53, 86, 214, 222

옌쉐퉁 144, 267

옐친, 보리스 23

오르반 빅토르 225

오만 67, 136

오바마, 버락 193, 202, 210

오바산조, 올루세군 118, 119

오스만제국 221, 222

오스트레일리아 30, 35, 56, 104, 136~138, 161, 192

올브라이트, 매들린 47

와일드, 오스카 206

왕이 142, 166, 229

왕젠린 30

우루무치 빙하 63

우스마노프, 알리셰르 29

우주경쟁 263

우즈베키스탄 14, 29, 57~59, 61, 64~68, 76, 81, 100, 202, 246

우크라이나 12, 15, 172, 175, 220, 236, 277

울프, 해리 70

워너, 마크 157

월드하우저, 토머스 140, 141, 186

웨이펑허 237

위구르인(신장) 107~110

유라시아경제연합(EAEU) 56, 59, 223

유럽연합(EU) 10, 11, 26, 54, 55, 124, 171, 175, 176, 204, 205, 218, 223~228, 246, 257, 258

유럽통화기금(EMF) 259

유엔인권이사회(UNHRC) 170

융커, 장-클로드 54, 205

이디시어 9

이라크 12, 41, 53, 69, 75, 76, 83, 86, 94, 172, 195, 197, 220, 222, 277, 278

이란 245
　가두시위 63, 83, 195
　러시아와의 관계 197, 198
　미국 정책과 확전 위험 249~251
　사우디아라비아와의 관계 86, 87
　해외 개입 222
　핵협정 83~86, 170, 171, 193, 194,
　197, 200, 229
이바노프, 조르게 226
이스라엘-팔레스타인 분쟁 84, 87, 89,
　230
인공지능 15, 121, 258~260
인도
　경제 발전 36, 37
　군사훈련 76
　러시아와의 관계 188~191
　언론인 협박 81
　와 미국 정책 187~192
　와 미국-터키 위기 173, 174
　유라시아 교역 67
　이란과의 관계 76, 77, 199~201
　중국과의 관계 24, 130~136, 187,
　188, 190
　파키스탄과의 관계 132~134, 200
　TAPI 송유관 참조
인도네시아 102, 114
인도양 46, 66, 96, 114, 116, 130, 134,
　135, 148, 169, 189, 190, 239, 240,
　256
인포시스 25
일본 115, 139, 161, 192, 218, 224, 228,
　257

ㅈ

자가리얀, 레반 197
자리프, 모함마드 자바드 64, 172, 195,
220
자오웨이 32
자한기리, 이스하크 100
장시궁 150, 151
저우샤오촨 252
저커버그, 마크 45
정, 에릭 182
제너럴모터스(GM) 182
제너럴일렉트릭(GE) 156, 183
제이베크지, 니하트 202
조종사 부족 33
존슨, 보리스 55
줄리아니, 루디 84
줌월트, 미국 해군 149
중국
　강철 장성 112
　경제 발전 31, 32, 104, 105
　과 아프리카 117~119, 125~128,
　186, 241, 242, 255
　과 유럽연합 224~228
　과 인공지능 260, 261
　과 해외 부채 수준 128~131
　러시아와의 관계 236~238, 246,
　252
　사우디아라비아와의 관계 228~230
　세계의 지도자 역할 추구 269~274
　시베리아 토지 구매 248
　IT 이용 264
　에너지 사업 104, 105
　이란과의 관계 203, 271, 272, 275,
　277, 278
　인구 노령화 18
　인도와의 관계 24, 131~137, 187,
　188, 190
　일대일로 17, 18, 96~100, 102~104,
　106, 107, 111, 116, 117, 120~124,

128, 131, 146, 183, 185, 189, 218,
223, 229, 230, 234, 239~241, 253,
254, 256
중국군 111, 148, 149, 238, 271
지적재산권 절도 44, 146, 160
축국(한대) 28
타이완과의 긴장 관계 142~144
파키스탄과의 관계 101, 111, 112,
116, 123, 128, 132, 134, 185, 186,
200, 232, 234
한 아이 정책 폐기 38
합동 군사훈련 76
환경 문제 105, 122
중국개발은행(CDB) 96
중국-파키스탄 경제회랑(CPEC) 101,
111, 132
중앙아시아-남아시아 전력 프로젝트
(CASA-1000) 59
지부티 116, 138~141
지적재산권 절도 44, 146, 160
진리천 99
짐바브웨 125

ㅊ
차바하르항 200, 201
차부쇼을루, 메블뤼트 69, 202, 218
천샤오둥 251
천취안궈 110
청금석 회랑 67
초대형 컨테이너선(ULCV) 103
축구 27~31, 203, 246, 252
출판의 자유 16, 54, 64, 82
치머만, 코르넬리우스 72

ㅋ
카리모프, 이슬람 64

카슈미르 131, 132, 134
카스피해 14, 60, 66, 67, 100, 197, 248
카자흐스탄 14, 15, 58~61, 66, 67, 69,
70, 76, 79, 81, 82, 93, 103, 104,
105, 223, 246~248
카타르, 사우디아라비아와의 관계 212,
213
카타르항공 25, 32
카터, 니컬러스 261
캄보디아 102, 136, 223
케냐타, 우후루 127
켈리, 존 164
켈리, 토머스 140
코츠, 댄 169, 265
콘, 개리 162
콜럼버스, 크리스토퍼 46
콜린스, 마이클 186, 187
콜하스, 렘 30
콩고 128
쿠슈너, 재러드 210, 239
크림반도 합병 220, 247
클린턴, 빌 23
클린턴, 힐러리 95
키르기스스탄 14, 57, 59, 61, 128~130,
223, 246
키샨강가댐 62
키신저, 헨리 168, 238, 268
키암, 빅터 36
키플링, 러디어드 18

ㅌ
타슈켄트 100
타이완 142~145, 181, 190
타지키스탄 34, 57~59, 65, 69, 76, 80,
81, 111, 128, 129, 246
TAPI 가스관 71, 74, 80

탈레반 11, 16, 62, 71~75, 111, 243
태국 15, 32, 82, 102, 223
탤벗, 스트로브 206
터닐, 리처드 161
터키 245, 246, 278
　　러시아와의 관계 217, 218, 246, 247
　　미국과의 관계 위기 173, 174, 217,
　　218
　　반대파 탄압 12
　　와 지부티 139
　　이란과의 관계 202, 220
　　중국과의 관계 218, 219
　　중앙경제회랑 계획 223
　　투르크메니스탄과의 관계 77
　　팽창주의 221, 222
토탈 203
통가 253
통신호환보안협정(COMCASA) 192
투르크메나밧 실크로드 조각물 100
투르크메나밧-파랍 다리 57
투르크메니스탄 14, 15, 30, 57, 60, 61,
　　65~68, 70, 71, 77~81, 100
　　TAPI 송유관 참조
투르크메니스탄-중국 가스관 80
투르크멘바시 67, 68
투스크, 도날트 174, 175, 224
트럼프, 도널드 10, 11, 14, 51~53, 73,
　　84, 89, 159~166, 187, 192, 227,
　　244, 268, 277
　　와 러시아 178, 184, 236, 238, 277
　　와 사우디아라비아 211~214
　　와 이란핵협정 84, 85, 170, 171,
　　193~198, 200
　　와 중국 143, 144, 147, 159~163,
　　165, 166, 176
　　와 파리기후협약 53

　　푸틴과의 만남 238
트럼프, 이방카 210, 239
트뤼도, 쥐스탱 178
틸러슨, 렉스 124, 186, 209, 212

ㅍ
파나마 142~144
파르리카르, 마노하르 191
파리기후협약 53
파인, 크리스토퍼 137
파키스탄
　　군사훈련 76
　　러시아와의 관계 234
　　사우디아라비아와의 관계 233
　　수자원 62
　　언론인 협박 81
　　인도와의 관계 132~134, 200
　　중국과의 관계 101, 111, 112, 116,
　　123, 128, 132, 134, 185, 200, 232,
　　234
　　TAPI 송유관 참조
페루 161
페르디난트 대공, 프란츠 25
페이스북 44, 45, 157, 158
펜스, 마이클 158, 173, 188, 240, 265
포게스, 클레어 268
포도주 산업 32
포터, 리자 265
포히바, 아칼리시 253
폴란드 사법 개혁 54
폴리멕스 77, 78
폼페이오, 마이클 171, 194, 195, 211,
　　218, 231, 233, 239
푸틴, 블라디미르 12, 43, 80, 172, 177,
　　204, 216, 220, 221, 236~238, 245,
　　246, 247, 268, 277

프라발 도스티크 훈련 76
프레더릭, 스타 94
피레아스 117
피아트크라이슬러 182
피에라반티-웰스, 콘세타 137
핀테크 43
필리핀 82, 102, 112, 113, 241

ㅎ
하마스 88, 222
하메네이, 알리 63, 86, 200
하스, 리처드 238
한, 요하네스 226
한, 임란 233
한, 후르람 다스트기르 185
한국 24, 56, 257
한국전쟁 219
함반토바(항) 116, 130
항공모함 요격 미사일 263
해리스, 해리 149, 189, 191
해스펠, 지나 266
헤로인 16
헤이글, 척 113
헤일리, 님라타 170, 201
헤즈볼라 222
호두 씨 화석 9
호르고스 육상항만 103
호르무즈해협 250
홍콩 116, 117, 181
환태평양경제동반자협정(TPP) 52, 56,
    161
환태평양합동연습(RIMPAC) 149, 150
후렌허 108
후크, 브라이언 272
훈센 185
흑사병 10

희토류 15, 74
히틀러, 아돌프 86
힐먼, 조너선 123

미래로 가는 길, 실크로드

지금 세계는 어디로 어떻게 움직이고 있는가

1판 1쇄 2019년 11월 15일

지은이 | 피터 프랭코판
옮긴이 | 이재황

펴낸이 | 류종필
편집 | 이정우, 정큰별
마케팅 | 김연일, 김유리
표지 디자인 | 석운디자인
본문 디자인 | 성인기획
교정교열 | 오효순

펴낸곳 | (주) 도서출판 책과함께
　　　　주소 (04022) 서울시 마포구 동교로 70 소와소빌딩 2층
　　　　전화 (02) 335-1982
　　　　팩스 (02) 335-1316
　　　　전자우편 prpub@hanmail.net
　　　　블로그 blog.naver.com/prpub
　　　　등록 2003년 4월 3일 제25100-2003-392호

ISBN 979-11-88990-51-1　03300

이 도서의 국립중앙도서관 출판시도서목록(CIP)은
서지정보유통지원시스템 홈페이지(http://seoji.nl.go.kr)와
국가자료종합목록 구축시스템(http://kolis-net.nl.go.kr)에서 이용하실 수 있습니다.
(CIP제어번호 : CIP2019043734)